CENTER FOR LANGUAGE
EDUCATION AND COOPERATION
中外语言交流合作中心

U0785246

顶石中文

高级汉语综合教程

陈晓燕　余宁　张全真　主编

创于1897
商务印书馆
The Commercial Press

主　编　陈晓燕　余　宁　张全真

编　者（按音序排列）

陈晓燕　郭瑞芬　鲁一硕　王　翔　余　宁　张全真

郑　倩　朱瑜环

前言

《顶石中文——高级汉语综合教程》是为母语非汉语的学习者编写的一部对标《国际中文教育中文水平等级标准》（GF 0025-2021）高等 7—9 级的综合高级汉语教材。教材取名“顶石”（Capstone），借鉴了国外“顶石课程”（Capstone Course）的命名，而“顶石”本为建筑学的术语，指在拱桥、拱廊等的建造过程中，为增强整体结构力而在建筑物顶端放置的石头，完成了这块石头的搭建，建筑工程才算顺利完工。因此，“顶石课程”的设置理念就是在帮助学习者综合梳理和整合所学知识的基础上，以具体项目为依托，通过完成特定的任务，拓展其专业素质和能力，聚焦解决实际问题，从而实现知识和能力水平的双向提升。此概念引申至中文作为第二语言的教学领域，意指“顶石中文”处于汉语课程学习的顶端，旨在进一步增强高级水平的汉语学习者听说读写的“整体结构力”。通过具体任务的设定（任务型），整合所学知识（综合能力），形成解决实际问题的能力（语言输出能力）。

《顶石中文——高级汉语综合教程》的编写主要基于以下三点考虑：其一，与初中级汉语教材相比，目前市场上适用的高级汉语教材相对较少，很多高级阶段的对外汉语教材与国内语文教材混为一谈，缺少话题性和输出能力培养的设计，不太适用于汉语教学。而受编写周期的影响，少数优秀的高级汉语教材又往往在内容的时效性方面稍显滞后；其二，高级汉语教材的编写应追求内容、结构、层次上的严谨，并符合语言教与学的规律，《国际中文教育中文水平等级标准》（GF 0025-2021）的发布和实施，促使我们思考如何从内容、结构、层次安排上打造一套科学对标 HSK 高等 7—9 级的教材；其三，时代发展日新月异，教材编写理念也需与时俱进，只有打造主题式、多模态、立体化、开放性的教材，才能满足大数据、信息化时代中文教学的需求。

《顶石中文——高级汉语综合教程》是《顶石中文》系列教材中的一

本，教材分为时代、环保、科技、家庭、教育、职场、经济、法律等 8 个主题单元，每单元设 3 课，共计 24 课。教材中的课文，大都选编自《人民日报》等中国各大媒体的真实语料，力图从不同视角折射当代中国社会现实。本教材在选文过程中注重题材的可延展性，既要有鲜明的时代特征，对学习者有吸引力，又具备一定的思维空间和争议性，引发学习者进行深层次多视角的讨论与探究，由此，外国学习者学习汉语的过程不仅是语言能力提升的过程，同时也是逐步走近真实中国，了解中国国情的过程。

《顶石中文》每个单元包括三篇主题接近但话题各异的课文。从教学实践的角度出发，每篇课文的篇幅控制在 1200 字左右，这样可以更好地适应 50—90 分钟课堂教学的节奏，避免因为课文冗长导致教学节奏拖沓，使学习者失去兴趣的弊端。

《顶石中文》各课的板块设计围绕高级汉语教学的特点，内容包括课前思考、阅读文本、生词表、专有名词和文化点注释、重点句型与词汇、词语搭配、成语和惯用语使用示例等。课文生词设定以《国际中文教育中文水平等级标准》（GF 0025-2021）初中等 1—6 级的 5464 个词语为起点词，同时结合教学实际经验，对前述词表进行了一定的人工干预。一方面，将诸如“亲戚”“名牌”“成年”“亲情”“一面”等高等词语列为起点词，不再出注释；另一方面，对课文中出现的“相应”（5 级）、“联手”（6 级）、“自主”（3 级）、“誉”（6 级）等词语列入生词表中，加以注释；此外，教材生词表中将未在《国际中文教育中文水平等级标准》（GF 0025-2021）中出现的词语特别加星号（*）标注。

《顶石中文》的练习设计分为“趁热打铁”（课后练习）和“学以致用”（单元练习）两大板块。前者主要针对重点词汇、语法点、成语用法的巩固与拓展，包括大量内容丰富、类型多样的词语练习以及围绕课文内容的成段表达练习；后者则聚焦于学习者输出能力的培养，设计了“明察暗访”“众说纷纭”“针锋相对”“妙笔生花”等板块，其内容包括调查报告、主题发言、小型辩论赛和书面研究报告等系列训练。总的来说，练习设计注重从句段到篇章的口头表达和书面语表达训练，练习中提供了关联词语、插入语和丰富的句型结构的脚手架式辅助性框架，帮助学生形成完整的表达思路，增强学习者表达的条理性与逻辑性。练习中大量引入热门话题或任务，通过视听和阅读真实语料，多角度、多层面地展示选题内容，引导学生进行深入思考，激发学生的表达欲望，积极就相关专题顺畅、准确地阐述个人观点，从而达到着力培养学习者使用汉语进行高水平输出表达的目的，便于学习者实现在相关专业领域用中文就相对复杂抽象的问题进行流畅得体的交流，顺利完成诸如学位论文答辩、就职面试等高难度任务。

2016 年起，南京大学海外教育学院曾以全校的高层次汉语学习者为教学对象，开设了《热点话题》的课程，遂有了本教材编写的雏形，此后，教学资源经年积累，教学思路不断拓宽完善。2020 年教材编写团队“圆桌汉语工作室”成立，次年即完成了初稿，并在南京大学海外教育学院高级汉语进修班和本科班对这套教材进行了试用，受到教师和各国学习者的好评。学生反映本教材内容新、接地气，贴近学习者视角，既有当下正在发生的中国故事、当代中国风貌、中国人的价值观和文化观念，也有汉语学习者们身边的热门话题，来自各国的汉语学习者也非常乐意将自己国家的相关话题在课堂上进行分享，任课教师反映该教材配备多项辅助，轻松易教。

《顶石中文》教材设计包括纸质教材和相应的数字资源。除纸本教材呈现的内容外，部分拓展练习、视频资料、教学课件等将发布在相关网络平台上，为教师和学习者提供丰富的配套资源。教材编写团队为每一课配备 PPT 课件，并针对课文的内容提供相关的视频链接，从而减轻任课教师的备课工作量，既丰富了课堂教学的样式，也开阔了学生的视野。

本教材是高级水平的汉语学习者易于上手的学习材料，也是外国友人了解中国当下社会生活的汉语读本。教材的适用对象为 HSK 6 级以上的成人汉语学习者，具体使用对象为：(1) 国内大学汉语言或国际汉语教育专业本科生、研究生；(2) 进入不同专业学习的母语非汉语的学历学位生、高级汉语进修生；(3) 国外大学汉语专业高水平汉语学习者；(4) 备考 HSK 7—9 级的汉语学习者。

《顶石中文》教材由南京大学海外教育学院“圆桌汉语工作室”设计编写，编写助理有：王文欣、刘琼、马惠如、陈留韵、李艳欣、袁诗琳、王卓、张嘉颖、罗懿亭、王孟珺、毛雪迎、张泽龙、刘思奕、王博来、余可昕等。

在教材的编写和出版过程中，我们得到了南京大学海外教育学院领导的支持和很多朋友的热心帮助，感谢教育部语合中心、南京大学本科生院、南京大学海外教育学院为教材的出版提供的有力支持；感谢商务印书馆国际汉语编辑室为教材提出的修改建议。本教材原名《登顶——高级汉语综合教程》，后得曹贤文教授的建议，改为《顶石中文——高级汉语综合教程》，在此深表感谢。

欢迎国内外业界朋友选用《顶石中文——高级汉语综合汉语》教材，并提出宝贵意见。

圆桌汉语工作室

2022 年 10 月

目录 Contents

第一单元 时代篇

课文一 融不进的城市，回不去的农村

课前思考

1. 你们国家城乡居民的生活差别大吗？体现在哪些方面？
2. 你喜欢住在大城市还是小城镇？为什么？
3. 你对故乡有没有很深的感情？

他们，是一群跨入工业文明的庄稼人的后代；他们，是游离在城市和农村之间、面临边缘化的群体。当他们身为“农民工一代”的父辈渐渐退出城市舞台，他们陆续涌入大大小小的城市——在原本不属于他们的高楼大厦间寻梦。

他们，有着一个共同的名字：新生代农民工。

他们离“新市民”还有多远？

繁华的大都市有着先进的教育、发达的医疗、无数的机会……是多少农民工向往的“圣地”。目前，外出打工的人数约有2.7亿，在这当中，80后、90后的新生代农民工居多，大约有1个亿。

他们十几岁时就背井离乡，想通过自己的努力变身“城市人”。然而，当他们想要融入城市的时候，才发现作为一个外乡人，纵然使出浑身解数，在繁华都市的边缘，也难免感到诸多无奈与彷徨。

望尘莫及的房价、高昂的生活成本，没有稳定的工作，也没有社会保障，自己买不起城里的房、孩子上不了城里的学校……不少人都在徘徊、困惑和迷茫。要不回家算了？可为了心里残留的那份理想与希望，或仅仅是为了面子，多数人还在坚持着。

他们希望经过几年甚至十几年的辛苦奋斗，融入这座城市，让下一代告别祖辈“面朝黄土背朝天”的生活。理想固然很丰满，可现实却很骨感……

农村：不想回还是不能回？

农村是他们的根，是承载着他们童年回忆的地方。但是随着农村城镇化的建设，家里的房子拆迁了，童年爬过的大树不见了，当年玩耍的小河堆满垃圾，农村“田园牧歌式”的生活不复存在。

在外务工的年轻人，很多都是逢年过节时才回家一趟，待上四五天便匆匆返回城市。他们并非对务农一窍不通，但返乡后就是不愿待在农村，哪怕在城镇租房居住，也不想再接触农村，不想再拿起农具从事农业生产。

农村的基础设施相对落后，教育、医疗等公共性服务相对薄弱，况且农业生产高投入、低回报，效益不彰，这都是不争的事实。而他们自己，也因为在城市多年的打拼而习惯了城市的生活，已经不想再回归农村了。

新生代农民工之困该如何破解？

未来在哪里？对这一问题的回答，第一代农民工和新生代农民工有着显著的差异。对大多数第一代农民工而言，他们清楚地知道自己只是城市的“过客”，他们来自农村，归宿也在农村，想赚了钱后回农村“落叶归根”。对于新生代农民工来说，他们向往城市，却不被城市所接纳；根在农村，却对农村日益疏远。他们进退两难，不知道自己的未来在哪里！

从现实角度看，要想在城里定居，新生代农民工在劳有所得、住有所居、病有所医等方面还面临着诸多障碍。无论是宏观的国家政策层面，还是每一个具体的解决方案，都仍然存在许多有形无形的壁垒，还有很多瓶颈亟待打破。

破解新生代农民工融入城市的难题，需要全社会的共同努力。

首先，政府要将农民工群体纳入城市经济社会发展规划和公共政策体系，在教育、住房、卫生、交通等公共服务方面加大财政投入，让新生代农民工能够共享城市发展带来的红利。

其次，城市居民要不断提升认同与接纳程度，给他们以温暖和关注，莫让他们遭受冷漠的社会歧视。此外，新生代农民工自己也要量力而行，选准适宜发展的地方安居乐业。这样一来，他们才不会在偌大的城市中迷失自己。

（中新网微信公众号 2015 年 8 月 7 日
《夹层中的新市民：融不进城市　回不去农村》，作者：宋子荣）

生词表

1. *① 庄稼人	zhuāng·jiarén	名	种庄稼的人；农民。
2. 游离	yóulí	动	比喻离开社会集体、无所依附的状况：人无法～于社会之外。
3. * 边缘化	biānyuánhuà	动	离开事物中心、向边界方向移动：在城市化的过程当中，本土语言正逐渐被～。
4. 涌入	yǒngrù	动	大量进入：一批批的人潮～会场。
5. 繁华	fánhuá	形	（城镇、街市）繁荣热闹：王府井是北京～的商业街。
6. * 变身	biànshēn	动	改变身份：没人知道她下班后竟然～电台主播。
7. 纵然	zòngrán	连	即使。
8. 诸多	zhūduō	形	许多：～因素 | ～问题 | ～不便。
9. * 彷徨	pánghuáng	动	犹疑不决；不知所措：～失措。
10. 徘徊	páihuái	动	表示在一个地方来回走动，或比喻犹豫不决：他一个人在小路上～了很久。
11. 困惑	kùnhuò	形	感到疑难，不知道该怎么办。
12. * 迷茫	mímáng	形	形容生活或者工作不知道该如何选择，没有方向感：～的表情 | ～的眼神 | 感到～。
13. 残留	cánliú	动	指剩余下来；留下：桃花凋谢了，枝头～着几片花瓣。
14. 固然	gùrán	连	表示承认某个事实，引起下文转折。
15. 丰满	fēngmǎn	形	（身体或身体的一部分）胖得匀称好看：身材～。
16. * 骨感	gǔgǎn	形	原指人身材瘦削，棱角分明，文中指现实和理想有差距：她是一位很～的女孩儿。
17. 承载	chéngzài	动	承担或寄托。
18. 拆迁	chāiqiān	动	因建设需要，拆除单位或居民房屋，使迁往别处。
19. 玩耍	wánshuǎ	动	做使自己精神愉快的活动；游戏：尽情～。
20. * 田园	tiányuán	名	田地和园地，借指农村：～生活 | ～诗人。
21. * 牧歌	mùgē	名	牧人、牧童放牧时唱的歌谣，泛指以农村生活情趣为题材的诗歌和乐曲。
22. * 务工	wùgōng	动	从事工业或工程方面的工作；做工。

① *：超出 HSK 7—9 级要求的词语。

23. 匆匆	cōngcōng	形	急急忙忙的样子。
24. *务农	wùnóng	动	从事农业生产。
25. 薄弱	bóruò	形	不雄厚；不坚强；容易被破坏、动摇。
26. 况且	kuàngqiě	连	用在后一分句前面，表示更进一层。
27. *不彰	bùzhāng	形	不明显；不显著：效果～|法纪～，任何人都将会是受害者。
28. *不争	bùzhēng	形	属性词。不容置疑的：～的事实。
29. *打拼	dǎpīn	动	努力去干；拼搏：奋力～|为生活而～。
30. 回归	huíguī	动	回到原来的地方：～祖国|～家园。
31. 破解	pòjiě	动	破译；解决：～难题|～密码。
32. *过客	guòkè	名	过路的客人；旅客：我只是你生命中的一个～。
33. 归宿	guīsù	名	人或事物的最终着落；结局：河流的～是大海，落花的～是大地。
34. 接纳	jiēnà	动	采纳；接受：～意见|～批评。
35. 日益	rìyì	副	程度一天比一天加深，一天比一天更加。
36. *疏远	shūyuǎn	动	不亲近；关系、感情上有距离：太久没见面，两人的感情渐渐～了。
37. 定居	dìngjū	动	在某个地方长期住下来：回国～|～北京。
38. 宏观	hóngguān	形	大范围或涉及整体的：～经济|～调控。
39. *壁垒	bìlěi	名	比喻对立事物的界限和障碍：市场～。
40. 瓶颈	píngjǐng	名	比喻事情进行中难以突破的关键制约因素：学者总会有遇到研究～的时候。
41. *亟	jí	副	急迫地：～待恢复|～须开发。
42. 纳入	nàrù	动	放进；归入：我们应该将行动～决策当中。
43. 财政	cáizhèng	名	政府部门对资财的收入与支出的管理活动：～支出|～收入。
44. *红利	hónglì	名	指企业分给股东的利润或分给职工的额外报酬；参加集体生产单位的个人所得的额外收益。
45. 冷漠	lěngmò	形	（对人或事物）冷淡，不关心：神情～|～的态度。
46. 歧视	qíshì	动	不平等地看待。
47. 适宜	shìyí	形	合适；相宜：气温～|～居住。
48. *偌大	ruòdà	形	这么大；那么大（多见于早期白话）：～的城市|～的教室。
49. 迷失	míshī	动	偏离了正确的人生方向：～自我|～方向。

【注释】

1. 农民工一代： 20 世纪 80 年代农村实行家庭承包经营以后，生产效率提高，劳动力有富余，于是一部分农民就出来打工，他们被称为农民工一代。

2. 新生代农民工： 1980 年及之后出生的，进城从事非农业生产 6 个月及以上的，常住地在城市，户籍地在乡村的劳动力，是新时代的产业工人，他们被称为新生代农民工。

3. 面朝黄土背朝天： 惯用语。形容农民劳作非常辛苦的样子。

4. 理想固然很丰满，可现实却很骨感： 意思是理想很美好，但是现实却很残酷，理想和现实之间有很大差距。

重点句型与词汇

1（以）……居多

（1）目前，外出打工的人数约有 2.7 亿，在这当中，80 后、90 后的新生代农民工居多，大约有 1 个亿。

（2）从地域来看，排名靠前的城市多位于中国东部沿海地区，以港口城市、经济发达城市居多。

（3）根据智能手机使用频度的调查研究显示，智能手机成瘾人群中以生活富足的、受过良好教育的男性居多。

2 纵然……，也……

（1）作为一个外乡人，纵然使出浑身解数，在繁华都市的边缘，也难免感到诸多无奈与彷徨。

（2）纵然未来困难重重，我们也要勇往直前。

（3）互联网大大缩短了人和人之间的距离，纵然两人相隔千里，消息也可以瞬间送达。

3 ……固然……，可（是）/ 但（是）……

（1）理想固然很丰满，可现实却很骨感。

（2）大城市固然机遇良多，可小城市的慢节奏也让不少年轻人感到安心踏实。

（3）这种“一刀切”的做法固然省事，但从长期来看对我们的事业发展不利。

4 ……不复……

（1）当年玩耍的小河堆满垃圾，农村“田园牧歌式”的生活不复存在。

（2）如果太阳不复存在，那么地球上所有的生命都无法存活下去。

（3）虽然今后同学们可能不复相见，但大家的情谊永远会被铭记于心。

5 况且……

（1）农村的基础设施相对落后，教育、医疗等公共性服务相对薄弱，况且农业生产高投入、低回报，效益不彰，这都是不争的事实。

（2）他已经 29 岁，对于一个想成为电影工作者的人来说年龄的确偏大，况且他也没有任何跟电影相关的工作经验。

（3）大学生打工的工资并不高，况且，我也怕耽误学习，所以只能在假期偶尔做兼职。

6 被 / 为……所

（1）对于新生代农民工来说，他们向往城市，却不被城市所接纳。

（2）看问题不要只停留在表面，或被外部因素所干扰，应该看到其实质。

（3）在新年音乐会上，观众们不由自主地为那独具艺术魅力的音乐所感染。

7 V+ 准

（1）新生代农民工自己也要量力而行，选准适宜发展的地方安居乐业。

（2）这位老总看准了他的发展潜力，向他抛出了橄榄枝。

（3）要治愈乱收费这一顽疾，首先要找准“病因”，然后对症下药。

8 ……，这样一来，……

（1）此外，新生代农民工自己也要量力而行，选准适宜发展的地方安居乐业。这样一来，他们才不会在偌大的城市中迷失自己。

（2）做一个有用的人，每天积极生活，力求有所作为，这样一来，生命便有了意义。

（3）不要把工作的结果看得过重，多想其有趣之处，平心静气，这样一来，工作往往做得更好。

词语搭配

1 承载

~回忆 | ~祝福 | ~ 理想 | ~梦想 | ~希望 | ~重量 | ~压力

（1）农村是他们的根，是承载着他们童年回忆的地方。

（2）这条短信深深地触动了我，因为它承载了朋友满含真情的祝福。

（3）青春承载着年轻人的理想，包容着年轻人的天真。

2 匆匆

~返回 | ~离开 | 来去~ | 时光~ | 脚步~

（1）在外务工的年轻人，很多都是逢年过节时才回家一趟，待上四五天便匆匆返回城市。

（2）他只和朋友们打了个招呼就匆匆离开了。

（3）时光匆匆，一转眼两个孩子都已经上初中了。

3 薄弱

相对~ | ~环节 | ~点 | ~之处 | 意志~

（1）农村的基础设施相对落后，教育、医疗等公共性服务相对薄弱。

（2）环保目前仍是我们工作的薄弱环节。

（3）意志薄弱的人是经受不住艰苦生活的种种考验的。

4 不争的

～事实

（1）农业生产高投入、低回报，效益不彰，这都是不争的事实。

（2）几乎每个生态系统中都存在微塑料碎片，微塑料污染已是一个不争的事实。

（3）两性间存在差异是不争的事实，但这并不能成为某些人制造性别对立的借口。

5 破解

～农民工之困｜～难题｜～困局｜～密码

（1）新生代农民工之困该如何破解？

（2）要从根本上破解劳资关系紧张的难题，就必须从制度创新入手。

（3）很多黑客并非依靠什么尖端技术，而只是通过分析用户的心理，就能破解密码。

6 接纳

～移民｜～观众｜～建议｜～他人｜～自己

（1）对于新生代农民工来说，他们向往城市，却不被城市所接纳；根在农村，却对农村日益疏远。

（2）新楼盘总建筑面积超过 13 万平方米，将接纳 976 户住户。

（3）我认为他没有理由不接纳我们如此真诚的建议。

7 日益

～疏远｜～好转｜～强盛｜～激烈｜～严重

（1）对于新生代农民工来说，他们向往城市，却不被城市所接纳；根在农村，却对农村日益疏远。

（2）奶奶的病情日益好转，过几天就可以出院了。

（3）该地区的空气污染日益严重，很多人外出都戴上口罩。

8 纳入

～发展规划｜～计划｜～体系｜～系统｜～名单｜～议题

（1）政府要将农民工群体纳入城市经济社会发展规划和公共政策体系。

（2）政府将防治荒漠化作为国土整治的重点工程，纳入 21 世纪国民经济和社会发展计划。

（3）2021 年有 18 种抗肿瘤药物被纳入国家医保药品目录，为癌症患者带来了福音。

9 遭受

～歧视｜～重创｜～挫折

（1）城市居民要不断提升认同与接纳程度，给他们以温暖和关注，莫让他们遭受冷漠的社会歧视。

（2）在家乡遭受洪灾重创之时，他慷慨捐款，为的是帮乡亲们早日渡过难关。

（3）当我们遭受挫折的时候，应该坚定自己的信念，而不是怨天尤人。

成语和惯用语

1 * **高楼大厦** gāolóu-dàshà：**高大雄伟的楼房。厦，大房子。**

（1）他们陆续涌入大大小小的城市——在原本不属于他们的高楼大厦间寻梦。

（2）四十年过去了，深圳已由一个小渔村发展为到处是高楼大厦的国际化大都市。

（3）现代化不仅意味着高楼大厦、立交桥、高架路等，更需要良好的生态环境和文明素养。

2 * **浑身解数** húnshēn-xièshù：**全身的本领。浑身，全身，指所有的；解数，武术套路，比喻本领。**

（1）纵然使出浑身解数，在繁华都市的边缘，也难免感到诸多无奈与彷徨。

（2）不能抓住消费者的心理需求，广告商们就算使出浑身解数，也无法吸引顾客的目光。

（3）两队为了赢得这场重要的比赛，均使出了浑身解数。

3 * **望尘莫及** wàngchén-mòjí：**只望见走在前面的人带起的尘土而追赶不上，形容远远落后。莫，不；及，赶上。**

（1）望尘莫及的房价、高昂的生活成本，没有稳定的工作，也没有社会保障，自己买不起城里的房、孩子上不了城里的学校……不少人都在徘徊、困惑和迷茫。

（2）猎豹的短跑速度是陆地上任何动物都望尘莫及的。

（3）这家公司今年创下的骄人业绩，令同行望尘莫及。

4 * **逢年过节** féngnián-guòjié：**在新年之际或在其他节日里。**

（1）在外务工的年轻人，很多都是逢年过节时才回家一趟。

（2）这家公司的待遇很好，逢年过节都会发放礼品和奖金。

（3）高速公路逢年过节堵得简直像个停车场。

5 * **一窍不通** yīqiào-bùtōng：**没有一窍通悟。比喻一点儿也不懂。窍，洞，这里指心窍。**

（1）他们并非对务农一窍不通，但返乡后就是不愿待在农村，哪怕在城镇租房居住，也不想再接触农村，不想再拿起农具从事农业生产。

（2）大家本以为他对京剧一窍不通，哪知他竟是个京剧爱好者。

（3）他只是爱看书，对经商可以说是一窍不通。

6 * **落叶归根** luòyè-guīgēn：**飘落的枯叶，掉在树木根部。比喻事物有一定的归宿。多指客居他乡的人，终要回到本土。又作叶落归根。**

（1）他们来自农村，归宿也在农村，想赚了钱后回农村“落叶归根”。

（2）他在外打拼多年，退休以后终于落叶归根，回到故乡。

（3）很多定居国外的华侨都有落叶归根的情结。

7 * **进退两难** jìntuì-liǎngnán：**前进和后退都难。比喻事情无法决定，因而难以行动。**

（1）他们进退两难，不知道自己的未来在哪里！

（2）面对股市动荡，他一时间进退两难。

（3）处于进退两难的复杂处境，她只能求助于父母。

8 * 量力而行 liànglì' érxíng：按照自己力量的大小去做，不要勉强。

（1）此外，新生代农民工自己也要量力而行，选准适宜发展的地方安居乐业。

（2）做任何事情之前都要客观评估自己的水平，量力而行才是。

（3）人们常说“生命在于运动”，但我认为，生命在于平衡，运动也要量力而行。

9 * 安居乐业 ānjū-lèyè：指安定地生活，愉快地从事其职业。安，安定；居，居所；乐，喜爱，愉快；业，职业。

（1）此外，新生代农民工自己也要量力而行，选准适宜发展的地方安居乐业。

（2）安居乐业是广大人民群众的愿望。

（3）无论何时，要抓好社会治安，让人民群众过上安居乐业的好日子。

课后练习 趁热打铁

一、选词填空

繁华 迷茫 承载 不争

浑身解数 一窍不通 望尘莫及 量力而行 安居乐业

1. 大城市竞争十分激烈，这是个________的事实。
2. 对于心理学我是________，所以不敢随意评论。
3. 在这个风景优美的小城里，人们________。
4. 没有农民工的汗水，就没有城市的________。
5. 信仰是无言的指路人，让我们在________中找到出路。
6. 金灿灿的稻田中那一串串饱满的稻子，________着农民一整年的辛劳。
7. 为了在市场竞争中占有一席之地，商家们动足了脑筋，使出了________。
8. 人要有自知之明，处世做人，要________，不强求自己去做超出能力以外的事情。
9. 近年来，他发表的作品无论从质量上还是数量上说，都是我们________的。

二、单项选择

1. 随着大批毕业生（　　）长期以来号称“世界工厂”的经济体中，人们对市场吸收能力和未来政治局势的担忧也开始加深。

A. 涌入　　B. 流入　　C. 深入　　D. 进入

2. 在这人来人往的（　　）都市，他心中却感到空落落的，有一种说不出的孤独与迷茫。

A. 繁荣　　B. 繁华　　C. 繁忙　　D. 繁多

3.（　　）以后你成了领导，也没有权力要求别人放弃自己的尊严。

A. 尽管　　B. 不然　　C. 虽然　　D. 纵然

4. 当爱情（　　）了太多不切实际的希望，它也会幻灭得更快。

A. 承载　　B. 承受　　C. 承担　　D. 接受

5. 警官使出浑身解数，也（　　）不了这如乱麻似的谜案。

A. 解决　　B. 解除　　C. 破解　　D. 解开

6. 该国若要缓解人口老化问题，保持就业人口和退休人口之间的平衡关系，就需要（　　）外来移民。

A. 接待　　B. 采纳　　C. 采用　　D. 接纳

三、用所给的词语和句型回答问题

1. 为什么新生代农民工在城市感到无奈和彷徨？（纵然……也……）

____

2. 为什么新生代农民工不想留在农村？（况且……，不争的）

____

3. 新生代农民工怎样做才不会在城市迷失自己？（……这样一来……）

____

四、用所给的词语填空

涌入　歧视　接纳　疏远　定居　打拼　诸多　进退两难　落叶归根

在第一代农民工逐渐退出历史舞台、__________的同时，新生代农民工不断__________城市，正成为当今农民工的主体。

第一代农民工大多在城市赚了钱后便会返乡，并没有超出自己所在阶层的想法。而随着新生代农民工对土地情感的__________，他们不再视“土地”为谋生的根基。他们表现出对城市生活更大的向往，以及更强的融入城市的意愿，希望能通过自己的__________，最终__________城市。

然而，这种希望的实现却面临着__________困境。新生代农民工一方面同他们的父辈一样，遭受身份__________、制度排斥等不公平的待遇，很难被城市__________；另一方面，他们失去了对乡土世界的认同感，也无法回归乡村，因此处于__________的窘境之中。

课文二 信息化社会："一个都不能少"

课前思考

1. 你身边的老年人使用智能手机吗？情况如何？
2. 信息化社会给老年人的生活带来了哪些不便？
3. 年轻人可以给身边的老年人提供怎样的帮助？

语音聊天、视频通话、点赞收藏、转发分享……在社交软件上，年轻人信手拈来的操作，对家里的老年人来说可能会复杂得不行。不久前，浙江杭州一个女孩为外婆手绘了一份"微信使用说明书"，字迹工整、内容详细、图文并茂，此举相当暖心，打动了一众网友，也将老年人如何更好适应数字生活的话题，再次带进公众视野。

如今，得益于数字化、信息化的发展，智能生活加速推进，为人们带来的便利那真是没的说。然而，一些老年人对此却感到力不从心。在火车站，电子客票的推广极大地节省了旅客的出行时间，却也让需要出行却不会网上购票的老人不知如何是好；在医院，预约挂号使得就医问诊秩序井然，但一筹莫展的老人不得不站在挂号机前寻求导医的帮助；在餐厅，扫码点餐、移动支付方便又卫生，而还在使用老年机的人就会无所适从。对上了年纪的人来说，连看似微不足道的生活细节，也有可能构成一道数字鸿沟，造成日常生活的不便。更不用说新冠疫情防控期间，由于老年人没有健康码以致无法乘坐公交，甚至无法出入小区的情况屡屡发生，一度引起社会关注。

帮助老人顺利融入信息化社会

数字时代，不能落下那些年迈的身影。第七次全国人口普查结果显示，中国60岁及以上人口已达2.64亿人。"十四五"时期，全国60周岁及以上老年人口预计将超过3亿，占总人口比例将超过20%，中国将进入中度老龄化社会。根据统计，截至今年6月，在超过9亿的网民中，60岁及以上人群占比为10.3%。让老年人更好分享信息化时代的发展红利，需要以更多的耐心帮助他们，从而让他们更加顺畅地拥抱智能生活。

如果说传统的教育模式是从父母一代到子女一代的知识传递，那么在信息化社会，鉴于老年人所面对的“数字困境”，这就需要年轻人进行“文化反哺”。帮助老人顺利融入信息化社会是义务也是责任。

在浙江嘉兴图书馆，有一门专门课程，教授如何开关手机、怎么联网、怎样使用相机等“常规操作”。2019年，8名馆员共组织了159场讲座，吸引了60岁到89岁的众多老人参与。

如今，越来越多的老年人拥抱数字生活，创造别样的精彩。有的爷爷奶奶戴上老花镜，认真学起了手机扫码、手机观看新闻、视频通话，跟孩子们的交流变得顺畅无阻；不少老年人也开始乐呵呵地观看网上有趣的短视频，浏览朋友圈，给亲戚朋友点赞。老年人的“数字需求”得到满足，使他们在物质上和精神上更加富有，生活上更加幸福、美满。

有温度的社会需要更多的包容

对一些互联网平台来说，要针对老年人的需求提供替代选择，构建更具包容性的智慧老龄社会新形态。有专家建议，除了在技术开发中更加注重老年人的需求和习惯外，在公共政策制定和公共服务方面，也要给老年人提供多元选择和替代方案。

现实中，不少地方多措并举，帮助老年人融入移动互联网世界。这些年来，银行在普遍设立了ATM机、机器人柜员后，还始终保留着适合老年人的人工柜员服务；在上海，有医院调大门诊标识、诊间字体，改善在线预约系统布局，致力于优化老年人就医环境，打造“老年友好界面”；在浙江杭州，市民卡和健康码深度融合，老年人刷一下卡就能看病就医、公交出行。这体现了信息化时代的人文关怀。

由此可见，给老年人在风驰电掣的“快时代”留个“慢选项”，能填补代际间的数字沟壑，也让老年人享受到数字时代的馈赠。因为今天的他们，就是明天的我们。

（改编自《人民日报》2020年10月13日

《人民时评：“微信使用说明书”为何暖心》，作者：盛玉雷）

生词表

1. *手绘	shǒuhuì	动	手工绘制图案：～书签。
2. 字迹	zìjì	名	文字的笔画形体：～模糊 | ～清晰。
3. 工整	gōngzhěng	形	细致整齐：字迹～ | 笔画～。
4. *暖心	nuǎnxīn	形	使人心里感到温暖。
5. *一众	yīzhòng	量	一群，数量众多。
6. 视野	shìyě	名	视力所及的范围；思想或知识的领域。
7. *得益	déyì	动	受益；得到好处。
8. 没的说	méi·deshuō	形	无可挑剔；很棒。
9. *导医	dǎoyī	名	引导或指导患者合理就医的人。
10. *扫码	sǎomǎ	动	扫描二维码。
11. *鸿沟	hónggōu	名	比喻事物间明显的、难以逾越的界线：数字～
12. *疫情	yìqíng	名	疫病的发生和发展情况：新冠～。
13. *防控	fángkòng	动	预防和控制：全力～疫情。
14. *屡屡	lǚlǚ	副	一次又一次：～迟到 | ～出错。
15. 一度	yīdù	副	有过一次或一段时间。
16. 年迈	niánmài	形	年纪老。
17. 身影	shēnyǐng	名	指人或物的形象：忙碌的～ | 高大的～。
18. 及	jí	连	和：童话、寓言、故事～科幻小说，都是孩子们喜爱的读物。
19. 截至	jiézhì	动	截止到（某个时候）：～目前，尚未收到不良反应报告。
20. *占比	zhànbǐ	名	（数量）占总数的百分比。
21. 顺畅	shùnchàng	形	顺利通畅，没有阻碍：虽然来自不同国家，但同学们的交流很～。
22. 鉴于	jiànyú	介	以某种情况为前提加以考虑。
23. *反哺	fǎnbǔ	动	传说中有种鸟长大后，会寻找食物喂给飞不动的母鸟吃。比喻子女长大奉养父母。哺，喂：～之情。
24. *别样	biéyàng	形	属性词。另一种；不同寻常，特别：～的美 | ～的人生。
25. *老花镜	lǎohuājìng	名	供眼睛老花之人所用的眼镜。
26. *乐呵呵	lèhēhē	形	高兴、快活的样子：爷爷见人总是～的。

27. 浏览	liúlǎn	动	大略地看：～一遍。
28. 美满	měimǎn	形	感到幸福、愉快；美好圆满：～的生活 | ～的婚姻。
29. 选项	xuǎnxiàng	名	可供选择的项目：本题有四个～。
30. 人文	rénwén	名	指强调以人为主体，尊重人的价值，关心人的利益的思想观念。
31. 构建	gòujiàn	动	建立（多用于抽象事物）：～新的学科体系。
32. 多元	duōyuán	形	指多样的，不是单一的。
33. *并举	bìngjǔ	动	不分先后，同时举办。
34. *柜员	guìyuán	名	柜台工作人员（多指金融机构的）：银行～。
35. *标识	biāoshí	名	用来识别的记号。
36. 在线	zàixiàn	动	在互联网上。
37. 布局	bùjú	名	对事物的全面规划和安排：～合理。
38. *致力	zhìlì	动	把力量用在某个方面：～写作。
39. 优化	yōuhuà	动	加以改善、改良、改进：～设计 | ～环境。
40. *界面	jièmiàn	名	版面，多指呈现在手机、电脑上的图形状态：优化用户～。
41. 就医	jiùyī	动	到医生那里治病：一旦感染应该及时～。
42. *沟壑	gōuhè	名	山沟；比喻阻隔：两代人之间存在难以跨越的～。
43. *馈赠	kuìzèng	动	赠送（礼品）：带些特产～亲友。

【注释】

1. 点赞、收藏、转发：社交软件上的基本功能。下图示例从左到右分别是点赞、收藏、转发。

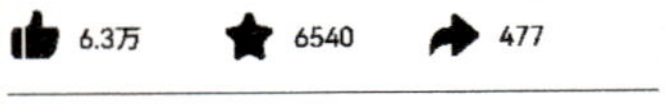

2. 健康码：在新冠疫情防控期间应运而生，是以真实数据为依据，生成的属于个人的二维码。该二维码作为个人在当地出入通行的一个电子凭证，实现一次申报，全市通用。

3. “十四五”：指中华人民共和国国民经济和社会发展第十四个五年规划。“十四五”时期经济社会发展主要目标：经济发展取得新成效；改革开放迈出新步伐；社会文明程度得到新提高；生态文明建设实现新进步；民生福祉达到新水平；国家治理效能得到新提升。

4. 文化反哺：指在急速的文化变迁时代所发生的代际间的文化传承过程，它是文化或文明积累的基本方式，也是一个民族或社会能够不断前行的基本条件。是社会转型期的必然现象。

重点句型与词汇

1 ……得不行：表示程度很高。

（1）在社交软件上，年轻人信手拈来的操作，对家里的老年人来说可能会复杂得不行。

（2）一家人终于要去旅游了，儿子兴奋得不行。

（3）和很多孩子一样，上学时我对写作文讨厌得不行。

2 得益于……：在……方面得到好处、益处。

（1）如今，得益于数字化、信息化的发展，智能生活加速推进，为人们带来的便利那真是没的说。

（2）据销售人员介绍，本月汽车销量大涨主要得益于多款新车的上市以及购车税费的减免政策。

（3）这里的环境非常优美，得益于政府的环境保护措施，也得益于公众自觉的环保意识。

3 ……没的说：也说“没有说的”。

（1）为人们带来的便利那真是没的说。

（2）这家餐厅的服务真是没的说。

（3）你今天面试的表现没有说的，回去等通知来上班吧！

4 不知……好

（1）在火车站，电子客票的推广极大地节省了旅客的出行时间，却也让需要出行却不会网上购票的老人不知如何是好。

（2）这件事很复杂，涉及许多人的切身利益，我不知怎么解决才好。

（3）看他紧张得手心都是汗，我也不知说什么好。

5 连……也……，更不用说……

（1）对上了年纪的人来说，连看似微不足道的生活细节，也有可能构成一道数字鸿沟，造成日常生活的不便。更不用说新冠疫情防控期间，由于老年人没有健康码以致无法乘坐公交，甚至无法出入小区的情况屡屡发生。

（2）很多传统戏曲连中国人也不会唱，更不用说外国人了。

（3）他连那里的语言也不会说，更不用说融入当地社会了。

6 ……，以致……

（1）由于老年人没有健康码以致无法乘坐公交，甚至无法出入小区的情况屡屡发生。

（2）他最近经常熬夜加班，以致身体出现了亚健康状况。

（3）由于资金迟迟不能到位，以致这个项目一直停留在图纸上。

7 一度……

（1）由于老年人没有健康码以致无法乘坐公交，甚至无法出入小区的情况屡屡发生，一度引起社会关注。

（2）他考研失败后，一度心灰意冷，对生活失去了信心。

（3）这里一度大厦林立、车水马龙，如今却是一片荒芜。

8 鉴于……，……

（1）鉴于老年人所面对的“数字困境”，这就需要年轻人进行“文化反哺”。

（2）鉴于目前全球金融危机尚无转危为安的迹象，许多人开始推测经济迟滞将带来何种政治影响。

（3）鉴于气候变化带来的不确定性，该国农业部部长呼吁本国消费者减少肉类的购买。

9 ……并举

（1）不少地方多措并举，帮助老年人融入移动互联网世界。

（2）坚持“引资”与“引智”并举，积极引进先进技术、管理经验和高素质人才。

（3）租售并举的消费观念已经为许多市民所接受。

10 致力（于）……

（1）有医院调大门诊标识、诊间字体，改善在线预约系统布局，致力于优化老年人就医环境。

（2）医生们正致力于不断改进这项技术，并对其长期疗效进行研究。

（3）李老师用尽毕生的心血投身教学，致力于祖国的教育事业。

11 由此可见，……/……由此可见（一斑）

（1）由此可见，给老年人在风驰电掣的“快时代”留个“慢选项”，能填补代际间的数字沟壑，也让老年人享受到数字时代的馈赠。

（2）龟兔赛跑中的兔子在睡梦中被乌龟赶超，由此可见，一时领先不代表一世领先。

（3）过去“黄沙弥漫”的荒漠如今被改造成“国家生态公园”，政府对环保工作的重视由此可见一斑。

词语搭配

1 一众

~朋友 | ~工作人员 | ~游客

（1）此举相当暖心，打动了一众网友，也将老年人如何更好适应数字生活的话题，再次带进公众视野。

（2）自 1997 年于香港亮相后，该品牌瞬间成为一众时尚达人的最爱。

（3）该剧不仅汇集了一众老演员，更吸引了一批有实力的新人加盟。

2 视野

公众~ | 全球~ | 进入~ | 退出~ | 扩大~ | 开拓~

（1）此举相当暖心，打动了一众网友，也将老年人如何更好适应数字生活的话题，再次带进公众视野。

（2）由于经营不善，这个老品牌慢慢淡出了人们的视野。

（3）我热爱旅行，因为可以在旅行中认识很多朋友，开阔视野。

3 * 鸿沟

数字～｜年龄～｜知识～｜认知～

（1）连看似微不足道的生活细节，也有可能构成一道数字鸿沟。

（2）由于这对夫妻存在难以逾越的年龄鸿沟，他们磨合了几年后还是以离婚告终。

（3）由于富人通常能比穷人更快地获得信息，因此，大众媒介传送的信息越多，二者之间的知识鸿沟也就越有扩大的趋势。

4 顺畅

交通～｜交流～｜心情～｜呼吸～

（1）让老年人更好分享信息化时代的发展红利，需要以更多的耐心帮助他们，从而让他们更加顺畅地拥抱智能生活。

（2）由于该市严格执行交通法，违章行车的行为大大减少，交通顺畅多了。

（3）在我们的日常交际中，想要交流顺畅，就要提高自己的沟通技巧。

5 人文

～关怀｜～精神｜～学科｜～素养｜～景观

（1）这体现了信息化时代的人文关怀。

（2）要在全社会培养友好和谐的环境意识，弘扬崇尚科学的文明风尚，倡导以人为本的人文精神。

（3）教师要有扎实的专业基础、一定的现代科学知识及人文素养。

6 优化

～环境｜～结构｜～方法｜～布局

（1）在上海，有医院调大门诊标识、诊间字体，改善在线预约系统布局，致力于优化老年人就医环境，打造“老年友好界面”。

（2）根据产业振兴规划，政府将调整产业布局，优化结构，深化改革以及加强管理。

（3）在教学实践中进行的形象思维训练有利于优化学生的思维方式，提高解题能力。

成语和惯用语

1 * 信手拈来 xìnshǒu-niānlái：随手拿来。多指写文章时能自由纯熟地选用词语或应用典故。

（1）在社交软件上，年轻人信手拈来的操作，对家里的老年人来说可能会复杂得不行。

（2）由于他平时喜欢在写作上下功夫，所以不管写什么文章都可以信手拈来。

（3）王教授知识渊博，讲起课时各种典故总是信手拈来，十分生动有趣。

2 * 图文并茂 túwén-bìngmào：指书籍中的图片和文字搭配得很好，都很精美。

（1）浙江杭州一个女孩为外婆手绘了一份“微信使用说明书”，字迹工整、内容详细、图文并茂。

（2）今天的头版新闻图文并茂，读者们纷纷点赞。

（3）文化节盛况空前，来自各地的记者在现场向世界发出了图文并茂的报道。

3 力不从心 lìbùcóngxīn：指心里想做，但力量或能力办不到。

（1）然而，一些老年人对此却感到力不从心。

（2）我年纪渐大，但要做的事还很多，所以常感到力不从心。

（3）学语文如果只局限于教材，不关注课外阅读，那么学生进入中学后就会越来越力不从心。

4 * 秩序井然 zhìxù-jǐngrán：管理规范，有条理、不混乱。

（1）预约挂号使得就医问诊秩序井然。

（2）在各班老师的带领下，学生们秩序井然地排队走进了博物馆。

（3）比赛结束，观众们依次退场，没有争先恐后，没有拥挤堵塞，现场秩序井然。

5 * 一筹莫展 yīchóu-mòzhǎn：形容遇事拿不出一点办法，没有任何进展。

（1）一筹莫展的老人不得不站在挂号机前寻求导医的帮助。

（2）汽车在高速公路上突然熄火，手机又没了电，如此窘境，让人一筹莫展。

（3）由于案情离奇曲折，几乎没有留下任何线索，当地警方一筹莫展。

6 * 无所适从 wúsuǒshìcóng：指不知听从哪一个好或不知怎么办才好。

（1）在餐厅，扫码点餐、移动支付方便又卫生，而还在使用老年机的人就会无所适从。

（2）太多人对他提出建议，弄得他一时间无所适从。

（3）如果政府政策摇摆，缺乏连续性，便会让民众无所适从，从而失去公信力。

7 微不足道 wēibùzúdào：指意义、价值等小得不值一提。

（1）对上了年纪的人来说，连看似微不足道的生活细节，也有可能构成一道数字鸿沟。

（2）个人的作用是微不足道的，集体的力量才是成功的关键。

（3）我们不要把精力全放在微不足道的小事上，要学会抓大放小。

8 * 风驰电掣 fēngchí-diànchè：形容非常迅速，像风吹电闪一样。

（1）给老年人在风驰电掣的“快时代”留个“慢选项”。

（2）在百米赛中，运动员们一个个风驰电掣般冲向终点。

（3）他把车开得风驰电掣一般，我坐在车上紧张不已。

课后练习　趁热打铁

一、选词填空

无所适从	图文并茂	秩序井然	风驰电掣
一筹莫展	力不从心	信手拈来	微不足道

1. 黑暗中，小小的烛光看起来是那么__________，但却给人带来了无限的勇气与希望。
2. 熟记成语，写文章时便能__________，毫不费力。
3. 趁年轻多做一些事吧，一旦年老体衰，想干也__________了。
4. 虽然毕业于名牌大学，他还是因为找不到工作而__________。
5. 英语等级考试中，所有学生都按要求参加考试，没有出现任何异常情况，考场__________。
6. 如果父母双方的态度和意见总是不一致，就会使孩子感到__________。
7. 本书充分考虑到学生的接受程度和兴趣点，__________，可读性很强。
8. 司机突然把车开得__________一般，车上的乘客都给吓得直冒冷汗。

二、单项选择

1. 对待工作他从来都是一丝不苟的，他的教案书写（　　）、格式规范，称得上教案中的精品。

A. 整洁　　B. 工整　　C. 整齐　　D. 齐整

2. 读书开阔了我的（　　），陶冶了我的性情，使我获益匪浅。

A. 视力　　B. 视角　　C. 视野　　D. 视线

3. 这几年政府加大空气污染治理力度，颇有成效，我感到呼吸（　　）了许多。

A. 流畅　　B. 通顺　　C. 顺利　　D. 顺畅

4. 成功是对执着者的一种（　　），失败是对追求者的一种考验。

A. 赠送　　B. 回赠　　C. 馈赠　　D. 赠给

三、用所给的词语和句型回答问题

1. 老人熟悉社交软件上的操作吗？（……得不行）

____

2. 请说说新冠疫情期间，健康码的重要性。（一度）

____

3. 如何帮助老年人融入信息化社会？（鉴于……，……并举，致力于……）

____

四、用所给的词语填空

顺畅　鸿沟　人文　浏览　打造　无所适从　力不从心

当年轻一代拥抱数字时代、尽情地享受数字红利时，一些老年人却对智能技术感到________。对上了年纪的他们来说，学习新技能实在是________。如何让老年人________地使用新一代的智能技术，缩小数字________，不仅关系到千家万户，更是国家现代化建设和社会文明进步的必答题。

2021 年，北京市推动开展智能技术的适老化及无障碍改造工作，如________更为人性化的手机界面，使老年人能更轻松地________手机网页，充分兼顾了老年人和特殊人群的需求，体现了信息化社会的________关怀。

课文三 >> 群体性孤独：网络社交正在扼杀深度关系

课前思考

1. 你喜欢网络社交还是面对面交流？为什么？
2. 你每天在社交媒体上花多少时间？
3. 你有社交恐惧吗？

前阵子，微信悄悄上线了一项新功能：朋友圈可设置为仅一个月可见。这个没写进版本介绍的新功能，一经推出就上了热搜——“三天太短，半年太长，一个月刚刚好”，“不用设，一天我也不想看”。

在越来越多人逃离朋友圈的当下，这项功能给了我们一个明确的提示：如何理解微信，如何解读虚拟社交。

朋友圈里的“群体性孤独”

前段时间，腾讯发布的2019年第1季度业绩报告显示：微信月活跃用户已突破11亿，与此形成对比的是另一组数据，2019年初，“微信之父”张小龙说，每天有7.5亿人使用微信朋友圈，不过，其中有超过1亿人设置了“朋友圈三天可见”。当代人的社交困境由此可见一斑。

朋友圈成为社交必需品的同时，又让人感到不堪重负。至于朋友圈三天可见、一个月可见、半年可见，乃至屏蔽朋友圈等功能，说白了，都是为了满足人们的社交心理：想保持一种不冷不热的礼貌。表面配合演出，内心毫无波澜。

麻省理工学院社会学教授雪莉·特克尔就曾发出这样的疑问：为什么科技愈加便利，彼此交往却愈加疏远？在对人与信息技术的关系进行了长达15年的系统研究后，她写出《群体性孤独》一书，挖掘了互联网时代群体孤独的根源。特克尔教授认为，互联网在改变我们的思维、生活的同时，也重构了以往的人际关系。

在网上，我们可以找到很多有共同兴趣的陌生人，建立线上的虚拟小圈子，甚至可以把自己伪装成想成为的任何人。但特克尔教授认为，这种快餐式的虚拟关系，说到底，是把每个人简化成实用的客体，美好和有趣的一面被放大，而真实的缺点却被隐匿了。

在《群体性孤独》里，特克尔教授还总结了虚拟社交制造出的三大错觉：

一是觉得我们可以把精力分配到任何自己想关注的领域；

二是幻想总有人倾听我们；

三是以为我们永远不孤独。

因为讨厌被真实关系束缚，很多人选择在社交平台上表达自我、分享隐私，来排解孤独，希望获得陌生人的关注和认同，但起到的效果可能恰恰相反。比起收获的善意，他人直白的恶意，更让人难以接受。哪怕是在朋友圈这种半生不熟的社交环境里，一言不合就拉黑的情况也不在少数。上网原本是为躲避孤独，寻求温暖，反而无端受到伤害，可见这种“我分享故我在”的做法，不仅会让虚拟社交变成“自我表演”，还会让我们以新的方式暴露脆弱。

虚拟社交正在扼杀深度关系

如今我们已经进入了网络社交时代，“永远在线，时刻沟通”，微信俨然成了多数人的生活日常。

特克尔教授却指出，在互联网快节奏的流量中，大量持续的沟通，剥夺了我们原本用于独立思考的时间，也大大降低了我们对回复质量的期待。比起质量，人们更在乎回复的速度。秒回成了微信社交的第一美德，而其中的敷衍却被有意无意地忽略了，虚拟社交扼杀深度关系的建立已成为心照不宣的事实。如果你还把一个人的朋友圈与他全部的真实生活画等号，那只能说明身处互联网时代的你还不够成熟。

明确朋友圈的真相，有助于我们合理分配社交能量，把时间和精力留给更重要的现实关系，尤其是留给自己。意识到虚拟社交关系白白消耗掉大量的时间和精力，在享受网络社交带来的便利性的同时，就更要时刻保持警惕，守护内心的那一份纯粹，那一份真诚。

（改编自微信公众号“书单”2019年6月5日
《朋友圈设置一个月可见，透露了什么社交观？》，作者：书单君）

生词表

1. *扼杀	èshā	动	比喻压制、摧残使不能存在或发展：～想象力。
2. *前阵子	qiánzhènzi	名	刚过去的一段时间。
3. *上线	shàngxiàn	动	互联网产品开始运营：～新产品。

4. *热搜	rèsōu	名	一段时间内的各界大事与流行话题。
5. 当下	dāngxià	名	此时此地：活在～。
6. 解读	jiědú	动	阅读解释；分析研究：～信息丨～新形势。
7. 虚拟	xūnǐ	形	不符合或者不一定符合事实的，这里指由网络构建的世界：～世界。
8. 业绩	yèjì	名	工作的成绩、效果：销售～丨辉煌的～。
9. 不堪	bùkān	动	经受不起：这样的日子实在是～忍受。
10. *重负	zhòngfù	名	重担：如释～丨不堪～。
11. *屏蔽	píngbì	动	隐藏，不让别人看到。
12. 波澜	bōlán	名	波涛，此处比喻心理反应。
13. *愈加	yùjiā	副	更加；越发：～聪明丨～理性。
14. 挖掘	wājué	动	深入开发，探求：～真相。
15. 根源	gēnyuán	名	事物产生的根本原因；事物的起源。
16. *重构	chónggòu	动	对原有结构进行重新整合：～思想。
17. *小圈子	xiǎoquān·zi	名	指狭小的生活范围，也指为个人利益而互相拉拢、互相利用的小集团：搞～。
18. 伪装	wěizhuāng	动	假装：～进步。
19. *客体	kètǐ	名	哲学术语，指存在于主体之外的客观事物。
20. *隐匿	yǐnnì	动	隐瞒；藏匿：～实情。
21. 错觉	cuòjué	名	对客观事物的不正确的感觉。
22. 倾听	qīngtīng	动	认真地听取（多用于上对下）：～他人丨认真～。
23. 束缚	shùfù	动	使受到约束限制：不要被小事～住手脚丨～思想。
24. *排解	páijiě	动	消除心中不快的情绪：～愁闷。
25. *直白	zhíbái	形	直截了当：用～的语言表达我的爱意。
26. *拉黑	lāhēi	动	拉到黑名单、屏蔽某人言论。
27. 躲避	duǒbì	动	离开对自己不利的事物：～不及丨～灾难。
28. *无端	wúduān	副	没有来由地，无缘无故地：～受到指责。
29. 脆弱	cuìruò	形	不坚强：感情～丨体质～。
30. *俨然	yǎnrán	副	特别像：他～一副大人模样。
31. 流量	liúliàng	名	网络信息技术名词，指在一定时间内打开网站地址的人气访问量，或指手机移动数据。
32. 剥夺	bōduó	动	用强制的方法夺去。
33. *秒回	miǎohuí	动	流行用语。泛指速度很快的回应：～微信。

34. 美德	měidé	名	美好的品德：中国人历来有尊老爱幼的传统～。
35. *敷衍	fūyǎn	动	做事不负责任或待人不恳切，只做表面上的应付：做事～是不好的习惯。
36. 有助于	yǒuzhùyú	动	有帮助：跑步～减肥。
37. 白白	báibái	副	没有效果，徒然。
38. 消耗	xiāohào	动	使逐渐减少、消失：～体力 | ～能量。
39. 警惕	jǐngtì	动	对可能发生的危险情况或错误倾向保持警觉：～危险。
40. 守护	shǒuhù	动	看守保护：～家人 | ～信仰。
41. 纯粹	chúncuì	形	不掺杂别的成分的：～的感情。

【注释】

1. **张小龙：** 毕业于华中科技大学。现任腾讯公司高级副总裁，加盟腾讯公司后主持开发腾讯微信，被誉为“微信之父”。“朋友圈”是腾讯微信的一种社交功能。

2. **《群体性孤独》：** 作者是美国学者雪莉·特克尔，译者是周逵、刘菁荆。这本书将焦点集中在年轻的“电子土著”身上，其成长伴随着手机和智能电子玩具。《纽约时报》《科学美国人》和《连线》等都曾报道过雪莉·特克尔和她的研究成果。她对信息技术给人们的社会心理带来的负面影响，表现出极大的忧虑，是信息技术狂热时代的冷静思考者。

3. **我分享故我在：** 化用了法国哲学家笛卡尔的名言“我思故我在”，指在数字化的网络时空里，分享状态成为寻求或获得存在感的重要方式。这一化用体现了网络语言的创新性特点。

重点句型与词汇

1 与……形成对比的是……

（1）报告显示：微信月活跃用户已突破 11 亿，与此形成对比的是另一组数据。

（2）他仅用三年的时间就升任总经理助理，与他的成功形成鲜明对比的是我还在原地踏步。

（3）双胞胎的性格也可能差异很大，与哥哥沉稳的性格形成对比的是弟弟的莽撞。

2 说 / 讲白了：用浅显易懂的话，对刚提过的事做进一步或更透彻的说明。

（1）至于朋友圈三天可见、一个月可见、半年可见，乃至屏蔽朋友圈等功能，说白了，都是为了满足人们的社交心理：想保持一种不冷不热的礼貌。

（2）我一直想过一种自由自在的生活，不受约束，说白了就是没人管。

（3）依我所见，所谓美满的婚姻，说白了其实就是彼此包容。

3 说到底

（1）这种快餐式的虚拟关系，说到底，是把每个人简化成实用的客体，美好和有趣的一面被放大，而真实的缺点却被隐匿了。

（2）人生说到底是自己的选择，自己的路在自己的脚下。

（3）你现在对我不冷不热，说到底，就是没把我放在眼里。

4 比起……，……更……

（1）比起收获的善意，他人直白的恶意，更让人难以接受。

（2）经过半年多的课外练习，比起写作，我的口语表达能力提高更快。

（3）比起外表，她丰富的精神世界更让我着迷。

5 半 A 不 B

（1）哪怕是在朋友圈这种半生不熟的社交环境里，一言不合就拉黑的情况也不在少数。

（2）她看这个男人头上戴着一顶浅灰色的帽子，穿了件半新不旧的大衣。

（3）他就爱吃半生不熟的牛排。

6 ……不在少数

（1）哪怕是在朋友圈这种半生不熟的社交环境里，一言不合就拉黑的情况也不在少数。

（2）在经济危机的冲击下，对国内经济前景持怀疑态度的人不在少数。

（3）近年来，选择自驾回家过年的人不在少数。

7（把）A 与 B 画等号

（1）如果你还把一个人的朋友圈与他全部的真实生活画等号，那只能说明身处互联网时代的你还不够成熟。

（2）简单地把财富和幸福画等号，对此我不敢苟同。

（3）虽然传统儒学不能与传统制度画等号，但它们确实有着紧密的联系。

8 白白 +VP①

（1）意识到虚拟社交关系白白消耗掉大量的时间和精力。

（2）我们不能白白浪费青春年华，青春就是用来奋斗的。

（3）有好几次机会他都白白错过了，真是后悔莫及。

9 在……的同时，更要……

（1）在享受网络社交带来的便利性的同时，就更要时刻保持警惕，守护内心的那一份纯粹，那一份真诚。

（2）我希望你在倾听的同时，就更要打破缄默，多发表自己的看法。

（3）在传授知识的同时，更要注重学生实际应用能力的培养。

① VP：指动词短语。

词语搭配

1 扼杀

~深度关系 | ~个性 | ~潜力 | ~希望

（1）网络社交正在扼杀深度关系。

（2）狭隘的人总是想扼杀别人的个性；软弱的人随意改变自己的个性；坚强的人自然袒露真实的个性。

（3）如果我们一味否定学生的兴趣，认为他们是不务正业，那么很可能会扼杀他们的创造力。

2 不堪

~重负 | ~回首 | ~一击

（1）朋友圈成为社交必需品的同时，又让人感到不堪重负。

（2）青春时光拥有难以忘怀的经历，也有不堪回首的往事。

（3）没想到他那么坚强的人，遇到感情问题竟然也不堪一击。

3 挖掘

~根源 | ~潜力 | ~潜能 | ~主题 | ~宝藏

（1）在对人与信息技术的关系进行了长达 15 年的系统研究后，她写出《群体性孤独》一书，挖掘了互联网时代群体孤独的根源。

（2）教师应该善于挖掘孩子的潜能，培养他们多方面的能力。

（3）作家应该善于从生活中挖掘主题，这样才能创作出现实主义的优秀作品。

4 错觉

产生~ | 出现~ | 时空~ | 色彩~

（1）在《群体性孤独》里，特克尔教授还总结了虚拟社交制造出的三大错觉。

（2）广告中一些故意误导消费者的说法，会让消费者产生错觉。

（3）在恶劣的环境条件下，人极容易出现错觉。

5 排解

~孤独 | ~压力 | 自我~

（1）因为讨厌被真实关系束缚，很多人选择在社交平台上表达自我、分享隐私，来排解孤独，希望获得陌生人的关注和认同。

（2）生活中，人人都会有很多的不如意，如何排解压力对心理健康至关重要。

（3）在生活中遇到困扰要学会自我排解。

6 剥夺

~时间 | ~权利 | ~成果

（1）在互联网快节奏的流量中，大量持续的沟通，剥夺了我们原本用于独立思考的时间，也大大降低了我们对回复质量的期待。

（2）人生其实就是由大大小小的选择组成的，没有人能干涉和剥夺你自由选择的权利。

（3）公民的财产权受到宪法保护，没有人能随意剥夺他人的劳动成果。

成语和惯用语

1 * 不冷不热 bùlěng-bùrè：指温度不高不低，冷热适中。也比喻对人态度一般。

（1）至于朋友圈三天可见、一个月可见、半年可见，乃至屏蔽朋友圈等功能，说白了，都是为了满足人们的社交心理：想保持一种不冷不热的礼貌。

（2）他对人就是这样不即不离，不冷不热，让人捉摸不透。

（3）由于我人缘不错，身边的人都对我很热情，但他却对我不冷不热。

2 恰恰相反 qiàqià-xiāngfǎn：刚好相反。

（1）很多人选择在社交平台上表达自我、分享隐私，来排解孤独，希望获得陌生人的关注和认同，但起到的效果可能恰恰相反。

（2）我根本不想和你争吵，恰恰相反，我想与你和好如初。

（3）我本以为对这次比赛感兴趣的同学寥寥无几，但事实恰恰相反，很多人踊跃报名。

3 * 一言不合 yīyánbùhé：一句话说得不投机。

（1）哪怕是在朋友圈这种半生不熟的社交环境里，一言不合就拉黑的情况也不在少数。

（2）他们两人只因一言不合就吵得面红耳赤，看得大家都傻了眼。

（3）遇到事情要好好商量，不能一言不合就动手。

4 * 有意无意 yǒuyì-wúyì：像是有意的，又像是无意的；看似无意的，可能实际上是有意的。

（1）秒回成了微信社交的第一美德，而其中的敷衍却被有意无意地忽略了。

（2）当我们回忆过去的时候，总是有意无意地将其美化。

（3）为了影响竞争对手的判断，他们公司有意无意地释放一些虚假信息。

5 * 心照不宣 xīnzhào-bùxuān：彼此心里都明白，不用明说。

（1）虚拟社交扼杀深度关系的建立已成为心照不宣的事实。

（2）这件事情我们心照不宣就好了，何必一语道破呢？

（3）他俩的关系如何，大家都心照不宣。

课后练习 趁热打铁

一、选词填空

排解　扼杀　屏蔽　说到底　有意无意　心照不宣

1. 大量刷题会__________孩子们的学习兴趣。
2. 他经常以关心的名义__________地触碰我的感情伤口。
3. 在国外求学的过程中，她经常靠唱歌来__________身在异乡的孤独。
4. 这款软件能__________广告、弹窗和其他网页垃圾，减少干扰，让你的工作更高效。
5. 小说艺术的精髓就是塑造人物，写小说__________就是写人物。
6. 我们都看到了对方，但由于太过尴尬，于是彼此__________，装不认识。

二、单项选择

1. 河南安阳出土了一大批甲骨，上面的文字只有古文字学家才能（　）。

A. 解读　　B. 解说　　C. 解决　　D. 排解

2. 我频频向他请教问题，让他产生了（　），误以为我对他有意思。

A. 知觉　　B. 错觉　　C. 幻觉　　D. 直觉

3. 不知是什么缘故，大家都有意无意地（　）了他。

A. 疏离　　B. 疏忽　　C. 疏远　　D. 生疏

4. 他（　）已经知道这个问题的正确答案了，不然怎么会这么胸有成竹呢？

A. 居然　　B. 诚然　　C. 不然　　D. 俨然

5. 那些战地护士非常勇敢，像天使一样（　）着伤员们。

A. 维护　　B. 守护　　C. 守卫　　D. 看守

6. 残酷的战争，吞食人类的良知，（　）人类的生命。

A. 争夺　　B. 剥夺　　C. 抢夺　　D. 剥削

三、用所给的词语和句型回答问题

1. 当今，人们为什么选择朋友圈三天可见甚至屏蔽朋友圈？（说白了）

____

2. 特克尔如何定义快餐式的虚拟社交关系？（说到底）

____

3. 人们为什么把秒回当作微信社交的第一美德？（比起……更……）

____

4. 明确了朋友圈的真相，我们该如何做？（在……的同时，更要……）

____

四、用所给的词语填空

扼杀　愈加　排解　虚拟　波澜　不冷不热　敷衍

日本传播学者中野收在1980年曾经提出过“容器人”的概念。它指的是：在电视等大众媒介环境中成长起来的现代人，他们就像是一个封闭的容器，每次社交都只是容器外壁的碰撞，内心毫无________。

40年过去了，这种情况愈演愈烈，在互联网等________社交媒介中成长起来的我们变得________封闭。互联网看似方便了人与人之间的社交，却________了彼此间的深度交往，使我们变成了一座孤岛，充斥着无法________的孤独感。时下的社交场合中，我们哪怕面对面坐在一起吃饭，也只有________的客气加________的交流。

单元练习 学以致用

一、新闻报告（全班轮流，根据班级人数每次可指定一到两位同学完成）

（一）

“老一代是拉着蛇皮袋进城的，新生代是带着拉杆箱；老一代的目标是挣钱回乡发展，新生代的目标是融入城市发展；老一代要求支付工资，新生代要求参加保险；老一代呼吁改善劳动条件，新生代则争取分享发展红利……”一连串形象的对比，都说明新生代农民工与父辈已有了明显的区别。

请搜索新生代农民工的相关资料。

可以尝试从以下角度进行介绍：

（1）“农民工一代”和“新生代农民工”之间有哪些差异？

（2）新生代农民工融入城市有哪些“门槛”？

（3）“用工荒”将给用工企业管理者带来哪些思考和改变？

（4）如何解决新生代农民工融入过程中的身份认同、幸福焦虑和边缘化等心理问题？

（二）

陌生的二维码、复杂的家电和智能手机、怎么招手都不停的网约车……在如今的智能时代，很多老人不但没有享受到“智能”带来的便利，反而遇到了各种窘境。有老人感叹：“不愁吃穿的年代，竟被新技术抛弃了！”

请你上网查一下有关智能时代老人窘境的新闻，并分享给你的同学。

（三）

随着网络时代的发展，近几年，B 站、抖音、快手、全民 K 歌等新媒体平台涌现了“北海爷爷”“罗姑婆”“金香奶奶”“敏慈不老”等一大批老年网红。他们既分享人生故事，也输出热辣观点；既引领时尚潮流，也展示传统文化，成为不少年轻人的"偶像"。请你上网查查他们的事迹，分析他们成为网红的原因，并分享给你的同学。

报告中应包括以下内容：

（1）新闻的来龙去脉。

（2）人们对于该新闻事件的看法。

（3）你怎么看待这一新闻。

二、明察暗访

（一）

请你自行设计一份问卷，调查几位中老年人，请他们谈谈使用智能手机的情况，在下次课上，汇报你的调查结果。

问题参考：

（1）你什么时候开始使用智能手机的？为什么？

（2）最常使用的手机软件是什么？

（3）使用智能手机时你觉得有哪些困难？

（4）有人教过或帮助过你使用智能手机吗？

（5）你会主动去尝试学习使用新的应用或操作吗？

（6）你对目前智能手机的界面有什么建议或意见？

（二）

自从微信朋友圈有了"朋友圈三天可见"的功能之后，很多人就把朋友圈设置成了"三天可见"。那么，为什么那么多人把朋友圈设置成了"三天可见"呢？

请你设计一份问卷，调查人们设置和不设置"三天可见"的理由，并对此提出自己的分析。在下次课上，汇报你的调查结果。

问题参考：

（1）你平常在社交媒体（比如朋友圈）发动态吗？频率如何？发朋友圈的动机（记录、分享、炫耀）是什么？

（2）你会使用“三天可见”的功能吗？为什么？

（3）你怎么看待中国的年轻人发朋友圈对朋友“可见”，对自己的父母“不可见”？

三、众说纷纭

（一）

低生育率给很多经济发达国家带来了不少问题。由于人口老龄化，退休公民比例较高，作为社会经济活动中坚力量的产业工人的数量却相对减少。这些国家认识到，若要解决该问题，他们需要年轻的移民来他们的国家工作。这些移民作为客籍工人，没有永久居留权，不具有公民权，他们可以将居留时间延长至几年甚至几十年，也可能随时被驱逐。但因为这些国家很富裕且薪水较高，许多贫穷国家的人们都渴望移民到这些更富裕的国家。

讨论：客籍工人的方案合理吗？你们觉得这些制定客籍工人方案的国家会面临什么实际问题？

（二）

为什么每到夏天，小龙虾就会成为国民夜宵？答案当然有许多，但雪莉·特克尔指出了其中最为重要的一点，那就是小龙虾自带社交属性。在吃小龙虾的时候，你戴着手套忙着剥虾，根本没时间看手机。所以，当你呼朋唤友去吃小龙虾时，总是比吃别的大餐时更能和朋友聊得热火朝天。

换句话说，在不吃小龙虾的日子里，我们的双手总是离不开智能手机。

网友A：很多时候不是离不开手机，而是除了手机没人陪我。

网友B：手机还小，我必须照顾“她”成人！

网友C：我们是一群孤独的人。

网友D：休假的时候，即使没有人陪，也可以放下手机去有山有水的周边放松放松。

网友E：错了！没了手机我还有ipad、笔记本、台式机、苹果手表、kindle、上网本……

请围绕话题“我们更依赖打破时空的社交还是面对面的社交？”评论以上观点，提出自己支持或反对的理由，并写下自己的留言。

（三）

面对群体性孤独，我们该如何重启与他人之间的交谈呢？

特克尔认为，真正的交谈需要我们在同一个时空里进行面对面的交谈，彼此坦率地交流自己的想法。

梭罗在他的《瓦尔登湖》一书中，介绍了“三把椅子”的理论。他写道：“在小屋里有三把椅子，独处时用一把，交友时用两把，社交时用三把。”三把椅子分别代表与自己交谈、与他人交谈和与群体交谈。这三把椅子构筑起了一个良性循环，将交谈、同理心与自省能力连接了起来。

讨论：请你谈谈在互联网时代该如何理解这“三把椅子”，又如何用好这“三把椅子”。

（四）

当网络成为生活不可或缺的一部分，人们发现网络的出现不仅打破了传统的信息传递方式，也创造了新的观点表达方式。无论名人明星，还是普通百姓，都在网络中构建平等的关系，他们各自表达着自己对这个世界的看法。

某主持人的微博粉丝有 278 万，虽然平时工作忙，但也不忘工作间隙发上一条微博。不过，微博也并不总是让他开心。一位年轻人在他的微博里留言，希望主持人能在北京给他找一份月薪 5000 的工作：“相信我，给我一份工作，我就能撑起整个地球。”“后来我并没有撑他，没有给他支点。他就从哀求到恳求，最后到谩骂，到怒骂。”

（央视《微时代——有话就说》）

讨论一：针对材料（四），如果你是主持人，你会如何回复年轻人？

讨论二：虚拟社交时代，网民们在屏幕背后能否真正受到“保护”？该如何构建网络中的“平等关系”？

四、建言献策

（一）

假设你们生活在一个富裕的国家，国家劳动力短缺，你赞成国家吸收大量的移民人口吗？如果反对，原因何在？如果支持，在制定相关的移民政策时应该考虑哪些因素？

（二）

互联网的普及正在深刻地改变着我们的生活，网络购物、移动支付、线上预约等让我们的生活更加便利。但对于老年人来说，科技进步反而造成诸多不便，如何才能不让老年人成为智能时代的局外人，帮助老年人适应智能时代，享受科技进步带来的红利呢？请上网查找相关资料，并向全班做报告。

五、见仁见智（从句段到篇章）

说明利弊需要采用对比法、列举法，以对某种现象或事物的优势和劣势进行分析为主要内容，并最终以作者个人的观点为结论。要合理安排顺序，提出论点、论据和结论。下表介绍了评述利弊的结构及一些常用的表达句式。

结构	内容	常用句型与词汇
总起	开门见山，引出事实或现象，给评述对象下定义，总述利弊。	1. 所谓……是指…… 2. 总的来说，…… 3. 任何事物 / 凡事有一利必有一弊 4. 凡事都有两面性 5. 整体来看，……有利有弊 / 利弊参半 / 利大于弊 / 弊大于利，主要体现在以下几个方面 6. 对此，人们莫衷一是 7. 尺有所短，寸有所长
分析	具体分析存在的好处，通过论据加以说明，有理有据。	1. 就有利之处 / 优点来说，可以分为以下几点 2. 好的一面体现在以下几个方面 3. 其一、其二、其三……
	分析存在的缺点或消极影响，加以解释、论证。	1. 不足之处 / 不利之处 / 消极影响 / 缺点在于以下几个方面 2. 不利之处可以分为几点 3. 首先是……其次是……此外…… 4. 拿……来说 / 譬如说…… 5. 况且…… 6. 加之…… 7. 除此之外……
总结与个人评价	总结全文，并提出自己的观点。	1. 总而言之 / 总之…… 2. 依我所见 / 在我看来 3. ……是一把双刃剑 4. 瑕不掩瑜 5. 即便……也 / 依然 6. 固然……但…… 7. 对此，我持……态度 8. 我们应该辩证地 / 一分为二地看问题，既不……也不…… 9. 我们不能因噎废食 10. 趋利避害 / 扬长避短 / 取长补短

讨论：社交媒体的利与弊。

六、针锋相对

（一）

在关于移民的辩论中，反对者认为工作岗位应当提供给本国人，外国移民的进入使得低技能、受教育水平不高的本国公民被迫和移民竞争，工资下降。也有专家说，大量移民，尤其是非法移民涌入其他国家，给他国政府带来了财政负担。

然而也有一些数据表明，那些创造就业机会的高级技术人才并不是经济繁荣的唯一贡献者，即使技术水平较低的移民通过从事大多数本国人不愿做的工作，如打扫、烹饪和收款等，也能为该国的经济和社会生活做出贡献。与此同时，他们购买房子、衣服和食品杂货等消费行为也是在为该国经济出力。

辩论题：应支持更严格的移民政策还是更开放的移民政策？

（二）

在机器和互联网深度介入我们生活的时代，人们面对面的交流越来越少，取而代之的是愈来愈火的线上交流，大家认为这样效率更高。这种线上交流构筑成的人际关系是一种依托于机器和互联网的、不同于现实生活的虚拟关系。

辩论题（任选一题）：

1. 社交媒体扩大了还是缩小了我们的社交范围？
2. 社交媒体让人更亲近还是更疏远？
3. 社交媒体可以有效缓解社交焦虑吗？
4. 社交媒体营建的都是虚幻的关系吗？
5. 网络上就找不到真情实感吗？ / 网恋找得到真爱吗？

七、妙笔生花

（一）

材料一　近年来，新生代农民工（80 后、90 后农民工）备受关注。他们的思想观念、价值标准，甚至人生态度等与传统农民工有很大区别，他们中的大多数人具有“三高一低”的特征：受教育程度高、职业期望值高、物质和精神享受要求高、工作耐受力低。他们不再是为了生存而进城，而是为了谋求发展而留在城市。他们不仅希望多挣钱，更希望扎根城市、成为城市中的一员。他们中的不少人虽然缺乏必要的专业技能，但并不愿从事最脏、最累、最“没出息”的工作。

材料二　新生代农民工因其成长于改革开放、社会加速转型的时代背景下，而明显带有不同于传统农民工的时代烙印。社会应该正视、关注他们对于人生的渴望与诉求，并给他们一个相对公平的生存机会。他们的命运，不该是父辈的轮回。

阅读材料引发了你怎样的思考和感悟？请写一篇作文，题目自拟，不少于800字。

（二）

衰老就像重力，每个人都将臣服于它。年华似水，有人发出“夕阳无限好，只是近黄昏”的感慨；有人洒脱豪迈，高呼：“莫道桑榆晚，为霞尚满天。”

请你采访身边的一位老人，请他/她谈谈目前最关心的几件事情、对时代和人生的看法，并将你的感悟写下来，题目自拟，不少于800字。

第二单元 环保篇

课文一 >> 碳排放的“蛋糕”怎么切？

课前思考

1. 你了解碳排放吗？
2. 全球气候变暖真的有那么大危害吗？人类对此是否反应过度了？
3. 你认为全面禁止燃油车生产可行吗？

2009年12月7日，举世瞩目的联合国气候变化峰会在丹麦首都哥本哈根召开，来自192个国家和地区的代表参加了这次大会。国际社会希望在本次大会上商定下一步温室气体减排的方案，就2012到2020年全球应对气候变化问题达成一项新协议。然而在历时近两周的会议中，参会人数已经远远超过了官方注册的一万五千人，会场内外硝烟四起，一片喧嚣，直到接近尾声代表们仍然没能达成共识。

记者：这次哥本哈根给人的感觉一直是尖锐激烈的争吵，到底在吵什么？

丁仲礼：其实吵的问题很简单，就是今后不同的国家，还能排放多少二氧化碳。

记者：这个排放多少，实质又是什么？

丁仲礼：简单一句话，就是说这个问题是和能源问题联系在一起的，和发展问题是休戚相关的，所以说争论半天就是我还能排放多少，我还能使用多少能源。

记者：您的意思就是这个排放就意味着未来的发展权？

丁仲礼：这个是肯定的。

记者：这个排放权对于普通国民又意味着什么？

丁仲礼：意味着生活的改善，意味着国家的发展，你的福利能不能进一步地增加，也意味着你有没有工作。

记者：您理解的公平是什么？

丁仲礼：人与人之间应该有个大致相等的排放空间。

记者：不过，这次的方案并没有对发展中国家提出要求，也没有要求你减多少，不是吗？

丁仲礼：它确实是没有对发展中国家减排设定绝对量，但是它对发达国家设定了减排标准。中期，2020 年有 25% 到 40% 的减排，到 2050 年要有 80% 到 95% 的减排。但是，它有一个总量，就是全世界二氧化碳的排放总量统统放在 8000 亿吨这个大盘子里。

那么等于这个蛋糕的数量是确定下来了，也就是说，今后发达国家的人均排放权是发展中国家的 2.3 倍。尽管减 80%，一步一步往下减，但是发达国家基数大，是发展中国家的 4.8 倍。如果国际上对今后的排放进行严格的限定的话，那么二氧化碳的排放权就会变成一种非常稀缺的、不可多得的商品。

记者：就是你想要排有可能……

丁仲礼：你不够排你就得买，前提是你承认二氧化碳排放配额是一种稀缺商品。

记者：真金白银。

丁仲礼：那么这个 8000 亿吨分配的过程当中，多分一点，少分一点是多大的利益！

记者：它现在提出的一个概念，就是说我不管你是人均，还是说贫富，现在只以碳排放大国来算。

丁仲礼：根据 G8 的方案，27 个发达国家取走的是多少蛋糕，取走的是 44%。发达国家多少人口，11 亿人口，余下的 55 亿人分 56% 的蛋糕，那么你说公平不公平？

记者：它这个方案本身就没有按人口计算。

丁仲礼：那你算算账。假如告诉你，中国从 2020 年以后，每年花一万亿人民币去购买二氧化碳排放权，你会怎么想，是不是有失公允？

换句话说，我对公平的理解，我把排放权视为发展权，视为基本人权，所以，人与人之间应该有个大致相等的排放空间。维护发展中国家的利益，保障发展中国家的发展权利，落实联合国千年发展计划，这难道不是人类的利益吗？

记者：假如像您所说的，现在这个方案，发达国家又不接受的话，如果它就这么拖下去，这几年下去，会不会温室效应导致的全球变暖的状况更糟糕了？

丁仲礼：我很乐观。我研究几亿年以来的环境气候演化，这不是人类拯救地球的问题，是人类拯救自己的问题，跟拯救地球是没有关系的，地球用不着你拯救，地球比现在再高十几度的时候有的是，地球二氧化碳的浓度比现在高 10 倍的时候也有的是，地球不都是这么演化过来的？都好好的。

记者：毁灭的只是物种？

丁仲礼：毁灭的只是物种，毁灭的是人类自己。所以是人类如何拯救人类，不是人类如何拯救地球。

记者：到底能不能拯救自己，最核心的东西，最终取决于什么？

丁仲礼：取决于文化、文明。人类应对各种挑战的时候，人们有一种更具包容性的、更有弹性的一种文明的产生，或者是我们现有文明有很好的发展。

（CCTV 2010 年 3 月 21 日

《面对面·丁仲礼：什么是公平的减排方案》）

生词表

1. *商定	shāngdìng	动	商量决定：我们应当共同～处理办法。
2. 温室	wēnshì	名	原指温暖的室内，现多用于地球升温的语境中：～气体 | ～效应。
3. *减排	jiǎnpái	动	减少有害物质的排放量，特指减少二氧化碳的排放：节能～。
4. 应对	yìngduì	动	采取措施、对策以应付出现的情况：～方法 | ～措施 | ～危机。
5. 历时	lìshí	动	（事情）经过的时间：这场战争～三年。
6. *喧嚣	xuānxiāo	形	声音杂乱；不清净：城市的～ | ～的车马声。
7. 尾声	wěishēng	名	事情发展的最后部分；结束部分，结尾。
8. 共识	gòngshí	名	共同的认识：经过多次讨论，双方达成了～。
9. 尖锐	jiānruì	形	对立激烈：矛盾～ | 声音～。
10. 争吵	zhēngchǎo	动	因意见不同发生言语上的冲突：引发～ | 停止～。

11. 排放	páifàng	动	排泄放出：尾气～｜～污水。
12. 二氧化碳	èryǎnghuàtàn	名	化学分子式为 CO_2，是一种常见的温室气体。
13. 实质	shízhì	名	本质：～上｜～性｜问题的～。
14. 能源	néngyuán	名	可以产生能量的物质：化石～｜节约～｜新～。
15. 设定	shèdìng	动	设置确定：～目标｜～密码。
16. 统统	tǒngtǒng	副	全，都：把这些不愉快的经历～忘掉吧。
17. 人均	rénjūn	动	按每人平均计算：～消费｜～支出。
18. *基数	jīshù	名	作为计算标准或起点的数目。
19. 限定	xiàndìng	动	规定时间、空间或动作的范围：～作用｜～范围。
20. *稀缺	xīquē	形	缺乏，稀少：～资源｜～能源。
21. *配额	pèi'é	名	分配的数额：进口～｜～限制。
22. *余下	yúxià	动	剩下来的，多出来的：一千元，用去六百，还～四百。
23. 算账	suànzhàng	动	统计、计算账目。
24. *公允	gōngyǔn	形	公平恰当：有失～｜欠～。
25. 保障	bǎozhàng	动	保护（生命、财产、权利等），使不受侵犯和破坏：～人身安全｜～公民权利。
26. 落实	luòshí	动	使计划、措施、政策等得以实现：～计划｜～任务。
27. 效应	xiàoyìng	名	物理的或化学的作用所产生的现象和结果：热～｜光电～。
28. *演化	yǎnhuà	动	发展变化（多指自然界的变化）：自然～｜技术～。
29. 拯救	zhěngjiù	动	帮助使脱离危难；援救：朋友们合力把他从破产的边缘～过来。
30. *浓度	nóngdù	名	某样成分的相对含量：高～｜血糖～｜海水含盐的～是多少？
31. 毁灭	huǐmiè	动	彻底消灭：～证据。
32. *物种	wùzhǒng	名	生物分类的基本单位：濒危～｜珍贵～。
33. 取决	qǔjué	动	由某方面或某种情况决定（后面多跟有“于”字）。
34. 包容	bāoróng	动	宽容：大度～｜一味～。
35. 弹性	tánxìng	名	比喻事情依实际需要可加以调整、变通的性质：～工作制｜～立场。

【注释】

1. **联合国气候变化峰会**：即联合国气候变化大会，从 1995 年起每年在世界不同地区轮换举行。

2. **丁仲礼**：中国科学院地质研究所古生物学及地层学专家、中国科学院院士。

3. **G8**：即八国集团，是指八大工业国美国、英国、法国、德国、日本、意大利、加拿大和俄罗斯的联盟。2014 年 3 月 25 日，美国宣布，奥巴马和 G7 集团其他国家领导人已决定暂停俄罗斯 G8 成员资格。

重点句型与词汇

1 就……+V：表示动作的对象或话题的范围。

（1）国际社会希望在本次大会上商定下一步温室气体减排的方案，就 2012 到 2020 年全球应对气候变化问题达成一项新协议。

（2）公司的诉讼代理人拒绝就此事接受电视台的采访。

（3）记者获悉，今年该市将就文明行为立法征求市民的意见和建议。

2 简单一句话，……

（1）简单一句话，就是说这个问题是和能源问题联系在一起的，和发展问题是休戚相关的，所以说争论半天就是我还能排放多少，我还能使用多少能源。

（2）简单一句话，连日常琐事都处理不好的人，还谈什么事业抱负呢？

（3）简单一句话，种瓜得瓜，种豆得豆，没有付出就没有收获！

3 进一步（地）……

（1）（排放权对于普通的国民来说，）意味着生活的改善，意味着国家的发展，你的福利能不能进一步地增加，也意味着你有没有工作。

（2）最近他的表现实在让人捉摸不透，我想进一步了解他来这儿的动机。

（3）他们俩的关系有进一步往前发展的可能吗？

4 也就是说……

（1）那么等于这个蛋糕的数量是确定下来了，也就是说，今后发达国家的人均排放权是发展中国家的 2.3 倍。

（2）只有在集体中，个人才能获得全面发挥其才能的机会，也就是说，只有在集体中才有可能实现个人价值。

（3）很多人相信字如其人，也就是说，一个人的品行、性格可以从其书写中显现出来。

5 有 + 单音节动词：表示一种委婉的语气。

（1）假如告诉你，中国从 2020 年以后，每年花一万亿人民币去购买二氧化碳排放权，你会怎么想，是不是有失公允？

（2）也许有人要问了：一个老作家还要去学习，接受批评，难道不有失身份吗？

（3）农村受教育程度普遍偏低，中小学基本办学条件有待改善。

6 把……视为……

（1）我对公平的理解，我把排放权视为发展权，视为基本人权，所以，人与人之间应该有个大致相等的排放空间。

（2）众所周知，中国人把孝顺父母视为天经地义的事情。

（3）短暂的一生会有许多困难和挫折，我们应该把它们视为前进的阶梯。

7 ……有的是 / ……有的是 +N[①]：强调很多（不怕没有）。多用于口语。

（1）地球比现在再高十几度的时候有的是，地球二氧化碳的浓度比现在高 10 倍的时候也有的是，地球不都是这么演化过来的？

（2）你们那里能解决这类问题的高水平人士有的是，就不必来这儿求援了吧！

（3）你别着急，慢慢说，我有的是时间。

8 ……取决于……

（1）（人类）到底能不能拯救自己，最核心的东西，最终取决于什么？

（2）一个国家的教育水平从本质上来说取决于全社会对于教育的重视程度。

（3）一个人能否成功取决于个人的心理素质、人生态度和才能资质。

词语搭配

1 应对

~问题 | ~挑战 | ~风险 | ~挫折

（1）就 2012 到 2020 年全球应对气候变化问题达成一项新协议。

（2）我们应该有过硬的心理素质，这样才能应对各种风险，战胜各种挑战。

（3）焦虑情绪得到明显的改善后，求助者应对挫折的能力得到了有效的提高。

2 尾声

接近~ | 进入~ | 临近~

（1）会场内外硝烟四起，一片喧嚣，直到接近尾声代表们仍然没能达成共识。

（2）滑雪比赛进入尾声，哈尔滨选手再添一枚金牌。

（3）十一黄金周临近尾声，出行者开始有序踏上返程的路。

3 共识

达成~ | 取得~ | 扩大~ | 增进~

---

① N：指名词。

（1）会场内外硝烟四起，一片喧嚣，直到接近尾声代表们仍然没能达成共识。

（2）美国在线公司创始人史蒂夫·凯斯先生与我取得共识：通过合并的方式组建全球最大的互联网企业。

（3）要加强双方领导人和各界人士之间的交往，增进互信，扩大共识。

4 尖锐

～的争吵｜～的响声｜～的批评

（1）这次哥本哈根给人的感觉一直是尖锐激烈的争吵，到底在吵什么？

（2）门外传来了一阵尖锐的响声，人们纷纷挤到窗口一探究竟。

（3）这篇文章提出的批评十分尖锐、发人深省。

5 实质

问题的～｜～变化｜～上

（1）这个排放多少，实质又是什么？

（2）学区房问题的实质可以归结为多种因素造成的优质教育资源稀缺。

（3）人们尤其关注体制改革带来的实质变化，也就是垄断到底有没有打破，竞争到底有没有形成。

6 落实

～计划｜～任务｜～政策

（1）维护发展中国家的利益，保障发展中国家的发展权利，落实联合国千年发展计划，这难道不是人类的利益吗？

（2）此次培训的重点是向成员们宣传公司的理念并落实任务。

（3）目标已明确，基本思路也已确定，接下来要尽快落实该项政策。

成语和惯用语

1 举世瞩目 jǔshì-zhǔmù：全世界的人都注视着。

（1）2009 年 12 月 7 日，举世瞩目的联合国气候变化峰会在丹麦首都哥本哈根召开，来自 192 个国家和地区的代表参加了这次大会。

（2）2008 年夏天，举世瞩目的北京奥运会取得了圆满成功。

（3）人类登月，是一个举世瞩目的成就，是一个划时代的壮举。

2 * 硝烟四起 xiāoyān-sìqǐ：战争爆发或者爆发之前的那种紧张气氛。文中指会议争论很激烈，气氛十分紧张。

（1）会场内外硝烟四起，一片喧嚣，直到接近尾声代表们仍然没能达成共识。

（2）目前，全球争夺第 N 代移动通信经营权的战场已硝烟四起。

（3）一夜之间，该国境内硝烟四起，到处燃起战火。

3 * 休戚相关 xiūqī-xiāngguān：忧喜、福祸彼此相关联。形容关系密切，利害相关。休，欢乐；戚，

悲哀。

（1）这个问题是和能源问题联系在一起的，和发展问题是休戚相关的。

（2）世界经济现在比以往任何时候都和各国紧密相连，休戚相关。

（3）人类身体的健康与环境质量休戚相关。

4 * 不可多得 bùkě-duōdé：形容非常稀少，很难得到（多指人才、稀有物品或机会等）。

（1）如果国际上对今后的排放进行严格的限定的话，那么二氧化碳的排放权就会变成一种非常稀缺的、不可多得的商品。

（2）对于中国女足来说，这次比赛是一次不可多得的与强队热身锻炼的机会。

（3）鲁迅说："至于说到《红楼梦》的价值，可是在中国的小说中实在是不可多得的。"

5 * 真金白银 zhēnjīn-báiyín：指钱财或资金，泛指见得着的实惠。

（1）排放配额需要用真金白银来购买。

（2）如果对同行企业挖人感到不满，企业可以反向挖人，给出更好的待遇和空间，用真金白银而不是空口白话去吸引人才。

（3）公司此刻热闹非凡，在这个项目中公司获得了巨额利润，每个人都能得到几百万的奖金，这可是真金白银，哪个不高兴。

课后练习 趁热打铁

一、选词填空

喧嚣　休戚相关　尖锐　不可多得　实质　落实

1. ＿＿＿＿＿国家乡村振兴政策，让老百姓的生活幸福感倍增。

2. 教育孩子的＿＿＿＿＿在于教育自己，以身作则是父母影响孩子的最有效的方法。

3. 这篇文章重点突出、条理分明、语言生动，是＿＿＿＿＿的佳作。

4. 个人命运与国家命运是＿＿＿＿＿的，我们应该在实现个人抱负的同时，也为国家的发展贡献一份力量。

5. 辞职后远离城市的＿＿＿＿＿，来到遥远的山村，他感到无比轻松。

6. 这位记者提出的问题十分＿＿＿＿＿，他一时不知道该如何回答。

二、单项选择

1. 经济全球化是当今世界发展的趋势，机遇与风险并存，机遇应该各国共享，风险也需要各国联手（ ）。

A. 负担 B. 对应 C. 应对 D. 应付

2. 由于两国会谈未能取得任何进展，双方（ ）下周日再举行新一轮会谈。

A. 商量 B. 商定 C. 制定 D. 协商

3. 当地方冲突（ ）为世界冲突，每个国家、每个人都不能幸免。

A. 推演 B. 进化 C. 演算 D. 演化

4. 唯有（ ）顾客至上的理念，才能使服务的品质日渐提升，客户方能真正成为我们的永久支持者。

A. 落实 B. 达成 C. 成为 D. 作为

5. 地球是我们的家园，（ ）地球就是（ ）我们的未来。

A. 拯救 B. 抢救 C. 挽救 D. 挽留

三、用所给的词语和句型回答问题

1. 哥本哈根这次会议，各个国家在争吵什么？（简单一句话）

____

2. 二氧化碳排放权对普通国民来讲意味着什么？（进一步地）

____

3. 丁仲礼如何看待二氧化碳的公平排放？（把……视为……）

____

4. 人类是否能够拯救自己，最核心的问题是什么？（取决于……）

____

四、用所给的词语填空

拯救 落实 排放 共识 毁灭 实质 休戚相关 举世瞩目

人类与自然__________，气候变化是人类面临的全球性问题。目前公众基本上就环保问题达成了__________：全球变暖会对世界造成__________性的后果，要__________人类自身，减排势在必行。

在__________的第26届联合国气候变化大会上，中国提出：二氧化碳__________力争2030年前达到峰值，2060年实现碳中和。__________这样的计划，对于中国这个最大的发展中国家来说，绝非易事。国家气候战略中心战略规划部主任柴麒敏认为，碳达峰、碳中和立足于国家利益和人类共同利益的平衡，__________上是一个倒逼机制，跟高质量发展，特别是全面建设现代化强国的方向，完全是相符合的。

【注释】

碳达峰： 节能减排术语。指在某一个时点，二氧化碳的排放不再增长，达到峰值，之后逐步回落。

碳中和： 节能减排术语。是指人们（包括单位、企业、个人）计算自己日常活动（生产）直接或间接制造的二氧化碳排放量，并计算抵消这些二氧化碳所需的经济成本，然后付款给专门企业或机构，由他们通过植树或其他环保项目抵消大气中相应的二氧化碳量，以达到降低温室效应的目的。

课文二 >> “随手扔”还是“随手分”，你“拎得清”吗？

课前思考

1. 在你们国家，家庭生活的垃圾是如何处理的？
2. 政府主导垃圾分类进入“强制时代”是否符合大多数人的意愿？
3. 垃圾分类处理政策实施有哪些困难？

■ 对话人：何鼎鼎　人民日报评论员
　　　　　朱珉迕　解放日报评论员

何鼎鼎：2019年7月1日，《上海市生活垃圾管理条例》（以下简称《条例》）正式实施，对垃圾分类提出明确要求，“垃圾分类”一下子成了热词和技术活。将废弃物胡乱丢进垃圾桶，一扔了之的生活情景成了历史。“湿纸巾再湿也是干垃圾，干香菇再干也是湿垃圾”，“猪吃了会死的是有害垃圾，可以卖钱买猪的是可回收垃圾”，上海人用吐槽的方式学习和传播着分类知识，认真的样子让全国人民不得不点赞。曾经“拎得清”是上海话里对“明事理、知分寸”的褒奖，现在也成了上海人出门倒垃圾前的自我拷问。可玩笑归玩笑，垃圾分类对垃圾减量与绿色发展不是小事儿，但对大多数中国人而言是新鲜事儿，也是“麻烦事儿”，“不就是扔个垃圾嘛，区区小事何必那么较真？”如何让普通百姓接受并践行这一全新的环保方式呢？很多城市想到上海，这样一项公共政策他们是如何实现平稳开局的？

朱珉迕：从十九年前率先试水，到如今立法强制执行，上海的垃圾分类并非一蹴而就，而是不断试错和创新的过程。《条例》正式推行是在今年，但上海人垃圾分类理念的输入已开展多年，基层的大量试点、广泛的社会动员为最终的政策推行做好了铺垫。同时，更多人切身感受到“垃圾围城”的风险，这加速了垃圾分类理念的被认同。

何鼎鼎：有人说，政策制定与推行需要刚柔并济。柔呢，就是政策形成过程要有吸收接纳，也要循序渐进，给公众留出适应时间；刚呢，就是推进过程中要一鼓作气、果断坚决，不能在反复、犹疑中消磨公众参与的热情。上海的垃圾分类政策是如何平衡两者的？

朱珉迕：对，立法首先划出一道红线，立法的过程本身就是酝酿探讨、形成共识的过程。早在几十年前，德国、日本、英国、澳大利亚等国家就开始了垃圾分类的持久战。经过长达半个世纪的磨合，目前有些做法已经比较成熟并取得了良好效果。纵观历史，我国也曾多次制定垃圾分类的相关规定，可对垃圾分类的标准和具体做法、相应的奖惩措施没有落实到位，以致工作推进十分缓慢，其关键在于法律体系不健全，而上海在立法方面走在了前边，填补了空白，为其他城市提供了可以借鉴的宝贵经验。

与此同时，上海相关部门的管理者也提出不能“一刀切”，既要严格执行硬性约束，也要充分考虑居民需求，政府和相关部门还是要保持足够的耐心，要包容百姓的难处，要坚持不懈地引导。在执行中转换思路，比如中小学将垃圾分类作为“开学第一课”，在家庭内部形成孩子监督家长的良好氛围，就能让一项政策真正扎下根来。

何鼎鼎：那现在人们还有两个集中关心的问题。第一个，前端分类的士气已鼓足了，后端处理的工作能否及时跟上？第二个，前期新奇引发的热议终究会过去，垃圾分类如何从时尚走向日常？

朱珉迕：前端最重要的是法律刚性执行，立好规矩、养成习惯、树立风气；后端处理最重要的是避免“前端分类后端混运”现象的发生，投放、收集、运输、处理等一环扣一环，需要协力推进，确保公共治理的公信力。也要更开放包容地调动社会力量参与其中，许多公共事务都是如此，短期行动容易，长效推进不易。我们要形成真正的“长效机制”，也只有这样，一时兴起的“兴奋劲”才会内化为持久的习惯。

垃圾分类是新问卷，也是新课题。好习惯的养成不可能毕其功于一役，生活垃圾分类要取得明显成效，需要几十年甚至几代人的坚持与努力。只有全民共同参与，发挥草根智慧，变“随手扔”为“随手分”，才有生态文明的可持续进步。

（《人民日报》2019 年 7 月 8 日
《人民日报连线解放日报评论员：垃圾分类，如何更好走向“日常”》）

生词表

1. 条例	tiáolì	名	由国家行政部门、组织机构制定的规则和章程，也指团队制定的章程：城市绿化～。
2. *热词	rècí	名	热门词汇，具有时代特征，反映一个时期的热点话题及民生问题。如：内卷、打工人。
3. *废弃物	fèiqìwù	名	指人类生存和发展过程中产生的，没有继续保存和利用价值的物质。
4. *胡乱	húluàn	副	马虎，随便：他～吃了几口。
5. *吐槽	tǔcáo	动	是指从对方的语言或行为中找到一个漏洞或关键词作为切入点，发出带有调侃意味的感慨或疑问。
6. *事理	shìlǐ	名	事情或事物的道理。
7. 分寸	fēn·cun	名	说话或做事的适当限度：有～丨乱了～。
8. *褒奖	bāojiǎng	动	表扬、嘉奖和奖励：因突出贡献受到上级主管部门的～。
9. *拷问	kǎowèn	动	审问，在这里指自问自省：来自灵魂的～丨这是一部冷酷～人性的写实之作。
10. *区区	qūqū	形	形容数量少或不重要：～小事，何足挂齿。
11. *较真	jiàozhēn	形	太认真、太当回事儿：朋友之间开玩笑，不必～。
12. *践行	jiànxíng	动	实行；实践：～诺言丨～科学发展观。
13. *开局	kāijú	名	开始；泛指工作、活动等开始：～不利，后劲十足丨今年一季度工作～良好。
14. *试水	shìshuǐ	动	试探水的深浅、冷暖等，多比喻进行尝试、试探：一些厂家谨慎～，小批量生产。
15. 强制	qiángzhì	动	强迫；迫使：～执行丨～措施。
16. *试错	shìcuò	动	指在不能确定解决问题的方法是否正确时，通过不断尝试来排除错误决策：我们应该在不断～的过程中获得经验。
17. 基层	jīcéng	名	各种社会组织中最低的一层，与群众的联系最直接：～干部丨深入～丨下～。
18. 试点	shìdiǎn	名	正式进行某项工作之前，先做小型试验，以便取得经验：政府鼓励扶持返乡创业的～工作丨深化医疗服务价格改革～方案。
19. *铺垫	pūdiàn	动	在这里指做前期准备：做～。
20. 切身	qièshēn	形	亲身：～感受丨～体会。

21. 理念	lǐniàn	名	思想；观念：教育～ | 人生～。
22. 果断	guǒduàn	形	不犹豫：～拒绝。
23. *犹疑	yóuyí	形	犹豫：～不决。
24. *消磨	xiāomó	动	（意志、精力）消耗，磨灭：～时间 | ～精力。
25. *红线	hóngxiàn	名	比喻不可逾越的界限：主权问题是一条不能跨越的～。
26. 酝酿	yùnniàng	动	本义是造酒的发酵过程，比喻做准备工作：他们为了这件事～了两年。
27. *持久战	chíjiǔzhàn	名	指持续时间较长的战斗或战役。与“速决战”相对：打～。
28. 磨合	móhé	动	比喻在彼此合作的过程中逐渐相互适应、协调：相互～ | ～期。
29. 纵观	zòngguān	动	全面考虑；纵览（形势等）：～历史 | ～世界。
30. 到位	dàowèi	形	比喻达到某种规定的要求或事情做得很完满：工作～ | 措施～。
31. 填补	tiánbǔ	动	补足空缺或缺欠：～缺额 | ～空白。
32. 借鉴	jièjiàn	动	研究别人或过去的事情，以便从中吸取经验或教训：～历史 | ～长辈经验。
33. *一刀切	yīdāoqiē	动	比喻不顾实际情况，用同一方式处理问题：选拔人才的方式和标准不能～。
34. 硬性	yìngxìng	形	不能改变的；不可通融的：～规定 | ～要求。
35. 思路	sīlù	名	思考的线索：打断～ | 转换～。
36. 氛围	fēnwéi	名	周围的气氛和情调：人们在欢乐的～中迎来了新的一年。
37. 扎根	zhāgēn	动	比喻深入人群或事物，打下基础：～基层 | ～农村。
38. *前端	qiánduān	名	在一个过程中的前面的一个阶段。
39. 士气	shìqì	名	泛指一个群体的斗争意志：鼓足～ | 振奋～。
40. *鼓足	gǔzú	动	充分激发：～勇气 | ～干劲。
41. *后端	hòuduān	名	在一个过程中的后面的一个阶段。
42. 新奇	xīnqí	形	新鲜奇特，不常遇到：感到～ | 设计～。
43. *热议	rèyì	动	热烈议论或商讨。
44. 终究	zhōngjiū	副	毕竟；终归：一个人的力量～有限。
45. *刚性	gāngxìng	形	不容改变的，跟柔性相对。
46. 规矩	guī · ju	名	一定的标准、法则或习惯：老～ | 立～ | 守～。

47. 树立	shùlì	动	建立（多用于抽象的好的事情）。
48. *投放	tóufàng	动	投入，放进：～规模 | ～渠道。
49. *协力	xiélì	动	共同努力：同心～ | 齐心～
50. *公信力	gōngxìnlì	名	使公众信任的力量：提升政府部门的～。
51. 长效	chángxiào	形	长久有效：～机制 | ～措施。
52. *内化	nèihuà	动	将别人的观点消化吸收，形成自己的：我们要将理论知识～为行动实践。
53. *草根	cǎogēn	名	指平民百姓、普通群众：～英雄 | ～文化。
54. 生态	shēngtài	名	指生物在一定的自然环境下生存和发展的状态，也指生物的生理特性和生活习性：～环境。

【注释】

1. **拎得清：**吴语常用词，本义为明白事理，知道该做什么不该做什么。后因上海垃圾分类政策成为网络流行词，调侃上海人手里拎着垃圾能分清。

2. **垃圾围城：**垃圾是城市发展的附属物，城市和人的运转，每年可能会产生上亿吨的垃圾，以往常用的处理方法是占用郊区土地进行填埋或堆积，日积月累，最终造成城市被垃圾包围的情况。"垃圾围城"成为全球城市面临的棘手问题。

重点句型与词汇

1 一 +V① + 了之：选择简单省事的办法解决问题，带有消极的色彩。在这一结构中，V 一般是单音节动词。

（1）将废弃物胡乱丢进垃圾桶，一扔了之的生活情景成了历史。

（2）面对巨大的家庭经济压力，他选择了一走了之。

（3）虽然听到许多嘲讽，但他并不较真，只是一笑了之。

2 A 归 A：用在相同的词之间，表示让步性转折，且其所强调的焦点往往在该格式之外的后一分句。

（1）可玩笑归玩笑，垃圾分类对垃圾减量与绿色发展不是小事儿，但对大多数中国人而言是新鲜事儿，也是"麻烦事儿"。

（2）在大连、威海、青岛、厦门等地也能寻找到夏日消暑的好去处。然而，玩归玩，也要注意健康和安全。

（3）朋友归朋友，但是法律是一条红线，谁也不能逾越。

---

① V：指动词。

3 区区 +NP[①]：常带有不屑的口吻。

（1）不就是扔个垃圾嘛，区区小事何必那么较真？

（2）区区“恶作剧”三个字已不足以形容这个“熊孩子”的恶劣行为。

（3）没想到区区一个小要求，你都不肯爽快答应。

4 何必……？：用反问的语气表示不必。

（1）不就是扔个垃圾嘛，区区小事何必那么较真？

（2）前进中出现些失误是难免的，何必大惊小怪呢！

（3）美景就在眼前，何必舍近求远。

5 并非……，而是……

（1）从十九年前率先试水，到如今立法强制执行，上海的垃圾分类并非一蹴而就，而是不断试错和创新的过程。

（2）喝醉了就会想念你，其实并非有意记起你，而是心底里和脑海中从未忘记过你。

（3）能取得今天的成就，并非他仅有聪慧的头脑，而是他身怀教育救国的信念。

6 为……做（好）铺垫

（1）《条例》正式推行是在今年，但上海人垃圾分类理念的输入已开展多年，基层的大量试点、广泛的社会动员为最终的政策推行做好了铺垫。

（2）作为一名实习生，他紧紧抓住向前辈们学习的机会，现在的努力都是在为之后的工作做好铺垫。

（3）借着年终的时机，总经理带着下属一起拜访合作伙伴和老客户，为明年新销售模式的推出做好铺垫。

7 经过……（的）磨合

（1）经过长达半个世纪的磨合，目前有些做法已经比较成熟并取得了良好效果。

（2）现在看着她们亲密无间的样子，确实很难想象，当初性格差异很大的四个人，是如何经过一段艰难的磨合而成为朋友的。

（3）经过长期磨合，在政府与企业之间，正在逐步建立起一种新型的经济关系。

8 终究……

（1）前期新奇引发的热议终究会过去，垃圾分类如何从时尚走向日常？

（2）这几年来，他千方百计地想求得名利，想不到事与愿违，到头来终究是竹篮打水一场空。

（3）你何必要患得患失呢，是你的终究会是你的，别人抢不走的。

---

① NP：指名词短语。

词语搭配

1 消磨 +N

～热情 | ～耐心

（1）刚呢，就是推进过程中要一鼓作气、果断坚决，不能在反复、犹疑中消磨公众参与的热情。

（2）一台电脑可以用来打游戏消磨时间，也可以用来上网开阔视野。

（3）日复一日的工作并没有让他的身体感到疲惫，却在不断地消磨着他的耐心。

2 纵观 +N

～局势 | ～社会

（1）纵观历史，我国也曾多次制定垃圾分类的相关规定。

（2）纵观世界局势，既有空前的机遇，也有许多难以预见的挑战。

（3）纵观社会，现代名企的建立和发展，一半靠的是科技，一半靠的是文化。

3 填补 +N

～缺陷 | ～需求

（1）上海在立法方面走在了前边，填补了空白，为其他城市提供了可以借鉴的宝贵经验。

（2）道德常常能填补智慧的缺陷，而智慧却填补不了道德的短板。

（3）社会需求持续增长，我们该如何填补医疗领域护理人员的缺口？

4 鼓足 +N

～士气

（1）第一个，前端分类的士气已鼓足了，后端处理的工作能否及时跟上？

（2）站在黄山脚下，我们望而生畏，但鼓足勇气登上去后，却体会到前所未有的成就感。

（3）公司会继续努力，鼓足干劲，争取以更优质的产品和服务回报社会。

5 树立 +N

～风气 | ～榜样 | ～目标

（1）前端最重要的是法律刚性执行，立好规矩、养成习惯、树立风气。

（2）班干部要以身作则，为同学们树立爱学习、守纪律的榜样。

（3）“万事开头难”，我们要做一件事，树立目标只是第一步，之后还要踏踏实实付出努力。

成语和惯用语

1 * 一蹴而就 yīcù'érjiù：比喻事情轻而易举，一下子就把事情办成。

（1）从十九年前率先试水，到如今立法强制执行，上海的垃圾分类并非一蹴而就，而是不断试错和创新的过程。

（2）学习任何技能技巧，都不会是一蹴而就，而是要付出艰苦的劳动才能成功。

（3）文化融合是一个长期的过程，不可能一蹴而就，一劳永逸。

2 * 刚柔并济 gāngróu-bìngjì：刚强的和柔和的互相配合。

（1）有人说，政策制定与推行需要刚柔并济。

（2）中国传统的太极文化体现了阴阳相生、刚柔并济的古老哲理。

（3）为人处事须刚柔并济，把握分寸，事情才能处理得圆满。

3 循序渐进 xúnxù-jiànjìn：按照一定的顺序或步骤逐渐深入或提高。

（1）柔呢，就是政策形成过程要有吸收接纳，也要循序渐进，给公众留出适应时间。

（2）学习要循序渐进，不先掌握扎实的基础知识，就无法进行深入研究。

（3）加强和改进青少年思想教育工作虽是迫在眉睫的任务，但一定要按教育规律和成长规律循序渐进地开展。

4 一鼓作气 yīgǔ-zuòqì：比喻趁劲头大的时候鼓起干劲，一口气把事情做完。

（1）刚呢，就是推进过程中要一鼓作气、果断坚决，不能在反复、犹疑中消磨公众参与的热情。

（2）平常我们做事，如果都能一鼓作气地做好，那就不会有在截止日期前手忙脚乱的困扰了。

（3）老师提醒大家：参加比赛有如作战，要一鼓作气，才能夺得胜利。

5 坚持不懈 jiānchí-bùxiè：形容做事情有恒心、有毅力，永远不放弃。

（1）政府和相关部门还是要保持足够的耐心，要包容百姓的难处，要坚持不懈地引导。

（2）人们常说“有志者事竟成”，只有坚持不懈地努力拼搏，才能有所成就。

（3）当年我能追到老婆，靠的就是坚持不懈、死缠烂打，最终抱得美人归。

6 * 一环扣一环 yī huán kòu yī huán：环环相扣，比喻若干事物之间密切相关。

（1）投放、收集、运输、处理等一环扣一环，需要协力推进，确保公共治理的公信力。

（2）整个作案过程设计得天衣无缝，一环扣一环，找不到任何破绽，连警察都暗暗吃惊。

（3）这部电影人物众多、关系复杂，剧情一环扣一环、层层递进，扣人心弦。

7 * 一时兴起 yīshí xìngqǐ：指突发奇想，突然间起了兴致。

（1）我们要形成真正的“长效机制”，也只有这样，一时兴起的“兴奋劲”才会内化为持久的习惯。

（2）他买这些书只是一时兴起，带回家后就再也没翻开过。

（3）如果不能对宠物负责到底，就不要因为一时兴起而领养它们。

8 * 毕其功于一役 bì qí gōng yú yī yì：表示一次行动就完成所有本应分期做完的事。

（1）好习惯的养成不可能毕其功于一役，生活垃圾分类要取得明显成效，需要几十年甚至几代人的坚持与努力。

（2）创建精神文明城市不能毕其功于一役，需要打持久战，年复一年，长抓不懈。

（3）西部地区环境、地理、信息、人才、观念上的劣势都向我们预示着：西部开发不可能“毕其功于一役”。

课后练习
趁热打铁

一、选词填空

内化　磨合　公信力　坚持不懈　一时兴起
纵观　消磨　填补　热词　持久战　毕其功于一役

1. 爱情需要两个人相互__________，相互容忍，才能相处融洽。
2. 维护职业规范与操守，要严防媒体自由度的过界，捍卫司法的独立性，提高司法的__________。
3. 教育的基本功能是把人类所创造的文化科学知识或经验__________为个体的精神财富。
4. 循环经济从理论到实践，都还有许多空白等待__________和研究。
5. 高考是一场__________，只有__________的人才能笑到最后。
6. __________今年国际经济形势，世界经济增长速度将进一步放慢，国际贸易环境更加趋紧，扩大出口会更加困难。
7. 我喜欢去充满书香、咖啡香的书店，写稿、看书、打瞌睡，__________午后的时光。
8. “锦鲤”作为__________意外走红，成为“好运”的象征，隐含着人们对美好生活的向往。
9. 该品牌的失败，是因为把过多资金、精力、希望都放在广告宣传上，期望__________。
10. 我之所以大力投资人工智能行业，是因为看好其发展前景，并非__________。

二、单项选择

1. 作家对知识分子的自我批判、灵魂（　　），给作品带来了前所未有的深度。

A. 拷问　　B. 检查　　C. 监督　　D. 审计

2. 那个地方只有（　　）几条街道，但却拥有该市近半的纳税大户。

A. 短短　　B. 长长　　C. 区区　　D. 小小

3. 要抓好小城镇户籍管理制度改革的（　　）工作，制定支持小城镇发展的相关政策。

A. 使用　　B. 试点　　C. 举措　　D. 尝试

4. 由于突如其来的疫情，大家（　　）已久的旅游计划被取消了。

A. 沉淀　　B. 累积　　C. 酝酿　　D. 斟酌

5. 一粒金子，可以悄无声息地在风沙中（　　）掉，也可以散发出耀眼光芒。

A. 消磨　　B. 失去　　C. 花费　　D. 耗费

6. 尝试可能会失败，但每一次的尝试都是为下一次的成功做（　　）。

A. 伏笔　　B. 奠定　　C. 衬托　　D. 铺垫

7. 道德可以弥补知识的不足，知识无法（　　）道德的空白。

A. 补充　　B. 填补　　C. 填空　　D. 填满

三、用所给的词语和句型回答问题

1. 人们过去是如何处理垃圾的？（一……了之）

____

2. 如何贯彻执行“垃圾分类”举措？（经过……磨合）

____

3. 上海市垃圾分类后取得显著效果的原因是什么？（并非……而是……）

____

4. 什么加速了垃圾分类理念被认同？（为……做铺垫）

____

5. 中国提倡绿色环保，有什么意义？（终究）

____

四、用所给的词语填空

热词　协力　投放　理念　践行　循序渐进

在国家政策的引导和鼓励下，绿色环保的＿＿＿＿＿如今已经成为人们日常生活中的＿＿＿＿＿之一。垃圾分类＿＿＿＿＿，我们需要以点带面、＿＿＿＿＿地动员全社会民众积极参与，＿＿＿＿＿环保。尽管这个过程是漫长而又艰难的，但我们相信，在不久的将来，在社会各方的同心＿＿＿＿＿下，环保行业将迎来新格局，中国的可持续发展也将进入崭新的阶段。

磨合　填补　持久战　一蹴而就　借鉴　纵观

随着中国城镇化进程的加快，城市人口密度的不断增长，垃圾处理成为一个无法回避但也无法＿＿＿＿＿的难题。如果得不到妥善处理，它会造成环境污染，严重危及居民的健康状况和生活质量。具体到中国的实际情况而言，虽然经历了漫长的＿＿＿＿＿，现状同样不容乐观。垃圾处理方面还有许多等待＿＿＿＿＿的空白。＿＿＿＿＿世界各大主要经济体，经过数百年的＿＿＿＿＿，很多发达国家在垃圾处理方面已经找到了一些行之有效的方法和途径，值得我们学习和＿＿＿＿＿。同时，我们也应该结合中国当前城镇化的实际，设计出符合中国国情的垃圾处理机制。

课文三 >> "塑战"能否速决？

课前思考

1. 塑料给人类生活带来了哪些便利？
2. 你清楚塑料对环境的危害吗？都有哪些？
3. 如果在生活中限制一次性塑料制品的使用，你认为我们会遇到哪些挑战？

塑料被誉为人类最伟大的发明之一，因其独特的性能在人类生活中被广泛应用，已经渗透到我们衣食住行的方方面面，在当今人类文明的进程中扮演着举足轻重的角色。然而，近年来随着社会的快速发展，塑料垃圾产出量瞬间爆炸，泛滥成灾，其中的罪魁祸首便是塑料袋。

科学技术是一把"双刃剑"，诞生于科学家实验室中的塑料袋在给人类生活带来极大便利的同时，也给我们的地球带来了白色污染的顽疾，经久难愈，一家英国媒体痛恨之余，甚至给其贴上"人类最糟糕的发明"的标签。

我们深知白色污染的恐怖，但是"无塑化"生活又谈何容易？

"限塑"升级为"禁塑"

国家发展改革委、生态环境部2020年1月19日公布《关于进一步加强塑料污染治理的意见》，到2020年底，中国将率先在部分地区、部分领域禁止、限制部分塑料制品的生产、销售和使用，如：一次性塑料棉签、不可降解一次性塑料吸管、不可降解塑料袋等。相比旧版"限塑令"，本次"禁塑令"更具体、更直接地切入了人们的生活。

虽然"禁塑令"在部分城市已先行执行，但效果并不理想。有媒体在政策已落地的广州市街头随机采访50位居民，居然有近六成完全不知道"禁塑令"。

2008年的"限塑令"作为当年的社会热点曾广受关注，但在时间消磨下，此后竟成了"多加两毛买个袋子"的存在。此次政令再度升级，真的能减少塑料污染吗？

"无塑化"前路漫漫

新版"限塑令"一发布，关于"禁止使用不可降解塑料"这一点，大部分人首先想到的是塑料替代品。其实市面上并不缺乏塑料替代品，但是谈及高昂的成本，人们望而却步。

如果说替代品的核心在于减少污染，那么塑料回收，更应是我们关注的重点。联合国环境规划署（UNEP）2018 年的一份报告称，全世界总计生产出的 90 亿吨塑料制品中，被循环利用的只有 9%。

互联网带来的便利生活可以说是“限塑令”的最大敌人。别说超市购物、菜场买菜用几个塑料袋，就是每天中午一份外卖，回家网购些日常用品，随便拆拆快递，都是一堆塑料垃圾，而这些垃圾最终被草草地丢进垃圾箱，已成为我们生活的日常。

人们早已习惯了有塑料的便利生活，又怎么可能在一朝一夕就戒掉对塑料的“瘾”？重新塑造被塑料慢慢渗透的生活，只有从生活细节中入手，才有可能将塑料从我们的生活中剥离。

公益，助力“无塑化”生活

可喜的是，快递或者外卖行业的企业在“惯坏”我们的同时，也在借助一系列公益活动着手改善现状，增强环保意识。

2019 年 8 月，菜鸟携手通达、百世在浙江全面启动“回箱计划”，首批铺设 1500 个绿色回收箱，推进快递包装分类回收、二次利用，并宣布将在全国投放 5 万个绿色回收箱。

参与环保公益活动并不只是外卖快递相关行业的责任，越来越多的企业和公益组织也在通过一系列的公益活动去填补人们塑料环保意识的缺失。

互联网巨头腾讯虽然不是塑料垃圾的制造者，但在推动无塑化环保进程中也不遗余力。在一些民间自发行动中，我们看到既有乡村源头垃圾减量的“原生态智慧减塑”计划，也有号召“减少一枚塑料袋，还给海洋生物一口深呼吸”的“助力无塑化环保计划”。在这些线上线下联动的公益活动中，更令人欣慰的是越来越多的孩子参与其中，无塑化环保理念开始植入孩子的成长过程，并成为孩子们生活的一部分。

无论此次“禁塑令”能否真正推动“无塑化”生活的实现，面对我们赖以生存的地球，尽可能地通过生活的点点滴滴，从自身做起并带动身边的人去改变，这才是正确的“无塑化”之路。

塑战，无法速决，但“环保从个人做起”的理念正在深入人心，只有这样才能将“塑战”进行到底。

生词表

1. 誉	yù	动	称赞：他被～为计算机之父。
2. 渗透	shèntòu	动	比喻某物逐渐进入并向其他方面扩展，多用于抽象事物：思想～ | 污水～到地下水源。
3. 进程	jìnchéng	名	事物变化或进行的过程：会议～ | 比赛～。
4. 瞬间	shùnjiān	名	转眼之间。
5. *双刃剑	shuāngrènjiàn	名	两面都有刃的剑，比喻能同时带来正反两种效果的事物：权力是一把～。
6. *顽疾	wánjí	名	难治的疾病：大夫治好了我多年的～。
7. 愈	yù	动	（病）好：病～ | 不治而～。
8. *痛恨	tònghèn	动	极端憎恨：我～那些虚假的新闻。
9. 标签	biāoqiān	名	贴在或系在物品上，标明品名、用途、价格等的纸片。
10. 恐怖	kǒngbù	形	由于生命受到威胁或残害而恐惧：～主义 | ～活动 | ～分子。
11. *棉签	miánqiān	名	一种医疗用品：一根～。
12. *降解	jiàngjiě	动	化学术语，分解：生物～ | 可～塑料。
13. *切入	qiērù	动	（从某个地方）深入进去：～点 | ～正题。
14. *先行	xiānxíng	动	走在前面：～者 | ～一步。
15. 落地	luòdì	动	指某项理念、战略、任务或项目，通过具体的扎实的工作，落到实处，产生实际效果。
16. 随机	suíjī	副	不设任何条件，随意的：～选取。
17. *政令	zhènglìng	名	政府公布的法令：最新～ | 颁布～。
18. 再度	zàidù	副	又一次，第二次：～合作 | ～发生。
19. *漫漫	mànmàn	形	形容（时间、地方）没有尽头：～长夜 | 路途～。
20. 高昂	gāo'áng	形	价格非常高：价格～ | 付出了～的代价。
21. 总计	zǒngjì	动	合起来计算。
22. *草草	cǎocǎo	副	不认真，草率；急急忙忙：～了事 | ～收场。
23. 瘾	yǐn	名	习惯性或依赖性的不良嗜好：烟～ | 上～。
24. *塑造	sùzào	动	建设；打造：～人文精神。
25. 入手	rùshǒu	动	着手；开始做：从调查研究～。

26. *剥离	bōlí	动	使脱落、分开：他的写作从一开始就无法同故乡～开来。
27. 公益	gōngyì	名	公共的利益（多指卫生、救济等群众福利事业）：热心～。
28. *助力	zhùlì	动	帮助：～绿色生活。
29. 借助	jièzhù	动	靠别的人或事物的帮助：要看到极远的东西，就得～望远镜。
30. 着手	zhuóshǒu	动	开始做；动手：～实施计划。
31. 携手	xiéshǒu	动	手拉着手，比喻共同做某事：～合作。
32. 缺失	quēshī	动	缺少；失去：体育比赛不能～公平公正的原则。
33. 巨头	jùtóu	名	政治、经济界等有较大势力、能左右局势的个人或企业集团：金融～。
34. 源头	yuántóu	名	水发源的地方，指事物的根源。
35. *原生态	yuánshēngtài	名	这里指不破坏原来的生态环境，与自然和谐共处的状态：破坏～丨保护～。
36. 枚	méi	量	跟“个”相近，多用于形体小的东西：一～邮票丨三～硬币丨一～奖章。
37. *联动	liándòng	动	若干个相关联的事物，一个运动或变化时，其他的也跟着运动或变化：上下～丨～效应。
38. 欣慰	xīnwèi	形	喜欢而心安：～的笑容。
39. *植入	zhírù	动	插入：～人体丨～广告丨～观念。
40. *赖以	làiyǐ	动	依靠某事物或条件得以（达到某种目的）：～生存丨～为生。

【注释】

1. 国家发展改革委：中华人民共和国国家发展和改革委员会，简称国家发展改革委，是国务院组成部门。

2. 限塑令：《国务院办公厅关于限制生产销售使用塑料购物袋的通知》发布于2007年12月31日，目的是限制和减少塑料袋的使用，遏制“白色污染”。该通知被群众称为“限塑令”。通知提出：“自2008年6月1日起，在所有超市、商场、集贸市场等商品零售场所实行塑料购物袋有偿使用制度，一律不得免费提供塑料购物袋。”

3. 禁塑令：2020年1月19日，国家发展改革委和生态环境部发布《关于进一步加强塑料污染治理的意见》，以减少资源浪费和环境污染。意见提出，“到2020年底，直辖市、省会城市、计划单列市城市建成区的商场、超市、药店、书店等场所以及餐饮打包外卖服务和各类展会活动，禁止使用不可降解塑料袋，集贸市场规范和限制使用不可降解塑料袋”。

4. **菜鸟、通达、百世**：均为物流公司。

5. **腾讯**：1998 年创立于深圳，旗下有 QQ、微信等子品牌。

重点句型与词汇

1 ……被誉为……

（1）塑料被誉为人类最伟大的发明之一。

（2）教师被誉为塑造人类灵魂的工程师。

（3）这座城市的植被覆盖率已经达到 80%，被誉为天然氧吧。

2 扮演……的角色

（1）（塑料）在当今人类文明的进程中扮演着举足轻重的角色。

（2）无论哪个年代，知识分子总是在社会变革中扮演着至关重要的角色。

（3）我不需要任何人在我的生活中扮演救世主的角色。

3 经久 + 难 / 不 +V

（1）诞生于科学家实验室中的塑料袋在给人类生活带来极大便利的同时，也给我们的地球带来了白色污染的顽疾，经久难愈。

（2）爱情片是影视业中最经久不衰的类型之一，许多人希望在电影中领悟到爱情的真谛。

（3）王教授的演讲太精彩了，会场上掌声经久不息。

4（在）……之余

（1）一家英国媒体痛恨之余，甚至给其贴上“人类最糟糕的发明”的标签。

（2）世界很大，也很精彩，在学习之余，多关心一下周围充满活力的人和物，相信你的生活会因此更加绚丽多彩。

（3）临近毕业，大家兴奋之余，憧憬着未来美好的生活。

5 给……贴上……（的）标签 / 被贴上……（的）标签

（1）一家英国媒体痛恨之余，甚至给其贴上“人类最糟糕的发明”的标签。

（2）给所有网红贴上恶俗的标签，这样真的公平吗？

（3）朋友圈“屏蔽父母”的年轻人不能被简单地贴上不孝的标签。

6 谈何 +Adj①/N/V

（1）我们深知白色污染的恐怖，但是“无塑化”生活又谈何容易？

① Adj：指形容词。

（2）我目前养活自己都很困难，没有稳固的经济基础，谈何婚姻？

（3）如果连分数运算都不会，还谈何理解当今物理学研究的前沿动向呢？

7 别说……，……就（是 / 更）……

（1）别说超市购物、菜场买菜用几个塑料袋，就是每天中午一份外卖，回家网购些日常用品，随便拆拆快递，都是一堆塑料垃圾。

（2）别说儿童了，就是成年人都不一定明白这个道理。

（3）别说考高分了，他就是考及格都不一定做得到。

8 从……入手

（1）只有从生活细节中入手，才有可能将塑料从我们的生活中剥离。

（2）若想在工作中取得成绩，就要从大处着眼，从小处入手，从点滴做起。

（3）从分析公共政策“有始无终”难题入手，这种研究具有很强的现实意义和重大的社会价值。

9 可 +Adj/V（多为单音节）的是，……

（1）可喜的是，快递或者外卖行业的企业在“惯坏”我们的同时，也在借助一系列公益活动着手改善现状，增强环保意识。

（2）每个人出生的时候都是“原创”的，可悲的是，很多人却渐渐变成了“盗版”。

（3）爱应该是相互的，然而可叹的是，你最爱的人往往是伤害你最深的人。

10 将 / 把……进行到底

（1）但“环保从个人做起”的理念正在深入人心，只有这样才能将“塑战”进行到底。

（2）我们应该继往开来，把改革开放的伟大事业进行到底。

（3）希望你们用心去爱，去创造幸福的每一天，不离不弃将爱情进行到底。

词语搭配

1 渗透

意识～ | 思想～ | 汗水～

（1）（塑料）已经渗透到我们衣食住行的方方面面。

（2）精明的商家可以将商业意识渗透到生活的各个方面。

（3）人们能够抵御武装的入侵，却阻挡不住思想的渗透。

2 切入

～主题 | ～问题

（1）相比旧版“限塑令”，本次“禁塑令”更具体、更直接地切入了人们的生活。

（2）他的演说直接切入主题，分析透彻；你的讲评画龙点睛，为他增光不少。

（3）本文将以人口结构及妇女生活空间为切入点，阐述古代女性面临的多重压力。

3 先行

~离开

（1）虽然“禁塑令”在部分城市已先行执行，但效果并不理想。

（2）在推动环保政策的落实方面，这座城市先行一步，加大对绿色能源的资金投入。

（3）亚马逊网站在很多方面是在线购物的先行者，比如根据用户的购买历史推荐新产品，以及产品搜索、用户评价等功能。

4 随机

~调查 | ~抽样 | ~性

（1）有媒体在政策已落地的广州市街头随机采访 50 位居民，居然有近六成完全不知道“禁塑令”。

（2）本报随机调查了 200 名市民，涉及职业有公务员、会计、教师、出租车司机、个体经营者等。

（3）为研究某地区大学生是否爱好某项体育运动，我们用简单随机抽样方法从该地区的大学里调查了 500 位大学生。

5 瘾

戒~ | 成~ | 过~

（1）人们早已习惯了有塑料的便利生活，又怎么可能在一朝一夕就戒掉对塑料的“瘾”？

（2）网络成瘾给现代人的学习、工作和正常的人际交往带来消极影响，应当引起警惕。

（3）终于来到了演唱会现场，整整三个小时的表演让我们过足了瘾。

6 植入

~脑海 | ~心底

（1）更令人欣慰的是越来越多的孩子参与其中，无塑化环保理念开始植入孩子的成长过程，并成为孩子们生活的一部分。

（2）品牌在影片中植入广告时，必须具备并突出其个性化差异。

（3）虽然我们只是短短相处了一周，但那一段快乐的回忆深深地植入了我的脑海，再也无法忘怀。

成语和惯用语

1 衣食住行 yī-shí-zhù-xíng：**穿衣、吃饭、居住、行路，指生活上的基本需要。**

（1）（塑料）已经渗透到我们衣食住行的方方面面。

（2）改革开放使中国发生了巨大的变化，老百姓的衣食住行就是最好的证明。

（3）人口的急剧膨胀，不但增加了衣食住行的巨大压力，而且增加了社会就业的巨大压力。

2 * 举足轻重 jǔzú-qīngzhòng：**形容地位重要，一举一动都能左右局势的发展。**

（1）（塑料）在当今人类文明的进程中扮演着举足轻重的角色。

（2）他是银行界的巨头，他的一票有着举足轻重的作用，我们一定要争取到他的支持。

（3）梦想，在每个人的生命中都扮演着一个举足轻重的角色，我们的人生因梦想而鲜活。

3 * 泛滥成灾 fànlàn-chéngzāi：太多了以致造成灾难。

（1）塑料垃圾产出量瞬间爆炸，泛滥成灾，其中的罪魁祸首便是塑料袋。

（2）这几天连降暴雨，致使河水上涨，泛滥成灾。

（3）假冒伪劣商品充斥市场，泛滥成灾，严重地侵害了消费者的利益。

4 罪魁祸首 zuìkuí-huòshǒu：指作恶的首要分子。

（1）塑料垃圾产出量瞬间爆炸，泛滥成灾，其中的罪魁祸首便是塑料袋。

（2）高糖食物是导致当代人肥胖的罪魁祸首。

（3）总统在演讲中强调，一定要把策划和制造这起恐怖活动的罪魁祸首绳之以法。

5 * 谈何容易 tánhéróngyì：指事情做起来并不像说的那样简单。

（1）我们深知白色污染的恐怖，但是“无塑化”生活又谈何容易？

（2）许多学生大学毕业后想自己创业，可那又谈何容易。

（3）在激烈的竞争条件下，想要脱颖而出谈何容易。

6 * 望而却步 wàng'érquèbù：指遇到危险、困难或力所不及的事就往后退缩。却步，不敢前进，向后退。

（1）其实市面上并不缺乏塑料替代品，但是谈及高昂的成本，人们望而却步。

（2）她外表出众，特别惹人注目，但态度高冷，令人望而却步。

（3）这本小说太难懂了，许多读者翻了两页就望而却步。

7 * 一朝一夕 yīzhāo-yīxī：形容很短的时间。朝，早晨；夕，晚上。

（1）人们早已习惯了有塑料的便利生活，又怎么可能在一朝一夕就戒掉对塑料的“瘾”？

（2）赶上东部发达省份的经济水准，绝非一朝一夕就能办得到的，需要大家同心协力，长期奋斗。

（3）十几年养成的生活习惯，又岂是一朝一夕就能轻易改变的。

8 * 不遗余力 bùyí-yúlì：把全部力量都使出来，一点儿也不保留。遗，留；余力，剩下的力量。

（1）互联网巨头腾讯虽然不是塑料垃圾的制造者，但在推动无塑化环保进程中也不遗余力。

（2）不管是给自己干活还是帮助邻居干活，哥哥总是不遗余力，干得又快又好。

（3）只要是朋友有需要的地方，他都会不遗余力地伸出援手。

9 * 点点滴滴 diǎndiǎndīdī：形容零星微小。常用于表示少量的事物不断积累、渐进的过程。

（1）尽可能地通过生活的点点滴滴，从自身做起并带动身边的人去改变，这才是正确的“无塑化”之路。

（2）要经常记录生活中的点点滴滴，因为它们构成了我们生活的完整画面，令人难忘。

（3）他给我留下最多的，不是伤感，而是记忆中温暖的点点滴滴。

10 深入人心 shēnrù-rénxīn：指理论、学说、政策等为人们深切了解和信服。

（1）塑战，无法速决，但“环保从个人做起”的理念正在深入人心。

（2）中国的改革开放政策早已深入人心，并已经取得巨大的成就。

（3）这句广告词之所以深入人心，是因为它唤起了人们的童年记忆。

课后练习　趁热打铁

一、选词填空

深入人心	不遗余力	一朝一夕	泛滥成灾
点点滴滴	望而却步	举足轻重	谈何容易

1. 幸福在我们每个人的身边，只要用心感受，身边的__________都是幸福！

2. 如今，“科学技术是第一生产力”这种思想早已__________。

3. 陈教授是学术界德高望重的老教授，他的看法在学术界__________。

4. 事业的成功，并非__________所能达成，而是长期努力的结果。

5. 这位老师一直对年轻人关爱有加，__________地帮助他们走向成功。

6. 20 世纪 80 年代，该物种作为食物引入中国广东等地，没想到现已在广东、广西、浙江等地__________。

7. 别看师傅做起来很顺手，要练到这样的手艺__________。

8. 从前电脑是让普通百姓__________的贵重商品，如今很多家庭都配备了电脑，它改变了人们的生活。

二、单项选择

1. 第一道安检处设在园区内，这里安检员会（　）对一些游客进行检查。

A. 随意　　B. 随便　　C. 随机　　D. 随处

2. 他没有放弃，一直坚持到最后，这一点让父亲很（　）。

A. 欣慰　　B. 欣喜　　C. 安慰　　D. 抚慰

3. 这篇论文从乡村生态环境研究（　），试图为乡村绿色发展提供一个新的视角与思路。

A. 切入　　B. 植入　　C. 进入　　D. 深入

4. 西部地区发展不平衡不充分问题依然突出，西部大开发要转换（　），才能打开新局面。

A. 思路　　B. 门路　　C. 思想　　D. 思考

三、用所给的词语和句型回答问题

1. 塑料在我们生活中占据何等地位？（渗透、扮演……角色、举足轻重）

____

2. 怎样才能戒掉塑料“瘾”？（从……入手）

____

3. 快递或外卖行业有什么环保举措？（可喜的是……）

____

4. 如何打赢“塑战”？（将……进行到底）

____

四、用所给的词语填空

植入　先行　举足轻重　一朝一夕　不遗余力

着手　泛滥成灾　点点滴滴　深入人心　罪魁祸首

塑料虽然给我们提供了巨大的便利，具有__________的作用，但也在我们的生活中__________，是造成白色垃圾的__________。“禁塑”不是__________就能实现的。一般认为，“禁塑”可以从以下两个方面__________：一是政府__________地推出强制性的政策，“绿色环保，政策__________”；二是加大宣传力度，将环保意识__________国民头脑之中，使“禁塑”__________，人们便会自觉地从__________做起。然而，从源头上堵住“白色污染”，关键在于寻找相关替代品。以海南为例，海南在“禁塑”的同时，促进全生物降解替代产品的研发和推广，可以说是抓住了解决问题的根本。海南，有望成为中国真正意义上率先“禁塑”的省份。

单元练习　学以致用

一、众说纷纭

（一）

哥本哈根会议落幕。发达国家和发展中国家，特别是世界主要经济体在减排量以及发达国家帮助发展中国家的义务上，还存在比较大的分歧。中国某大型企业负责人在接受媒体采访时说：

"中国政府对限制二氧化碳排放高度重视，鼓励和支持中国企业采取一系列措施，减少排放。但中国等发展中国家在限制二氧化碳排放方面，应该享受区别对待政策，不能和欧盟等国家实施同一标准，这样做对发展中国家不公平。"

讨论 1：发达国家在发展中国家投资设厂增加就业是否与减少当地碳排放相矛盾？

讨论 2：在节能减排上，发达国家是否有义务帮助发展中国家？

（二）

2017 年 7 月，中国国务院办公厅印发《关于禁止洋垃圾入境推进固体废物进口管理制度改革实施方案》，要求全面禁止"洋垃圾"入境。2018 年停止进口包括废塑料、未分类的废纸、废纺织原料等在内的 4 类 24 种"进口垃圾"。2019 年，四部门联合发布《关于全面禁止进口固体废物有关事项的公告》，自 2021 年 1 月 1 日起施行。公告明确指出，禁止以任何方式进口固体废物。禁止中国境外的固体废物入境倾倒、堆放、处置。

面对中国的进口垃圾禁令，各国反应不同，站在你们国家的角度说说我们应该如何共同面对垃圾处理这一问题。

日本：据调查，随着日本国内废料处理成本激增，34.9% 的回收企业正限制或正考虑限制能够接受的废旧塑料数量。

英国：中国的禁令已导致英国一些地方政府每年新增 50 万英镑的垃圾处理费用。

"显然，中国禁令将对英国各地的垃圾回收能力产生严重影响，其他国家也会很快（效仿中国）。"

马来西亚："我国并不具备足以取代中国回收行业的庞大废料处理产能，本周开始实施为期三个月的进口禁令"，"我们将竭尽全力确保马来西亚不成为发达国家的塑料垃圾桶"。

泰国：另一全球废旧塑料目的地，也将在2021年禁止进口。

二、新闻报告（全班轮流，根据班级人数每次可指定一到两位同学完成）

自2020年1月新版"禁塑令"出台，省级"禁塑"政策明显加快，未来2到5年"禁塑"政策将在全国大范围推广，可降解塑料行业有望实现高速发展。请你上网查一下有关该政令实施情况的新闻，并介绍给你的同学：

报告中应包括以下内容：

（1）"禁塑令"的实施背景。

（2）"禁塑令"如何改变人们的生活？

（3）人们对于"禁塑令"的看法如何？

（4）你怎么看待"禁塑令"？

三、完形填空（从句段到篇章）

完成一个社会调查，需要经过设计问卷、发放问卷、采集数据、分析数据、撰写调查报告等步骤。下面的列表介绍了调查报告的结构及一些常用的表达句式。

结构	内容	常用句型与词汇
引言	解释开展此项调查的原因及意义，描述调查的时间、地点、受访人群、调查方式、问卷内容等。	1. 由于 / 鉴于……，了解……尤为重要 2. 为此，就……问题进行了问卷调查 3. 通过……的方法，对……问题开展了一次问卷调查 4. 在……地区发放了问卷 5. 在受访人群中，……占……××%
问卷及结果	列举调查问卷上的问题，受访人典型答复，描述收集到的数据。	1. 调查发现，受访者普遍认为…… 2. 调查显示，大多数受访者倾向于……，另一部分则认为…… 3. ……××%的受访人群表示

续表

结构	内容	常用句型与词汇
		4. 持……意见的受访者达……××% 5. 这些数据说明，在受访者看来 / 在受访者心中，…… 6. ……意味着 7. 根据调查数据，……对……持乐观 / 积极 / 消极 / 悲观 / 中立的态度
分析	分析、讨论调查结果，概括出经验或规律。	1. 通过分析，我们大致可以得出以下几点结论： 2. 首先，其次，再次，最后 3. 一则……，二则…… 4. 整体而言 / 从整体上看，…… 5. 就……而言 6. 有……的倾向 7. 调查结果显示，…… 8. 换言之 9. 数据表明，在……问题上，…… 10. 据数据统计，…… 11. ……，也就是说…… 12. 无论是……抑或是……哪怕是……都……
总结与评价	总结全篇的主要观点，或做出归纳性说明，也可以指出这次研究中存在的问题，为今后更深入的调查提出建议。	1. 综合以上的分析，不难发现 / 不难看出…… 2. 这次调查反映出…… 3. 通过这次调查，我们了解到…… 4. 调查的结论给我们这样的警示，…… 5. 由此可见，…… 6. 简单一句话 / 简言之，…… 7. 说白了 8. 说到底 9. 综上所述 / 总而言之 10. 一言以蔽之，……

学习上表中的常用句型与词汇，并用所给的词语或结构填空。

占　通过分析　为此　此外　就
总而言之　鉴于　据数据统计

__________环保已成为当下的热门话题，了解公众的环保意识至关重要。__________，本人于上周末__________公众的环保习惯进行了调查。参加本次网上问卷调查的总人数为148人次，其中男性70人，女性80人，年龄在20到30岁的__________80%。

__________：（1）在办公室或家里休息时，把空调温度调到26摄氏度或以上的有47人，占31.51%，调到20—25摄氏度的101人，占67.79%，把温度调到16—20摄氏度的有1人，占0.67%；（2）在公共场所洗手时，会主动半开水龙头的有48人，占32.0%，表示一般会的有 99 人，占 66.0%，表示不会的有 3 人，占 2.0%;（3）在关闭电脑主机后，表示会关闭显示器的有 114 人，占 77.3%，有时会的有 28 人，占 18.92%，表示很少的有 2 人，占 1.35%，不会的有 4 人，占 2.7%;（4）在外用餐后遇有剩下的食物，会经常打包带回家的有 68 人，占 45.33%，表示有时候会的有 76 人，占 50.67%，很少打包的有 6 人，占 4.0%;（5）有 34 人表示经常参加环保活动，占 22.67%，有 110 人表示有时候会参加，占 73.33%，有 6 人表示很少参加，占 4.0%;（6）知道“世界环境日”时间是每年 6 月 5 日的有 146 人，占 98.65%。

__________，我们大致可以得出以下结论：经过多年宣传，公众在日常生活中培养了不少良好的环保习惯，环保意识得到提高。__________，数据也显示，有一部分人的环保意识还需进一步加强，这对我们的环保工作提出了新的要求：加大环境保护的宣传教育力度，推动全民参与环境保护。__________，环保工作并非一朝一夕之事，践行绿色环保的理念永远在路上。

四、明察暗访

（一）

近段时间，为了鼓励节能减排，北京举办相关商品的促销活动，商品包含电视机、电冰箱、空调、热水器、坐便器等 15 类节能减排产品。15 类产品最高补贴 800 元。在活动期间，每类商品每位消费者只能享受一次补贴。请你设计一份问卷，调查消费者对此类活动的看法。在下次课上，汇报你的调查结果。

问题参考：

（1）节能减排产品促销活动对消费者的日常生活有什么积极影响？

（2）这类活动能否做到真正意义上的节能减排？

（3）通过补贴方式推动节能减排产品的销售是否有违公平竞争？

（二）

近日，随着《关于扎实推进塑料污染治理工作的通知》的出台，新版“禁塑令”开始在餐饮行业中刮起旋风。

请你设计一份问卷，调查餐饮行业的几位商家，让他们谈谈对新版“禁塑令”的看法。在下次课上，请汇报你的调查结果。

问题参考：

（1）你认为使用塑料制品会造成哪些危害？

（2）“禁塑令”给你的经营带来了哪些变化？

（3）请问你了解“禁塑令”的具体内容吗？（包括什么时候实施，在哪些地方，限制使用哪类塑料袋）

（4）现今你对国家颁布“禁塑令”，持有什么样的态度？

（5）你准备如何应对“禁塑令”？

（6）你认为“禁塑令”实施会面临什么样的障碍？

（三）

请你设计一份问卷，调查你身边的人，让他们谈谈对“禁塑令”的看法。在下次课上，请汇报你的调查结果。

问题参考：

（1）你购物时，餐馆和路边的杂货店会向你提供免费的塑料袋吗？

（2）你出门会自带环保袋等其他塑料袋替代品吗？

（3）你了解塑料制品对环境和人体健康造成的危害吗？

（4）请问你了解“禁塑令”的具体内容吗？（包括什么时候实施、在哪些地方、限制使用哪些种类的塑料袋）

（5）你是否愿意从现在开始不再使用塑料制品以支持禁塑行动？

（四）

上海近期对生活垃圾的强制分类，引起了全社会对生活垃圾处理问题的广泛关注。生活垃圾处理问题关系到经济发展与社会文明进步。做好生活垃圾分类处理工作，使其与垃圾填埋、垃圾焚烧等后续工作相衔接，需要各级政府、社会团体和城市居民的共同努力，需要集中各领域专家的智慧，对生活垃圾问题进行综合治理。

请采访你身边的人，让他们就垃圾处理问题谈谈自己的见解。

问题参考：

（1）请说出你所了解的几种垃圾分类方式。

（2）城市垃圾的不当处理存在何种危害？

（3）你认为是否有必要对垃圾进行分类处理？请阐述原因。

（4）为实现可持续发展，政府和市民群众应该怎么做？

五、研究报告：全方位聚焦塑料制品

报告一　塑料垃圾的来源

造成白色污染的“罪魁祸首”一般指的是制成的各类生活塑料制品。这些东西使用后常被人们随意丢弃，由于其难以降解处理，而且还含有一些潜在的危害成分，结果导致环境受到严重污染。那么塑料垃圾主要来源于哪些行业？或者说哪些行业是盛产塑料垃圾的大户？

请上网查找相关资料，找出污染来源。

参考文章：《2020 年全球最大塑料污染企业，可口可乐、百事和雀巢继续蝉联》

报告二　塑料制品的危害

地球正在被塑料占领，蓝色星球已经成了“白色星球”。这绝不是危言耸听。比如，北极竟然下起了“塑料雪”，研究报告指出，北极的雪中含有大量的微塑料，每一升雪中，就含有超过 10000 颗塑料微粒……

请查找相关资料，说说塑料制品到底有哪些危害。

参考视频：《北极下塑料雪，专家：每升雪含 1 万塑料微粒，人类终将自食恶果》

报告三　限塑之难

既然人类深知塑料的危害，那么为什么白色污染迟迟未能解决呢？

请查阅资料，限塑到底存在着哪些困难？

参考视频：《新闻观察“限塑”难在哪？》

参考文章：《环保公益挑战不断！每日使用塑料袋超 30 亿个，限塑令究竟难在哪？》

六、建言献策

（一）垃圾分类那些事

中国：北京市推行垃圾分类试点社区，上海推行用回收物换礼品的奖励机制，深圳明确了分类技术标准，杭州垃圾分类实名制等。

韩国：从 2005 年起实行厨余垃圾和一般垃圾分类处理。2010 年，一些地方开始对食物垃圾按量收费。

日本：制定的关于垃圾处理的法律趋于完善，并逐渐形成包括各类环境保护基础法、综合性法律以及具体的有针对性的产品法律等完备的法律体系。

德国：啤酒瓶可送到指定地点回收，带有回收标志的矿泉水瓶属于可回收垃圾。

请设计一份活动策划，宣传普及垃圾分类知识和方法，倡导绿色、低碳的生产方式、消费模式和生活习惯。

（二）如何打赢“塑战”？

某国政府于2008年颁布了禁止塑料袋使用的法令。当入境他们国家的时候，海关会检查是否有塑料袋或者是塑料包装的东西，这些东西一律不许带入他们的国家，而且在他们国家的市场上也不许使用任何塑料制品。究其原因，一位政府工作人员说，因为该国没有丰富的自然资源，也没有非常强的经济实力，所以只有靠把这个国家打扫得干干净净，才能使到这里的人们感觉心旷神怡。

你们国家也面临着塑料问题吗？请去网上收集相关资料，介绍你们国家的限塑措施。如果没有，那么你自己能想到什么限塑方法呢？

七、针锋相对

（一）

中国是资源消耗型大国，如果石油消费量进口超过当地需要的60%，国家能源是极度不安全的。这就要求节能环保，实际上这对中国经济来说是很大的挑战。2009年中国政府承诺，2010年单位GDP能耗比2005年下降40%。2010年中国完成了任务，但是有个别地区是通过拉闸限电而完成的。

辩论题：

1. 节能减排是促进了经济发展还是制约了经济发展？
2. 节能减排和企业效益何者优先？

（二）

有人认为，当前上海正处于垃圾分类的初期试点阶段。根据调查，有93%的市民有垃圾分类的意愿，但对分类方式不够了解，因此宣传教育是让市民了解垃圾分类的重要途径。

也有人并不认同宣传教育的柔性和慢性，认为严格执法更具普遍性、权威性和实效性，能够保障将人们的思想转化为行动，杜绝侥幸心理和惰性，从而养成垃圾分类的良好习惯。不过，仍然有部分市民群众认为严格的惩罚造成心理负担和生活压力，失去了环保应有的初心。

辩论题：垃圾分类重在宣传教育还是严格执法？

（三）

当环保设备成本增加时，餐饮业的经营者会选择提高商品价格来平衡收益。比如，根据禁塑令的规定，2020年底武汉市建成区的商场、超市、药店、书店等场所，以及餐饮打包外卖服务和各类展会，禁止使用不可降解塑料袋；各超市的老款购物袋的售价基本相同，中号 0.2 元 / 个、大号 0.3 元 / 个。多家超市证实，可降解塑料袋的成本价或将上涨 3 倍，约 1 元 / 个。而在广州的永旺等中高端超市，其提供的完全可降解塑料袋最低价格则已经达到了 0.9—1.5 元 / 个，是普通塑料袋的数倍，这部分成本到底由谁买单——至少目前并没有解决方案。

辩论题：谁该为环保产品买单？消费者还是国家？

八、妙笔生花

（一）环保产业新蓝海

经过 30 多年的发展，中国的环保产业已初具规模。工业化与城市化的快速发展，也促进了中国居民环保意识的增强以及环保产业的发展。重污染行业的治理，污水、垃圾处理等环保基础设施的建设投资，有力地拉动了环保产业的市场需求。有业内人士预计，未来一年，中国的垃圾分类市场将释放出 200 亿到 300 亿元产能；10 年内，产业规模将达到 2000 亿到 3000 亿元。对我们来说，垃圾分类带来的不仅仅是碧水蓝天，还将带来丰厚的市场利润。

目前，环保产业发展还有哪些短板？科技创新如何引领环保产业发展？环保产业、环保企业将何去何从？根据你们国家相关环保产业的发展现状以及发展趋势撰写文章。

写作题目：垃圾，放错位置的资源

（二）限塑倡议书

国家实行“限塑令”是为了限制和减少塑料的使用。塑料制品是日常生活中的易耗品，中国每年都要消耗大量塑料，由于过量使用和回收处理不到位等原因，造成了严重的资源浪费和环境污染问题。

学校将在 6 月 5 日世界环境日开展环保主题活动，号召大家自觉遵守限塑的相关规定，请代拟一篇限塑倡议书。

第三单元 科技篇

课文一 真的，你的隐私只值一分钱！

课前思考

1. 你理解的隐私包括哪些？
2. 在你们国家，什么样的行为算是侵犯隐私权？
3. 大数据时代，你觉得哪些新技术可能侵犯了人的隐私？

最近，湖北青年艺术家邓玉峰在武汉美术馆举办了一场个人展览，展览的东西有点特别：从黑市购买的34.6万条个人信息，包括姓名、电话、住址、银行存款等内容。一些信息细化到令人瞠目结舌的地步：除了基本的姓名住址，还有网购记录、购票记录、家用车发动机号等。

好奇的记者询问邓玉峰一条信息的最低价格，艺术家给出的答案是：“一分钱。”原来只用花一分钱，就能买到一个人这么多的秘密。

开展前邓玉峰还找来了几个志愿者，给这些信息的主人发短信，邀请他们来观看这场展览。但在开展当天上午，只收到了一条回复：“有病吧！”

我们是不是对隐私太大方了？

身在中国，我们常常听到一种声音：大洋彼岸的老外对于隐私太小气，连问个生日、年龄、工作都得小心翼翼。然而，反过来想，是不是我们对隐私太大方了呢？打开手机，看看垃圾短信划几下才能划到头？打开邮箱，广告邮件是不是多到删都懒得删？更不要说无数骚扰电话，一张口就能准确地报上你的姓氏。

身处互联网社会中的我们，很难像过去一样，把自己包裹起来，独善其身。网速升级短短几年，我们的个人信息就像洪水一样决堤而出，外卖网站、网购平台、社交软件……到处都是防不胜防的漏洞，单凭一己之力，永远不可能堵得上。百度老总李彦宏其实说得没错，短短数年，我们已经适应了“互联网 +”的生活，很多人为了便利，部分地让渡了自己的隐私权。

互联网授权协议成了“卖身契”

那些在屏幕上一闪而过的用户协议，会不会藏着什么陷阱呢？最典型的例子就是，很多应用让用户打钩授权，但授权明细后面只是含糊地写个“等”字，你以为你只是开了一条小缝，但其实推开的是一扇大门，可以让他人堂而皇之地收集你的个人信息。

近日，一些居心不良者在网上发布有偿任务，如从各个角度自拍 30 张照片发给对方即可获得 30 元报酬，如果联系到最近大热的面部识别技术，不能不让人对其真实目的产生怀疑。

还有媒体报道过，一位女士因为给外卖骑手打了差评，遭到对方无休止的谩骂和恐吓。而对方正是根据外卖信息上的地址电话一路找来的。这不禁让人担忧，大量的购物网站掌握了用户的私人信息，如何保证这些信息不被非法利用呢？有了这样的前车之鉴，用户在评价商品时，还能理直气壮地有一说一吗？

别当了韭菜还不自知

根据对中国网络购物市场的预测，2018 年网络购物用户数量将超过 6 亿。电商大佬们借着大数据的东风，可能比你更懂你自己。当我们享受着线上购物的便利时，殊不知我们的生活方式、个人偏好乃至通信地址都被大数据平台悉数掌握，无异于在各大平台上裸奔，毫无隐私可言。一些不良商家，仗着手握用户信息，不再下功夫提升服务水平，反正服务和产品再烂，都能赚得盆满钵满。

可悲的是，很多用户当了任人宰割的韭菜还不自知，这种唾手可得的“方便”让我们产生了“自由”的错觉，然而“方便”非但不是“自由”的替代品，反而可能带我们通往“自由”的反面，被消费主义绑架。

连接世界的互联网，可能正在成为信息的一个大筛子。泥沙俱下之中，不乏海量的个人信息泄露。在它面前，任何个人的力量都是渺小的，对此制度的约束尤为必要。而作为千百年来习惯了连“你吃了吗”都要问一问的普通中国人，实在应该重新审视个人隐私这个问题了。

身处互联网时代的中国人，对每条个人信息都应当重视起来，切勿放弃这个权利，否则总有一天，你的隐私将连一分钱都不值。

（改编自《新周刊》2018 年 4 月
《真的，你的个人隐私，只值一分钱》，作者：阿烧）

生词表

1. *黑市	hēishì	名	暗中进行非法买卖的市场。
2. *细化	xìhuà	动	（对任务、目标等）进行分解，使更加具体：管理工作要～到各个岗位。
3. 地步	dìbù	名	处境；情况（多指不好的）；达到的程度：他兴奋得到了不能入睡的～。
4. *彼岸	bǐ'àn	名	那一边；对岸。
5. 小气	xiǎo·qi	形	不大方，吝啬。
6. 懒得	lǎn·de	动	厌烦；不愿意（做某件事）：天太热，我～上街。
7. 骚扰	sāorǎo	动	使不安宁；扰乱：电话～｜短信～。
8. 报	bào	动	告诉：～姓名。
9. 社交	shèjiāo	名	指社会上人与人的交际往来：～活动｜～场合。
10. 漏洞	lòudòng	名	指一个系统的弱点或缺陷，使其存在安全风险和被攻击的可能：系统～｜安全～。
11. *一己	yījǐ	名	自身，个人。～之力。
12. *让渡	ràngdù	动	让出、转让：～权利｜～隐私。
13. 授权	shòuquán	动	把权力委托给他人或机构代为执行。
14. *卖身契	màishēnqì	名	古代指因为贫穷等原因，被迫出卖人身自由的文书。文中指条件要求不合理的出卖隐私协议。
15. 陷阱	xiànjǐng	名	比喻使人受骗上当的圈套：落入～｜设～。
16. *打钩	dǎgōu	动	勾选，表示选择或同意。
17. *明细	míngxì	名	具体的项目：消费～｜采购～。
18. 含糊	hán·hu	形	不明确；不清晰：～不清。
19. 缝	fèng	名	细小的空隙：门开了一条小～。
20. *有偿	yǒucháng	形	有代价的；有报酬的：～服务。

21. 识别	shíbié	动	辨别、辨认：人脸～|语音～。
22. *骑手	qíshǒu	名	外卖、快递等的配送员。
23. *差评	chàpíng	名	不好的评价：给～|打～。
24. *休止	xiūzhǐ	动	停止。无～。
25. *谩骂	mànmà	动	随意乱骂。
26. 恐吓	kǒnghè	动	威胁人，吓唬：～信|～电话。
27. *韭菜	jiǔcài	名	一种常见蔬菜。
28. *大佬	dàlǎo	名	方言词，老大、大哥的意思，也用来指在某行业或领域内有巨大影响力的人：商业～|行业～。
29. *殊不知	shūbùzhī	动	竟不知道；竟没想到。
30. *偏好	piānhào	动	对某种事物特别爱好：他～京剧|不能凭个人～处理问题。
31. *悉数	xīshù	副	全部，全数。
32. *无异于	wúyìyú	动	和……没有不同；强调等同。
33. 仗着	zhàng·zhe	动	凭借，倚仗。
34. 可悲	kěbēi	形	让人悲伤，让人心痛。
35. 反面	fǎnmiàn	名	与“正面”相反的一面；事情、问题等的另一面：不但要看问题的正面，还要看问题的～。
36. 主义	zhǔyì	名	行为方式，思想作风：自由～|消费～|个人～。
37. 绑架	bǎngjià	动	用强力把人劫走。文中指行为受到胁迫、控制：道德～。
38. 筛子	shāi·zi	名	用竹条、铁丝等编成的有许多小孔的器具，可以把细碎的东西漏下去，较粗的、成块的留在上面，以达到分选的目的。
39. *不乏	bùfá	动	不缺少，表示有相当数量：～其人|～先例。
40. 海量	hǎiliàng	形	指极大的数量：～存储|～信息。
41. 泄露	xièlòu	动	不应该让人知道的事情让人知道了：～消息|～秘密。
42. 渺小	miǎoxiǎo	形	指非常微小或不值得一提。
43. 尤为	yóuwéi	副	多用在双音节的形容词或动词前，在全体中或跟其他事物比较时特别突出：～奇妙|～不满。
44. 审视	shěnshì	动	仔细察看。
45. *切勿	qièwù	副	一定不要，务必不要：～乱扔垃圾|～外传。

【注释】

1. **借着大数据的东风**：借东风，原指《三国演义》中诸葛亮借东风来攻破曹操大军。今多指利用好的形势来推动工作。借着大数据的东风，即凭借大数据蓬勃发展的形势行事。

2. **裸奔**：网络用语。本义是脱光衣服裸露身体奔跑。这里引申为在网络环境中个人信息缺乏安全保护，被各大平台掌握，没有任何隐私可言。

3. **割韭菜**：由于韭菜只要在收获时不是连根拔起，就仍会源源不断地生长，因此常被用来比喻一部分人离场后，还会有持续不断的新生力量加入进来，就像韭菜一样，持续不断地被资本收割。

重点句型与词汇

1 V到……地步：到……处境（多指消极负面的情况），到……程度。

（1）一些信息细化到令人瞠目结舌的地步。

（2）曾经的他多么风光，真没想到会落到现在这个地步。

（3）你们的关系发展到今天的地步，两个人都是有责任的。

2（连）V都懒得V：口语表达。不想、不情愿做某事。

（1）打开邮箱，广告邮件是不是多到删都懒得删？

（2）到后来我们连吵都懒得吵了，干脆各过各的。

（3）他现在看都懒得看她一眼，觉得她已经没救了。

3 殊不知：竟不知道（引述别人的意见而加以纠正），竟没有想到（纠正自己原先的想法），表示转折。

（1）当我们享受着线上购物的便利时，殊不知我们的生活方式、个人偏好乃至通信地址都被大数据平台悉数掌握，无异于在各大平台上裸奔，毫无隐私可言。

（2）有人以为喝酒可以御寒，殊不知酒劲一过，更觉得冷。

（3）我以为他还在北京，殊不知上星期他就离开了。

4 无异于：强调和……没有差别，没有不同。

（1）当我们享受着线上购物的便利时，殊不知我们的生活方式、个人偏好乃至通信地址都被大数据平台悉数掌握，无异于在各大平台上裸奔，毫无隐私可言。

（2）两个人吵架的时候翻旧账，无异于火上浇油。

（3）没有目标的努力无异于在茫茫黑暗中前行。

5 毫无……可言

（1）当我们享受着线上购物的便利时，殊不知我们的生活方式、个人偏好乃至通信地址都被大数据平台悉数掌握，无异于在各大平台上裸奔，毫无隐私可言。

（2）明明已经答应的事情，现在他又反悔了，真的是毫无信用可言。

（3）我每天都是家和公司两点一线，生活毫无乐趣可言。

6 仗着……：口语表达。靠着，依靠……（多含贬义）。

（1）一些不良商家，仗着手握用户信息，不再下功夫提升服务水平，反正服务和产品再烂，都能赚得盆满钵满。

（2）这几年他仗着父亲有钱有势，消费大手大脚。

（3）他们仗着人多欺负弱小，应该受到惩罚。

7 ……，然而……非但不 / 没有……，反而……：转折复句。

（1）然而“方便”非但不是“自由”的替代品，反而可能带我们通往“自由”的反面，被消费主义绑架。

（2）我帮了他的忙，然而我帮了他，他非但不感谢我，反而责怪起我。

（3）这件事明明是他的过错，然而他非但不认错，反而把责任推给别人。

8 被……绑架：本义是用强力把人劫走，文中指行为受到胁迫、控制。

（1）然而“方便”非但不是“自由”的替代品，反而可能带我们通往“自由”的反面，被消费主义绑架。

（2）不要让文学创作被资本绑架。

（3）外卖送餐员往往被速度绑架，导致交通事故率飙升。

9 切勿：副词，一定不要，务必不要。

（1）身处互联网时代的中国人，对每条个人信息都应当重视起来，切勿放弃这个权利。

（2）年轻人切勿浪费时间，时间不等人。

（3）安全第一，请大家切勿酒后开车。

词语搭配

1 骚扰

~短信 | ~软件 | ~拦截

（1）更不要说无数骚扰电话，一张口就能准确地报上你的姓氏。

（2）随着各种平台软件的不断发展，骚扰短信的问题层出不穷。

（3）许多人因为骚扰电话不断而不胜其烦。

2 一己

~之见 | ~之私 | ~之利

（1）网速升级短短几年，我们的个人信息就像洪水一样决堤而出，外卖网站、网购平台、社交软件……到处都是防不胜防的漏洞，单凭一己之力，永远不可能堵得上。

（2）以上只是我的一己之见，欢迎大家批评指正。

（3）你怎么能为了一己之利而损害大家的利益呢？

3 让渡

~主权 | ~利益 | ~资源

（1）很多人为了便利，部分地让渡了自己的隐私权。

（2）全球化必然带来国际交往与合作，企业不可避免地需要让渡部分利益。

（3）在互联网上生存，每个举动都会生成数据，要享受更好的、更个性化的服务，就得让渡更多的个人信息。

4 悉数

~掌握 | ~到场 | ~参加 | ~上涨

（1）当我们享受着线上购物的便利时，殊不知我们的生活方式、个人偏好乃至通信地址都被大数据平台悉数掌握，无异于在各大平台上裸奔，毫无隐私可言。

（2）之所以上周股市三大指数悉数上涨，是因为周一公布了新的利好政策。

（3）六月的世界杯比赛，传统强队悉数参加，他们将为大家带来一场视觉盛宴。

5 不乏

~其例

（1）泥沙俱下之中，不乏海量的个人信息泄露。

（2）其实，实现区域合作的共同发展是不乏先例的。

（3）在众多的科学家中，自学成才的也不乏其人。

6 海量

~数据 | ~空间

（1）泥沙俱下之中，不乏海量的个人信息泄露。

（2）网络服务商在海量用户数据的保护方面缺乏足够投入。

（3）面对海量的出版物，书店和读者都难免会迷失方向。

7 渺小

生命~ | 力量~ | 声音~

（1）在它面前，任何个人的力量都是渺小的，对此制度的约束尤为必要。

（2）微生物如此渺小，以致常被人们忽视。

（3）在大自然面前，人们总是感觉自己的力量十分渺小。

8 尤为

~严重 | ~深刻 | ~重要 | ~引人注意

（1）在它面前，任何个人的力量都是渺小的，对此制度的约束尤为必要。

（2）今年遭遇了百年不遇的旱灾，西南地区尤为严重。

（3）有了技能就有了生存的根本，所以再就业培训就显得尤为重要。

成语和惯用语

1 * 瞠目结舌 chēngmù-jiéshé：瞪着眼睛说不出话来，形容受窘或惊呆了的样子。

（1）一些信息细化到令人瞠目结舌的地步。

（2）这场滑雪比赛十分惊险，看得观众瞠目结舌。

（3）一声巨响之后，在场的每个人都一副瞠目结舌的样子，弄不清楚刚刚到底发生了什么事。

2 小心翼翼 xiǎoxīn-yìyì：谨慎小心，一点不敢疏忽。

（1）大洋彼岸的老外对于隐私太小气，连问个生日、年龄、工作都得小心翼翼。

（2）老鼠小心翼翼地想走近地上的面包，小猫一叫，吓得老鼠拔腿就跑。

（3）我站在悬崖边上有点头晕，只能小心翼翼地向前走。

3 * 独善其身 dúshàn-qíshēn：意思是不得志时也要注意自身的修养。后也指只顾保持自身修养而不顾他人或全局。善，使完善。

（1）身处互联网社会中的我们，很难像过去一样，把自己包裹起来，独善其身。

（2）“穷则独善其身，达则兼济天下”，这是众多中国知识分子处世的座右铭。

（3）随着经济全球化进程的发展，一个国家很难脱离国际社会独善其身。

4 * 决堤而出 juédī'érchū：由于洪水太大，或者其他原因，水冲出大堤。常用于比喻，用于情感、泪水等突然爆发。

（1）网速升级短短几年，我们的个人信息就像洪水一样决堤而出。

（2）我们的泪水忽然决堤而出，谁能想到七年后的重逢，竟让两个男人大哭。

（3）我一直以为只要时间足够长，所有的痛苦都会渐渐淡去。然而，记忆却像洪水一样，随时会决堤而出。

5 * 防不胜防 fángbùshèngfáng：要防的事太多，防备不过来。

（1）到处都是防不胜防的漏洞，单凭一己之力，永远不可能堵得上。

（2）我已经非常小心了，还是上当了，实在是防不胜防。

（3）最可怕的是那种背后打小报告的人，让人防不胜防。

6 * 一闪而过 yīshǎn'érguò：形容匆匆而过，不经意间就过去了，速度很快。

（1）那些在屏幕上一闪而过的用户协议，会不会藏着什么陷阱呢？

（2）我们每天把一闪而过的灵感记下来，慢慢就能积累下不少素材。

（3）时间像一闪而过的流星，总是在我们不经意间悄悄溜走。

7 * 堂而皇之 táng'érhuángzhī：形容公开或不加掩饰（多含贬义）；形容体面或气派大（多含贬义）。

（1）你以为你只是开了一条小缝，但其实推开的是一扇大门，可以让他人堂而皇之地收集你的个人信息。

（2）小偷得手后，堂而皇之地从大门口走了出去。

（3）他抄袭了别人的文章，还堂而皇之地署上自己的名字拿去发表。

8 * 居心不良 jūxīn-bùliáng：**存心不善，指内心存在着恶意或阴谋。居心，存心；良，善。**

（1）近日，一些居心不良者在网上发布有偿任务。

（2）越是善良的人，越察觉不出别人的居心不良。

（3）种种迹象都可以看出他居心不良，如今就是在故意刁难我们。

9 * 前车之鉴 qiánchēzhījiàn：**前面车子翻了，后面的车子可以以此作为教训。比喻前人的失败，后人可以当作教训。鉴，镜子，可引申为警戒、教训。**

（1）有了这样的前车之鉴，用户在评价商品时，还能理直气壮地有一说一吗？

（2）他就是因经营不善而失败的，这对你来说是前车之鉴啊！

（3）有了他人的失败作为前车之鉴，我们可以少走很多弯路。

10 * 有一说一 yǒuyī-shuōyī：**有什么说什么，如实地说。**

（1）有了这样的前车之鉴，用户在评价商品时，还能理直气壮地有一说一吗？

（2）他这个人一直都是有一说一，常因为一些事情就和人争论起来了。

（3）有一说一，这件事确实是你考虑得不周全。

11 * 盆满钵满 pénmǎn-bōmǎn：**形容赚的钱很多。盆和钵均指容器。**

（1）反正服务和产品再烂，都能赚得盆满钵满。

（2）国庆黄金周一到，夫子庙商圈的商家都赚了个盆满钵满。

（3）这家公司虽然在全球市场的表现不理想，但近几年在中国却赚得盆满钵满。

12 任人宰割 rènrén-zǎigē：**比喻国家、民族或个人完全被别人控制，任凭别人压迫、奴役和残害。**

（1）可悲的是，很多用户当了任人宰割的韭菜还不自知。

（2）一旦商业巨头垄断市场势必会提高售价，到时消费者只能任人宰割。

（3）落后就要挨打，国家没有经济实力就要任人宰割。

13 * 唾手可得 tuòshǒu-kědé：**非常容易得到。唾手，往手上吐唾沫。**

（1）这种唾手可得的“方便”让我们产生了“自由”的错觉，然而“方便”非但不是“自由”的替代品，反而可能带我们通往“自由”的反面，被消费主义绑架。

（2）科学上没有唾手可得的事，任何发现都需要经过艰苦的努力。

（3）面对眼前这个唾手可得的机会，有谁能抗拒得了诱惑？

14 * 泥沙俱下 níshā-jùxià：**泥土和沙子都跟着流下来，比喻好坏不同的人或事物混杂在一起。**

（1）泥沙俱下之中，不乏海量的个人信息泄露。

（2）近几年，网络文学日渐流行，作品数量众多，但由于创作者水平不一，所以难免泥沙俱下。

（3）在市场经济还不完善的情况下，市场上免不了出现泥沙俱下的现象，只要我们加强管理，就能把假冒伪劣产品逐步消灭干净。

课后练习 趁热打铁

一、选词填空

细化　瞠目结舌　彼岸　让渡　小心翼翼　防不胜防　决堤而出　独善其身

1. 害怕吵醒入睡的孩子，张小海＿＿＿＿地上了楼。
2. 每当思念家乡时，我都会站在海边，想象着大洋＿＿＿＿的家人正在做什么。
3. 眼睁睁看到他居然把车开到人行道上，我们都＿＿＿＿。
4. 所谓投资就是＿＿＿＿资金使用权，从而获取利益的行为。
5. 目前的方案只是一个大概的设想，具体实施步骤还需要进一步＿＿＿＿。
6. 网络骗局不仅数量和种类众多，手段还越来越高明，有时候真是让人＿＿＿＿。
7. 多年感情只因她的一句话就终结了，我的悲伤就如同海水一样＿＿＿＿。
8. ＿＿＿＿也好，兼济天下也好，除了做“愤怒青年”，还应当有“奋斗青年”的理想。

二、单项选择

1. 他因这场网络暴力去世后，众多网友又对他的朋友开始了一场新的道德（　）。

A. 谩骂　B. 绑架　C. 恐吓　D. 约束

2. 我们已经掌握了关键证据，所以说话才能（　）。

A. 堂而皇之　B. 理直气壮　C. 有一说一　D. 直来直去

3. 失败并不可怕，我们应分析原因，吸取（　），以免再犯同样的错误。

A. 泥沙俱下　B. 唾手可得　C. 前车之鉴　D. 防不胜防

4. 在关键问题上，他总是说得（　）不清，大家对此都很不满意。

A. 含糊　B. 模糊　C. 糊涂　D. 马虎

5. 尽管他是这个时代的风云人物，但是从人类发展史上来看，仍然（　）得很。

A. 细微　B. 渺茫　C. 细小　D. 渺小

三、用所给的词语和句型回答问题

1. 邓玉峰从黑市购买的个人信息包括哪些内容？（……到……地步）

____

2. 我们的个人信息是如何泄露的？（殊不知）

____

3. 商家是如何利用个人信息的？（仗着……）

____

4. 让渡个人隐私真的让人们的生活更便利吗？（……，然而……非但不……，反而……）

____

四、用所给的词语填空

任人宰割　泄露　骚扰　堂而皇之　一己之力　陷阱　居心不良

大数据时代，没有人能凭借________来保全个人隐私。个人隐私数据一旦________，造成的危害往往难以想象，不可不防：当用户的隐私被让渡给________的商家，他们便会________地收集和传播用户信息，对用户进行有针对性的广告________；更可怕的是，诈骗分子非法获得隐私数据的成本越来越低，很多人因为一时疏忽，便落入诈骗分子的________，只能________。

课文二 >> 机器人医生，简直神了！

课前思考

1. 在你们国家的医疗机构中，机器诊断的使用频率如何，费用高不高？
2. 你手边使用了哪些人工智能设备？人工智能在生活中还有哪些应用？
3. 你对人工智能技术发展有没有担心？

近日，机器人医生沃森第一次在中国患者面前亮相，并为20多位患者做了义诊。沃森医生出生于2015年，年仅2岁。是拥有更强大脑的癌症专家，在印度，它为一名已经无药可救的癌症晚期患者找到了诊疗方案；在日本，它只花了10分钟就确诊了一例罕见白血病……其诊疗的速度与精准让一众医学权威甚为惊叹！

这是机器人医生沃森第一次在中国“出诊”，它作为现场5位资深人类主任医生的得力助手，全程参与了诊疗。这些人类医生分别来自肿瘤科、普外科、心胸外科等科室。这在他们的从医生涯中是破天荒的经历。

一位胃癌局部晚期患者坐到肿瘤科主任吴尘轩面前，递上自己的各种检查单据。有着多年肿瘤临床经验的吴尘轩一边思考，一边把病理数据“讲述”给电脑里的助手沃森，沃森医生“思考”了不到10秒钟，在电脑屏幕上开出了一张详细的西医诊疗方案分析单。

在这不可思议的10秒里，沃森都干了些什么呢？在患者看不见的网络时空里，它跑了趟美国，在庞大的数据库里翻阅了超过300份全球最权威的医学杂志、200余种教科书，以及1500多万页资料中的关键信息。在返回中国这位患者身边之前，它又顺便把自己的诊疗方案部分内容翻译成了中文。

“通过化疗将肿瘤缩小后再进行手术。”吴尘轩赞许地点了点头，指着电脑屏幕上分析单闪烁着的绿色条目说，“这是沃森提供给医生参考的最佳诊疗方案，跟我的判断完全一致。”这真是英雄所见略同！

神奇的是，吴尘轩依据的是自己多年临床诊断的经验，而沃森依据的是目前全球范围内对相关病例的大数据分析。与此同时，沃森还列出了详细的用药、治疗建议、参考文献全文等。也就是说，针对这个患者的具体情况，如何服药，效果怎样，风险多高，沃森都已经进行了精准评估。

短短两个小时，在沃森医生的神助力下，20多位患有胃癌、肺癌、直肠癌、结肠癌、乳腺癌和宫颈癌的患者获得了诊疗方案。与人类医生相比，沃森的反应之快令人惊叹，“大大提高了诊疗效率”。沃森的分析单中还同时标示出了橙色和红色的部分，分别代表谨慎使用和不推荐使用，吴尘轩说，“甚至能比人类医生考虑得更全面更细致，把风险降到了最低”。

事实上，这个没有生命却有着“最强大脑”的人工智能医生，是由IBM公司开发，并与美国癌症治疗领域的权威医院——纪念斯隆－凯特琳癌症中心共同倾力打造出来的，目前，在美国已通过执业医师资格评定考试，是目前国际上癌症治疗领域最先进的机器人。它们比医生还医生，有着人类大脑难以企及的学习与决策能力，其超强的记忆力和超快的反应速度，对于任何一个人类医生来说，几乎都是望尘莫及的。

随着科学技术的不断突破，沃森医生的“大脑”将愈发强大，有人担心人类医生最终会被他取而代之。但愿这只是“杞人忧天”，毕竟最先进的技术是由人类发明并造福于人类的。

（改编自《中国青年报》2017年2月10日《沃森医生来了！
——癌症患者体验机器人“出诊”10秒获得诊疗方案》，作者：胡春艳）

生词表

1. 神	shén	形	特别高超或出奇，令人惊异的；神妙：～速｜～效｜这事真是越说越～了。
2. 亮相	liàngxiàng	动	公开露面或表演：首次～。
3. *义诊	yìzhěn	动	医生无报酬地给人治病。
4. 癌症	áizhèng	名	生有恶性肿瘤的病。
5. *诊疗	zhěnliáo	动	诊断和治疗：～室｜～器械｜免费～。
6. 确诊	quèzhěn	动	做出明确的诊断：～病例｜经过检查，～为肺炎。
7. 罕见	hǎnjiàn	形	少见：～的奇迹。
8. *白血病	báixuèbìng	名	症状是白细胞异常增多，贫血，出血，脾脏肿大，眩晕等。俗称血癌。
9. *精准	jīngzhǔn	形	非常准确；精确：～判断｜～定位。
10. 权威	quánwēi	名	在某范围里最有地位的人和事物：医学～｜学术～。

11. *甚为	shènwéi	副	表示程度相当高，多用于书面语：～热情 | ～不满 | 资金～短缺。
12. 惊叹	jīngtàn	动	惊讶赞叹：令人～ | ～不已。
13. *出诊	chūzhěn	动	医生在医院或诊所为病人看病。
14. 资深	zīshēn	形	阅历丰富，资格老：～主持人 | ～经理。
15. 得力	délì	形	能干的；有才干的：～助手。
16. 肿瘤	zhǒngliú	名	机体的某一部分组织、细胞长期不正常增生所形成的新生物。对机体有危害性，可分为良性肿瘤和恶性肿瘤。也叫瘤子。
17. 心胸	xīnxiōng	名	胸部及心脏。
18. *科室	kēshì	名	企业或机关中管理部门的各科、各室的总称：～人员。
19. *从医	cóngyī	动	从事医学行业。类似表达：从商 | 从政。
20. 生涯	shēngyá	名	指从事某种活动或职业的生活：学术～ | 运动～。
21. *破天荒	pò tiānhuāng		借指事物第一次出现。
22. 局部	júbù	名	整体的一部分：～麻醉 | ～地区有阵雨。
23. 临床	línchuáng	动	医学上称医生给病人诊断和治疗疾病：～经验 | ～教学。
24. *病理	bìnglǐ	名	疾病发生发展的过程和原理。
25. 庞大	pángdà	形	形体、组织、数量或程度大，极大：～的身躯 | 开支～。
26. 数据库	shùjùkù	名	database 的中文直译，指用一定方式储存在一起，能与多个用户共享的数据集合。
27. *翻阅	fānyuè	动	翻看（书籍、文件等）：～画报 | ～书籍。
28. 顺便	shùnbiàn	副	趁做某事的方便（做另一事）。
29. *化疗	huàliáo	名	化学疗法的简称。
30. 赞许	zànxǔ	动	称赞做得好。
31. 闪烁	shǎnshuò	动	（光亮）摇晃不定，忽明忽暗：～的灯光 | 群星～。
32. *条目	tiáomù	名	按内容分的具体项目：合同～。
33. *文献	wénxiàn	名	有历史价值或参考价值的图书资料：历史～ | 科技～。
34. 标示	biāoshì	动	标明；显示：地上画了一道红线，～此处禁止通行。
35. 谨慎	jǐnshèn	形	细心慎重，注意外界环境和自己的言行：保持～ | ～处理。

36. 推荐	tuījiàn	动	把好的人或事物向人或组织介绍，希望任用或接受：～信｜～她去当教师｜向学生～优秀的文学作品。
37. *倾力	qīnglì	动	投入全部力量。
38. 打造	dǎzào	动	创造或造就。
39. 评定	píngdìng	动	经过评判或审核来决定：～职称｜～成绩。
40. *企及	qǐjí	动	盼望达到；希望赶上：难以～。
41. *记忆力	jìyìlì	名	记住事物的形象或事情的经过的能力：超强的～｜～差。
42. *愈发	yùfā	副	越发；更加：～严重｜情况～复杂。
43. 但愿	dànyuàn	动	只希望，只愿。
44. 造福	zàofú	动	（为子孙或人民）创造幸福。

【注释】

1. **神助力**：网络流行语。意思是帮助别人做到了原本很难完成，甚至是不可能完成的事情，同“神助攻”。“助攻”原指篮球比赛中帮助队友进球得分，后除了游戏、体育竞技方面可以使用之外，在生活中也可以指为他人提供了极大的帮助。

2. **最强大脑**：《最强大脑》是 2014 年江苏卫视引进的科学竞技真人秀节目。原指通过脑力竞技，挑战人类极限，决出具有超强脑力的选手。文中指的是机器人沃森和人类“最强大脑”一样具有超强的能力。

3. **执业医师资格评定考试**：行业准入考试，是评定申请医师资格者是否具备从事医师工作所必需的专业知识与技能的考试。

重点句型与词汇

1 甚为：多用于书面语。

（1）其诊疗的速度与精准让一众医学权威甚为惊叹！

（2）最初的线上购票系统并不完善，整个过程甚为复杂，十分耗时。

（3）时逢雨季，工程进展甚为缓慢，房子很可能无法按期交付。

2 顺便：趁做某事的方便（做另一事）。

（1）在返回中国这位患者身边之前，它又顺便把自己的诊疗方案部分内容翻译成了中文。

（2）你回来的时候，顺便帮我把快递拿回来吧。

（3）你订机票的时候，顺便给我也订一张往返机票吧，我想要经济舱。

3 与此同时……

（1）与此同时，沃森还列出了详细的用药、治疗建议、参考文献全文等。

（2）他乐于和中国朋友探讨问题，与此同时，也能提高自己的中文水平。

（3）上了两年的网课，他的眼睛时常有酸胀的感觉，与此同时他的视力也越来越差。

4 也就是说……：解说复句关联词。

（1）也就是说，针对这个患者的具体情况，如何服药，效果怎样，风险多高，沃森都已经进行了精准评估。

（2）蓝牙的有效传输距离为十米，也就是说，在十米范围内手机可以搜索到其他正在使用蓝牙功能的设备，并向其发送信息。

（3）我们要对市场上那些潜在的风险保持警惕，也就是说，投资时不要过分冲动。

5 短短……：指时间、距离等极短。

（1）短短两个小时，在沃森医生的神助力下，20 多位患有胃癌、肺癌、直肠癌、结肠癌、乳腺癌和宫颈癌的患者获得了诊疗方案。

（2）短短几天，活动就吸引了十几万人参与。

（3）他的脚受伤了，短短一公里，他走了一个小时。

6 N+ 之 +Adj：之，助词，构成名词性结构，做句子的主语或宾语。

（1）与人类医生相比，沃森的反应之快令人惊叹。

（2）有些动物天生就具有器官再生能力，真是世界之大令人称奇。

（3）“没有永远的朋友，只有永远的敌人。”现代商业竞争之激烈远远超出我们的想象。

7 比 N 还 / 更 N：N 有某种社会公认的特征，后者表现出比 N 更强的特点。

（1）它们比医生还医生，有着人类大脑难以企及的学习与决策能力。

（2）他这种行为简直比强盗还强盗！

（3）他的生活比和尚还和尚，非常简朴。

8 愈发：越发；更加；表示程度进一步加深。

（1）随着科学技术的不断突破，沃森医生的“大脑”将愈发强大，有人担心人类医生最终会被他取而代之。

（2）经历了重重困难与考验，他愈发坚定了心中的信念。

（3）看着那一轮明月，诗人愈发想念自己的家乡。

9 造福（于）……：为（子孙或人民）创造幸福。

（1）但愿这只是“杞人忧天”，毕竟最先进的技术是由人类发明并造福于人类的。

（2）植树造林是一件造福子孙后代的大事。

（3）一个办教育，一个修水利，都将造福于人民。

词语搭配

1 N+ 生涯

教书～ | 舞台～ | 演艺～ | 运动～ | 军旅～

（1）这在他们的从医生涯中是破天荒的经历。

（2）毕业后他参了军，开始了他的军旅生涯。

（3）在近三十年的教学生涯里，王老师一直兢兢业业。

2 从

～军 | ～医 | ～教 | ～政 | ～商

（1）这在他们的从医生涯中是破天荒的经历。

（2）她从教近半个世纪，可谓是桃李满天下。

（3）他 90 年放弃了稳定的工作，决定下海从商。

3 庞大

体型～ | 市场～ | 人口数量～ | ～开支 | ～工程

（1）在患者看不见的网络时空里，它跑了趟美国，在庞大的数据库里翻阅了超过 300 份全球最权威的医学杂志、200 余种教科书，以及 1500 多万页资料中的关键信息。

（2）医院信息化是一项庞大、复杂的系统工程，需要各个部门合力完成。

（3）冰雪旅游正在逐渐成为人们的一种生活方式，未来市场将日益庞大。

4 倾力 +V

～打造 | ～相助 | ～支持

（1）这个没有生命却有着“最强大脑”的人工智能医生，是由 IBM 公司开发，并与美国癌症治疗领域的权威医院——纪念斯隆－凯特琳癌症中心共同倾力打造出来的。

（2）市政府正在投巨资倾力打造度假旅游基础设施。

（3）这件事由于有他倾力相助，终于圆满完成。

5 打造 +N

～精品 | ～品牌 | 重金～ | ～新产品

（1）这个没有生命却有着“最强大脑”的人工智能医生，是由 IBM 公司开发，并与美国癌症治疗领域的权威医院——纪念斯隆－凯特琳癌症中心共同倾力打造出来的。

（2）这件艺术品是数十位艺术家合力打造的精品。

（3）这是我们公司重金打造的新产品。

成语和惯用语

1 * 无药可救 wúyào kějiù：没有药可以救治，比喻已经到了无法挽救的地步。

（1）沃森医生出生于 2015 年，年仅 2 岁。是拥有更强大脑的癌症专家，在印度，它为一名已经无药可救的癌症晚期患者找到了诊疗方案。

（2）这种病目前还无药可救，要想完全治愈，可以说希望渺茫。

（3）2005 年，政府赤字高达 83 万亿元，财政情况已经是无药可救了。

2 * 破天荒 pò tiānhuāng：天荒，指从来没有开垦过的土地。借指事物第一次出现。

（1）这些人类医生分别来自肿瘤科、普外科、心胸外科等科室。这在他们的从医生涯中是破天荒的经历。

（2）他是个一毛不拔的吝啬鬼，这次捐款，他竟破天荒地捐了钱。

（3）看到我的录取通知书，从不喝酒的父亲破天荒地喝了一杯。

3 不可思议 bùkě-sīyì：原为佛教用语，指不可能想象，不可能用言语表达。后来形容无法想象，很难理解。

（1）在这不可思议的 10 秒里，沃森都干了些什么呢？

（2）古埃及人到底是用什么方法建筑起金字塔的，至今仍让人觉得不可思议。

（3）他独自一人在原始森林中生活了十三年，真是不可思议。

4 * 英雄所见略同 yīngxióng suǒjiàn lüètóng：俗语。表示英雄人物的见解基本相同。常用来表达对意见相同双方的赞美。

（1）“这是沃森提供给医生参考的最佳诊疗方案，跟我的判断完全一致。”这真是英雄所见略同！

（2）咱们俩对此的看法竟然不谋而合，可见英雄所见略同。

（3）真是英雄所见略同，我也觉得这两句话不妥当。

5 取而代之 qǔ'érdàizhī：指夺取并代替别人或别的事物的位置。

（1）随着科学技术的不断突破，沃森医生的“大脑”将愈发强大，有人担心人类医生最终会被他取而代之。

（2）这家工厂经过技术改造后，许多落后工艺被淘汰，取而代之的是先进的新工艺。

（3）现在的头儿除了签字啥也不会干，大家都希望你能取而代之。

6 * 杞人忧天 qǐrén-yōutiān：一个杞国人担心天要塌下来。比喻完全不必要的或没有根据的忧虑。

（1）但愿这只是“杞人忧天”，毕竟最先进的技术是由人类发明并造福于人类的。

（2）你真是杞人忧天，我们这个地区地势高，即便下大雨，也绝不会被水淹。

（3）公司目前经营状况良好，老板都信心满满，你犯不着杞人忧天。

课后练习　趁热打铁

一、选词填空

确诊　甚为　望尘莫及　谨慎　罕见　亮相　权威　取而代之

1. 这是成都熊猫宝宝的最新照片，它们已经为十一黄金周的初次__________做好了准备。
2. 在地质博物馆中，我见到许多世间__________的奇石珍宝。
3. 老师在小学生心目中地位非常高，所以他们的一言一行都应该非常__________。
4. 经过反复的检测，他被__________为新冠阳性。
5. 电子时代，固定电话已经逐渐被淘汰，__________的是手机。
6. 很多资深 HR 认为：面试时，言行举止__________关键。
7. 怎样培养学生不惧__________，勇于表达，是现代教育讨论的核心话题。
8. 他表现得太优异了，让其余参赛者__________。

二、单项选择

1. 张大千先生在书画上的杰出成就，令人难以（　　）。

A. 权威　　B. 赞许　　C. 企及　　D. 资深

2. 在自然科学（　　），数学是最重要的基础学科。

A. 领域　　B. 界限　　C. 范围　　D. 规模

3. 团队终于突破了技术难关，新研制的无人机可以实现 GPS（　　）定位。

A. 精准　　B. 明确　　C. 精细　　D. 正确

4. 面对巨大的市场商机，一个成熟的领导者要（　　）决断，切不可冲动行事。

A. 谨慎　　B. 细致　　C. 细心　　D. 严谨

5. 他花费七年时间（　　）的新服饰品牌，一上市就受到追捧。

A. 打造　　B. 创造　　C. 制造　　D. 营造

三、用所给的词语和句型回答问题

1. 在你看来，未来哪些职业会被人工智能取代？（比 N 还 / 更 N）

____

2. 人工智能在生活中的应用有哪些？（与此同时……）

____

3. 人工智能医生和人类医生相比有哪些优势？（短短……，甚为……）

____

4. 线上教育是否能够创造新的就业机会？（愈发……）

____

四、用所给的词语填空

庞大　倾力　造福　时空　得力　识别　愈发

在医学影像诊断中，人工智能（AI）技术已成为医生的__________助手。“AI+ 医学影像”技术在一众诊疗服务中率先得到应用。随着科技的不断进步，医学影像的采集__________便利和精准，加上__________的数据库突破了__________障碍，使得医学影像处理和__________的技术逐渐成熟。未来，在企业与医院、医生的__________合作之下，“AI+ 医学影像”技术的发展必将__________更多患者。

课文三 >> 算法时代：谁是你的菜？

课前思考

1. 你觉得谈恋爱和找对象是不是一回事？
2. 你对把计算机技术应用于相亲怎么看？
3. 你怎么看待感情和婚姻中的“门当户对”？

在科技日益进步，人际交往日趋便利的当今社会，无论是偶遇，还是刻意安排，甚至是微信上的“摇一摇”，都有可能开启一段感情。但是，这些交往的打开方式对于奔着婚姻目标去的双方来说，多多少少显得有些盲目。由此导致浪漫的开始却无法带来理想的结局，于是人工智能（AI）的介入便应运而生。

借助 AI 的 DNA 相亲出现已有时日，起初的原理是确定双方组织相容性抗原的匹配度，如果这种抗原差异性大，两性之间吸引力就强，即所谓“有眼缘”；反之则弱，俗称“不来电”。

依靠技术手段，相关软件可以通过事先设计并提取的问题对双方的信息进行一番全方位的交互梳理，涉及价值观、性格、兴趣爱好、受教育程度、经济条件、家庭背景等社会性的因素。经过分析比对以确认其匹配度，甚至还会调查一些双方交往时不便提出的问题，如金钱观、消费观，是否有生育意愿之类，有效避免了双方当面谈论时的尴尬。

不论是通过收入、职业等门槛进行筛选，还是根据人们在社交软件上的性格特征来进行匹配，抑或通过照片检测技术来精准定位兴趣爱好，AI 婚恋软件能够提供的服务，或许会超出我们的想象，于是 AI 相亲便受到许多适婚人群的青睐。

日本爱媛县从 2008 年开始由志愿者组织单身青年男女联合约会（集体相亲），从 2011 年开始，他们在集体相亲活动中引入了 AI 技术，对每次集体相亲的人员进行筛选匹配，结果相亲成功率提高了 16%。

基于数据分析的“门当户对”真的可以成就一段美满的姻缘吗？

毋庸讳言，技术辅助手段的作用再大，也只能局限于“师傅领进门”，而后面的恋爱则“修行还要全靠个人”。

即便现代男女在自由恋爱的过程中长时间考察了对方，但也有可能不太了解对方的心灵深处，以及对方的原生家庭对其性格与行为的影响，因此仍有可能导致婚姻的失败。更何况冷冰冰的数据后面是一个个活生生的人，“AI 匹配相亲”试图给人们精准画像，终究也只能形似，难以神似；只能画出一个大致的轮廓，难以做到栩栩如生，入木三分。

两个人从素不相识，到逐渐相知相爱，最终进入婚姻，需要人们花费更多的心思，投入更多的精力。看似事半功倍的“AI 匹配相亲”，难免要接受线下相处的严峻考验。大数据只是提供了一个机会，一种可能。无法为爱情婚姻“打包票”，开“质保卡”。

美好的情感需要真情的付出，美满的婚姻需要诚心地经营。幸福的密码只有你自己可以设定，幸福号列车的方向盘永远由你掌握，愿你在茫茫人海中找到那个与你同行的人。

（改编自《中国新闻周刊》2019 年 8 月 7 日
《基因相亲，AI 让男女一见钟情》，作者：张田勘）

生词表

1. *算法	suànfǎ	名	互联网术语，一般指推荐算法，即通过一些数学算法，推测出用户可能喜欢的东西。
2. 日趋	rìqū	副	一天一天地走向；逐渐地：～繁荣 | ～没落。
3. *偶遇	ǒuyù	动	偶然遇到。
4. 刻意	kèyì	副	用尽心思：～打扮 | ～回避。
5. 开启	kāiqǐ	动	打开，开始：这个机器的开关可以自动～ | ～一段感情。
6. 奔	bèn	动	朝、向某个目的。
7. 多多少少	duōduōshǎoshǎo	副	多少，也许多一点，也许少一点，两种情况都有可能发生：他的话，～有点儿道理。
8. 盲目	mángmù	形	眼睛看不见东西，比喻认识不清：～追求。
9. 结局	jiéjú	名	最后的结果；最终的局面：出人意料的～ | 圆满的～。
10. 介入	jièrù	动	插进其中进行干预。
11. 时日	shírì	名	时间和日期：不计～ | 延误～；较长的时间：这项工程需要～。

12. *相容性	xiāngróngxìng	名	材料与生物体之间相互作用后产生的各种生物、物理、化学等反应的一种概念。
13. *抗原	kàngyuán	名	进入人和动物体的血液中能使血清产生抗体并与抗体发生化学反应的有机物质。
14. 匹配	pǐpèi	动	一般指配合或搭配，也指适合成为夫妻。
15. *眼缘	yǎnyuán	名	两个人在第一次见面的时候被对方的外表、气质所吸引。
16. 反之	fǎnzhī	连	与此相反；反过来说或反过来做。
17. *俗称	súchēng	动	通俗地叫作。
18. 来电	láidiàn	动	男女双方对对方有喜欢的感觉：他俩就是不～。
19. 一番	yīfān	量	用于心思、言语、过程等（数词限于一，几）：～好意 | ～话 | ～事业。
20. *提取	tíqǔ	动	提炼而取得：～观点 | ～关键词。
21. 全方位	quánfāngwèi	名	四面八方；各个方向或位置，所有的方面：～检查 | ～合作。
22. *交互	jiāohù	动	相互联系交流。
23. 梳理	shūlǐ	动	比喻对事物进行整理、分析。
24. 比对	bǐduì	动	对比分析。
25. 尴尬	gāngà	形	神色、态度不自然；处境困难或事情难处理：～局面 | ～场面。
26. 筛选	shāixuǎn	动	指通过淘汰的方法挑选：～结果 | ～节目。
27. *抑或	yìhuò	连	书面语，相当于“还是”“或者”。
28. *适婚	shìhūn	形	（年龄和身心方面）适合结婚的：～青年。
29. *青睐	qīnglài	动	用正眼相看，指喜爱或重视。青，指黑眼珠；睐，看：深受读者～。
30. 引入	yǐnrù	动	引导、引进：～话题 | ～新品种。
31. 基于	jīyú	介	根据。
32. 美满	měimǎn	形	美好圆满：～的生活 | 小两口日子过得挺～。
33. *姻缘	yīnyuán	名	婚姻的缘分：美满的～ | 结～ | 求～。
34. 局限	júxiàn	动	限制在某个范围内：～性 | 他的报告不～于教学法问题。
35. 即便	jíbiàn	连	即使。
36. *活生生	huóshēngshēng	形	实际生活中的；发生在眼前的。
37. *形似	xíngsì	动	形式、外表上相像。

38. *神似	shénsì	动	神态相似，极相似。
39. 轮廓	lúnkuò	名	物体的外形或大致的样貌。
40. 看似	kànsì	动	从表面看着好像：这件事～容易，做起来难。
41. 严峻	yánjùn	形	严厉；严重：～的考验|形势～。
42. *包票	bāopiào	名	估计事情有绝对的把握时，说可以打包票。
43. *质保卡	zhìbǎokǎ	名	产品质量保证的证明文件。
44. *诚心	chéngxīn	形	诚恳：我们～向您求教。
45. 设定	shèdìng	动	设置确定；拟定：～指标|～空调自动关机时间。
46. 方向盘	fāngxiàngpán	名	汽车、轮船等的操纵行驶方向的轮状装置。

【注释】

1. **“摇一摇”**：微信推出的一个随机交友应用，通过摇手机或点击按钮模拟摇一摇，可以匹配到同一时段触发该功能的微信用户。通过“摇一摇”功能可以与陌生人相识。

2. **抗原**：指能进入人体，刺激人体产生抗体的物质。组织相容性抗原是器官移植时引发排斥反应的抗原，是受者接受移植器官的能力。亲缘关系越近，相容性程度就越高，移植成功率也就越高，若组织型不相容则产生排异反应。

3. **原生家庭**：原生家庭是一个社会学概念。是指儿女还未成婚，仍与父母生活在一起的家庭。新生家庭就是夫妻双方组成的家庭，这样的家庭不包括夫妻双方的父母。原生家庭和新生家庭是一组相对的概念。原生家庭的气氛，传统习惯，子女在家庭角色上的学效对象，家人互动的关系等，都影响子女日后在自己新家庭中的表现。人要认识自己原生家庭的影响，才不致将原生家庭一些负面的因素带到新家庭去。

重点句型与词汇

1 日趋

（1）在科技日益进步，人际交往日趋便利的当今社会，无论是偶遇，还是刻意安排，甚至是微信上的“摇一摇”，都有可能开启一段感情。

（2）这篇作品是作者在创作上日趋成熟的标志。

（3）全球环境污染日趋严重，保护环境刻不容缓。

2 奔着：朝、向着某个方向，以……为目标。

（1）这些交往的打开方式对于奔着婚姻目标去的双方来说，多多少少显得有些盲目。

（2）我一直知道自己要做什么，奔着目标而去，就不会受到周围的干扰。

（3）很多买彩票的人都是奔着大奖去的，但却往往空手而归。

3 多多少少：多少的重叠形式，稍微。经常和“有些”“有点儿”搭配。

（1）这些交往的打开方式对于奔着婚姻目标去的双方来说，多多少少显得有些盲目。

（2）每个人都多多少少会有点惰性，但是我们不能放纵自己，要随时保持自律。

（3）每个人的性格多多少少都会受到本国文化潜移默化的影响。

4 起初：最开始的时候，一开始。

（1）借助 AI 的 DNA 相亲出现已有时日，起初的原理是确定双方组织相容性抗原的匹配度。

（2）在这场比赛中，我们队起初连连丢球，但后来改变了战术，终于击败了对方。

（3）起初我还以为他性格腼腆，后来才发觉他只是有点慢热。

5 反之：连词。

（1）如果这种抗原差异性大，两性之间吸引力就强，即所谓“有眼缘”；反之则弱，俗称“不来电”。

（2）对未来有规划，人就有前进动力；反之，便会觉得迷茫。

（3）市场经济中，货物稀少，价格就会上涨；反之，货源充足，价格则会下降。

6 抑或：连词，用于疑问句，表示猜测。

（1）不论是通过收入、职业等门槛进行筛选，还是根据人们在社交软件上的性格特征来进行匹配，抑或通过照片检测技术来精准定位兴趣爱好，AI 婚恋软件能够提供的服务，或许会超出我们的想象，于是 AI 相亲便受到许多适婚人群的青睐。

（2）无论是在法律层面抑或现实层面，个人信息安全已经成为亟待解决的社会问题。

（3）一时间，各种情感一齐涌上他的心头，说不清是震惊，还是喜悦，抑或是害怕。

7 基于：介词，有“在……基础上”的意思。

（1）基于数据分析的“门当户对”真的可以成就一段美满的姻缘吗？

（2）基于这些现状，我们制定了新的对策。

（3）基于以上理由，我无法赞成你的决定。

8 即便……也……：让步假设，引出的情况是不可能实现的。

（1）即便现代男女在自由恋爱的过程中长时间考察了对方，但也有可能不太了解对方的心灵深处，以及对方的原生家庭对其性格与行为的影响，因此仍有可能导致婚姻的失败。

（2）别说中学生了，即便是生物老师，也说不出这种植物的名字。

（3）即便是富裕家庭，也经不住她这么花钱，更不用说工薪家庭了。

9 何况：连词，表示递进，多含反问意味。

（1）更何况冷冰冰的数据后面是一个个活生生的人。

（2）学习本国的语言都不容易，何况同时学习几门外语呢？

（3）“人非圣贤，孰能无过”，何况他还年轻，犯点错是难免的。

10 看似

（1）看似事半功倍的“AI 匹配相亲”，难免要接受线下相处的严峻考验。

（2）邻居之间的小矛盾看似小事，积累多了也会引发大问题。

（3）在生活中，我们一句看似平常的问候，都可能会给别人带来温暖和感动。

词语搭配

1 刻意

～追求｜～模仿｜～制造｜～安排｜～回避

（1）无论是偶遇，还是刻意安排，甚至是微信上的“摇一摇”，都有可能开启一段感情。

（2）许多事情并不需要刻意追求，顺其自然也可能取得好的结果。

（3）有了误会之后，两个人总是刻意回避与对方见面。

2 介入

警方～｜政府～｜～方式｜～程度

（1）于是人工智能（AI）的介入便应运而生。

（2）目前，政府有关部门已经积极介入，争取早日解决老旧小区停车难问题。

（3）近期当地发生多起网络诈骗案件，警方已经介入调查。

3 一番

下～功夫｜干～事业｜有～作为｜取得～成绩

（1）依靠技术手段，相关软件可以通过事先设计并提取的问题对双方的信息进行一番全方位的交互梳理，涉及价值观、性格、兴趣爱好、受教育程度、经济条件、家庭背景等社会性的因素。

（2）青年人要想干一番轰轰烈烈的事业，少不了拼搏精神。

（3）要学习戏剧，打基础的阶段是需要下一番苦功夫的。

4 全方位

～合作｜～检查｜～服务

（1）依靠技术手段，相关软件可以通过事先设计并提取的问题对双方的信息进行一番全方位的交互梳理，涉及价值观、性格、兴趣爱好、受教育程度、经济条件、家庭背景等社会性的因素。

（2）EMS 努力为客户提供全方位的物流服务，推出了特快、普快、信件、生鲜等多种业务。

（3）公司宗旨是提供优质产品和最佳服务，全方位满足市场需求。

5 梳理

仔细～｜全面～｜～脉络｜～思绪

（1）依靠技术手段，相关软件可以通过事先设计并提取的问题对双方的信息进行一番全方位的交互梳理，涉及价值观、性格、兴趣爱好、受教育程度、经济条件、家庭背景等社会性的因素。

（2）公司打算重新梳理、整合各部门的管理职能，以提质增效。

（3）这本书对鲁迅先生 1923—1936 年的作品进行了全面梳理。

6 筛选

~参赛队员 | ~人才 | 精心~

（1）不论是通过收入、职业等门槛进行筛选，还是根据人们在社交软件上的性格特征来进行匹配。

（2）我们这样层层筛选、考察，就是为了最终能招聘到有真才实学的人。

（3）目前在训练的这些运动员，都是各地精心筛选并推荐到我们运动队的。

7 引入

~市场 | ~轨道 | ~歧途 | ~误区

（1）从 2011 年开始，他们在集体相亲活动中引入了 AI 技术，对每次集体相亲的人员进行筛选匹配，结果相亲成功率提高了 16%。

（2）这款产品刚引入中国市场时销量一直上不去，现在已经成了抢手货。

（3）对网络资讯，我们需要有一些分辨力，不然很可能被不良信息引入歧途。

8 严峻

~挑战 | 形势~ | ~的神情 | ~的目光

（1）看似事半功倍的"AI 匹配相亲"，难免要接受线下相处的严峻考验。

（2）本届奥运会，首轮比赛就与强手美国队相遇，中国女排面临严峻的考验。

（3）市场形势变得越来越严峻，我们要早做准备。

成语和惯用语

1 * 应运而生 yìngyùn'érshēng：原指顺应天命而产生，后泛指顺应某种时机、条件、需要等而产生。

（1）由此导致浪漫的开始却无法带来理想的结局，于是人工智能（AI）的介入便应运而生。

（2）眼下环境保护备受关注，不少环保的公益广告应运而生。

（3）随着互联网的普及，线上教育应运而生。

2 门当户对 méndāng-hùduì：指男女双方家庭的身份地位和经济状况相当。

（1）基于数据分析的"门当户对"真的可以成就一段美满的姻缘吗？

（2）时下的门当户对不单指经济收入、社会阶层，更包括了学历、性格等因素。

（3）这两家门当户对，他们两个人结婚再合适不过了。

3 * 毋庸讳言 wúyōnghuìyán：指用不着隐讳，可以直说的内容。毋庸，不用。

（1）毋庸讳言，技术辅助手段的作用再大，也只能局限于"师傅领进门"，而后面的恋爱则"修行还要全靠个人"。

（2）我们的管理确实有需要改进的地方，这是毋庸讳言的事实。

（3）毋庸讳言，家庭教育是学校教育和社会教育的基础。

4 * 师傅领进门，修行靠个人 shīfu lǐng jìnmén，xiūxíng kào gèrén：俗语，指师傅或老师只起着引导

作用，学业或技艺上的钻研与提高，还得靠学习者自身的努力。

（1）毋庸讳言，技术辅助手段的作用再大，也只能局限于“师傅领进门”，而后面的恋爱则“修行还要全靠个人”。

（2）学生的未来如何，能否取得辉煌的成就，除了“师傅领进门”之外，更多的则是“修行靠个人”了。

（3）当然，“师傅领进门，修行靠个人”，老师的理论传授给你了，怎么运用就看你自己了。

5 * 栩栩如生 xǔxǔ-rúshēng：指艺术形象非常逼真，如同活的一样。

（1）更何况冷冰冰的数据后面是一个个活生生的人，“AI 匹配相亲”试图给人们精准画像，终究也只能形似，难以神似；只能画出一个大致的轮廓，难以做到栩栩如生，入木三分。

（2）他先用木头刻出小鸟的外形，然后再一步一步地补充细节，几刀下来就栩栩如生了。

（3）齐白石画的小鱼小虾，生动活泼，栩栩如生。

6 * 入木三分 rùmù-sānfēn：形容书法极有笔力。现多比喻见解独到、分析问题很深刻。

（1）更何况冷冰冰的数据后面是一个个活生生的人，“AI 匹配相亲”试图给人们精准画像，终究也只能形似，难以神似；只能画出一个大致的轮廓，难以做到栩栩如生，入木三分。

（2）这个演员把角色演得入木三分，给观众们留下了深刻的印象。

（3）他虽然只说了短短几句话，但入木三分地分析了当前形势。

7 素不相识 sùbùxiāngshí：从来不认识。素，平时；识，认识，了解。

（1）两个人从素不相识，到逐渐相知相爱，最终进入婚姻，需要人们花费更多的心思，投入更多的精力。

（2）虽然我俩素不相识，可谈起话来却很投机。

（3）在我摔伤后，一些素不相识的人把我送到了医院，我打心里感谢他们。

8 * 事半功倍 shìbàn-gōngbèi：只用一半的措施，而收到加倍的功效。形容费力小而收效大。

（1）看似事半功倍的“AI 匹配相亲”，难免要接受线下相处的严峻考验。

（2）工作中，细节处理上多用些心，往往事半功倍。

（3）阅读、写作能力在小学阶段培养是事半功倍的，因为青少年更容易受到书中语言的影响。

9 * 打包票 dǎ bāopiào：估计事有绝对的把握时，说可以打包票。包票，保单的旧称。

（1）大数据只是提供了一个机会，一种可能。无法为爱情婚姻“打包票”，开“质保卡”。

（2）他一定能按时完成任务，我敢打包票。

（3）谁也不知道你俩的婚事能不能成，这我可不能给你打包票。

10 * 茫茫人海 mángmáng rénhǎi：像大海一样的人群，形容人很多。

（1）幸福的密码只有你自己可以设定，幸福号列车的方向盘永远由你掌握，愿你在茫茫人海中找到那个与你同行的人。

（2）茫茫人海之中，要找到一个不知姓名、地址的人无异于大海捞针。

（3）我是如此的幸运，竟然能够在茫茫人海中遇到你。

课后练习 趁热打铁

一、选词填空

栩栩如生 筛选 一番 事半功倍 入木三分

1. 他的眼光非常独到，无论分析什么事情都__________。
2. “台上一分钟，台下十年功。”学京剧他是下了__________苦功夫的。
3. 他学画才一年多，进步神速，你看这金鱼画得真是__________。
4. 我们在学习中要善于摸索规律，这样才能收到__________的效果。
5. 竞争就是企业要经过市场的__________，适合的才能生存下来。

二、单项选择

1. 人的一生不可能总是一帆风顺，我们都难免会经历生活的（　）考验。

A. 严厉　B. 严峻　C. 严格　D. 严肃

2. 发现问题之后，我们要进行系统（　）和深入分析，进而有针对性地提出整改意见。

A. 疏通　B. 整理　C. 梳理　D. 清理

3. 在学习中，老师要引导学生开动脑筋、举一反三，这样才能收到（　）的效果。

A. 栩栩如生　B. 事半功倍　C. 入木三分　D. 应运而生

4. 她总是（　）地去模仿别人，结果失去了自己的特色，人也越来越焦虑。

A. 在意　B. 随意　C. 故意　D. 刻意

5. 不要（　）这两家公司的冲突，否则它会给你带来不必要的麻烦。

A. 进入　B. 走入　C. 介入　D. 步入

6. 人类的祖先学会制造使用铁器，这（　）了文明的新时代。

A. 开启　B. 启发　C. 启动　D. 发动

三、用所给的词语回答问题

1. 人工智能为什么会介入感情？（奔着）

____

2. 什么叫“不来电”？（有眼缘）

____

3. “门当户对”可以促成美满姻缘吗？（反之）

____

4. AI 匹配技术可以为婚姻“打包票”吗？（看似）

____

四、用所给的词语填空

素不相识　毋庸讳言　筛选　刻意　基于　设定

__________，AI 相亲技术辅助手段的作用只限于“师傅领进门”，两个__________的人因为一段感情最终走到一起，是__________双方有着诸多的共识、相对匹配的性格与共同的生活目标。而 AI 相亲的逻辑恰恰相反，如果事先通过__________收入、职业等门槛来进行__________，同时在交往的过程中__________掩饰自身的不足，注定无法带来圆满的结局。

单元练习　学以致用

一、新闻报告

（一）

数据安全领域最近问题频发：先是滴滴被曝强制向用户调取通讯录等多项隐私权限；随后，华住集团被曝有 5 亿条数据在暗网兜售；紧接着，快递巨头顺丰的 3 亿条数据疑似泄露……接二连三的数据泄露事件，让用户隐私保护问题再次被推上风口浪尖。

请上网查一下相关的新闻，并介绍给同学们：

报告中可以包括以下内容：

（1）个人信息可能通过哪些途径泄露？

（2）人们对于信息泄露的态度是怎样的？

（3）打击网络信息安全犯罪难在哪里？

（4）请简单描述你了解到的信息泄露事件。

（二）

人工智能所引发的科技浪潮席卷了各个行业，相关技术渗透到多个领域。连作为“人类智慧的最后堡垒”的围棋，近年来也屡屡被人工智能机器人所攻破，这不禁让人发出了“机器人越来越像人”的惊叹！事实上，越来越多的传统工作岗位正在被机器人替代，原本就十分严峻的就业环境面临更大的挑战，下一个失业的可能会是我们所在的行业吗？请在网上搜索相关新闻，并介绍给同学们：

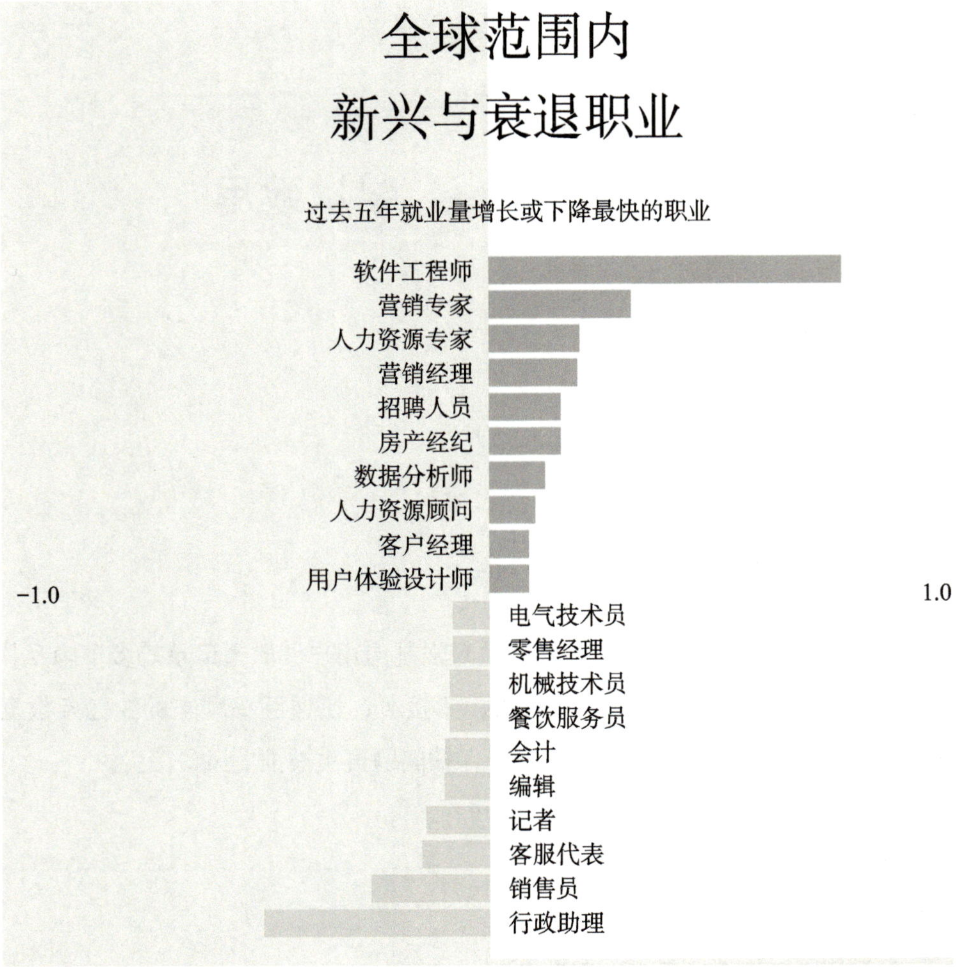

注：通过追踪过去5年每种职业的雇佣数量占领英平台雇佣总量的比例，从而确定新兴与衰退的职业，以及相关的职业变化指数。雇佣信息的收集是基于领英会员档案的职位变动。变化指数为正时表明该职业的整体雇佣比例在逐月上升，为负时表明逐月下降。

（来源：新华网 2018 年 9 月 19 日《人工智能对当前职业的影响》）

报告中可以包括以下内容：

（1）你们认为还有哪些行业可能会被人工智能取代？哪些不会？它们各有什么特点？

（2）你们觉得“人工智能”会对我们未来的职业发展带来什么积极影响或消极影响？

（3）面对人工智能的影响，如何避免失业并保持竞争力？

二、明察暗访

（一）

请设计一份问卷，请他们谈谈对应用程序（APP）获取个人隐私数据的看法，在下次课上，汇报你的结果。

问题参考：

（1）你在安装 APP 时是否会阅读用户协议或授权协议？为什么？

（2）你是否觉得 APP 获取了过多的权限？

（3）你是否感到自己在 APP 上的一些数据被泄露给了第三方？

（4）你觉得 APP 要求获得的权限主要有哪些？

（5）有些 APP 如果不授权便不能使用，对此你怎么看？

（6）谈一谈在大数据时代，个人隐私泄露可能会带来哪些弊端或危害。

（二）

近几年，随着网络的发展，人们在生活上享受到极大的便利，但同时信息隐私泄露事件却越来越多。据第 44 次《中国互联网发展状况统计报告》显示，44.4% 的网民会遭遇网络安全问题……

请上网收集相关资料，向人们宣传隐私保护的重要性和隐私保护的方法。

参考视频：《信息时代保护好个人隐私》

问题参考：

（1）如何理性看待大数据对于个人信息的收集？相关机构收集个人信息是否有好处？

（2）如果让你向大家宣传隐私保护的重要性，你打算怎么宣传？

（3）隐私保护的方法有哪些？

（三）

你对靠 AI 人工智能“找对象”怎么看？请采访几个朋友，请他们谈谈对你设计的问卷中问题的看法，可以参考下面的采访问题和问卷表格，在下次课上，汇报采访结果。

问题参考：

（1）你觉得通过 AI 匹配和亲朋好友介绍，哪种更可靠？

（2）有人认为“AI 匹配相亲更容易为我们找到门当户对的合适伴侣”，你同意吗？

（3）你对大数据相亲有担忧吗？

问题	是	否
1. 我看好大数据“找对象”。		
2. 如果我是适婚年龄的单身青年，我有兴趣使用大数据“找对象”。		
3. 大数据婚恋交友平台采集用户数据要提前告知。		
4. 大数据能很好地解决诉求模糊的问题。（如有些年轻人不知道自己心仪的对象是什么样的，大数据能很好地处理这个问题）		
5. 能帮助没时间的人脱单。		
6. 能提供更多的交友渠道。		
7. 能摆脱人际交往和地区限制。		
8. 能达到高效速配。		
9. 为单身青年交友开辟了新的途径。		
10. 利用算法筛选让相亲智能化。		
11. 有利于客观理性筛选伴侣。		
12. 匹配效果有待观望。		
13. 匹配效果如何关键要看所收集的信息是否真实。		
14. 存在用户个人隐私泄露风险。		

三、众说纷纭

（一） 个人隐私的边界

以下哪些行为在你们的文化看来是“侵犯个人隐私”的？你们还能想到社会上的哪些行为侵犯了你的个人隐私？各个国家对于个人隐私的态度和界定范围有何不同？

（1）公司监控员工的办公电脑，比如浏览的网址页面、是在工作还是摸鱼、部分网站的账号密码输入过程等；

（2）邻居在楼层公共区域内安装摄像头；

（3）长辈问你的年龄、婚姻状况、工作、收入等；

（4）某些网站为了给用户提供更好的服务，过度收集个人信息；

（5）网购商家用你的买家秀图片做宣传；

（6）偷拍曝光明星隐私、行踪、照片；

（7）未经允许公开私人聊天记录及共享的照片……

（二） 要隐私还是便利?

1. 一些电商会根据客户表现出的喜好或者购买记录等数据来调整页面广告，精准推荐购物。有人认为这是大数据发展的大势所趋，便利了商家和消费者，提高买卖效率，应该鼓励。但也有人认为这种行为未经用户许可，窥探用户隐私，容易造成隐私泄露，应该抵制。对此你怎么看?

2. “20—30 岁、瓜子脸、白皮肤、长发……喜好荤品牛羊肉、海鲜……”，近日海底捞给客户“打标签”冲上热搜，曝光图片显示，海底捞会员系统中会对顾客进行信息备注，包括年龄、身高、体貌特征、个人喜好和个性化需求等信息，引发网友广泛议论。对此海底捞回应，有个性化备注才有个性化服务。对此你怎么看?

参考文章:《海底捞回应顾客备注，有个性化备注才有个性化服务》

（三） 机器人医生

据福布斯和财富网站预测，到 2025 年，机器人医生将遍及美国 90% 的医院，取代目前人类医生 80% 的工作。如此看来，机器人医生将以迅雷不及掩耳之势“攻占”医院。对此，你有什么看法? 关于机器人看病的现状，你们国家是什么情况?

情景一

这几天，你身体很不舒服，担心健康出了问题，便去医院检查。你拿着验血报告去找医生分析，推开诊室门，迎面走来的是一个机器人。你会放心让一个机器人给你看病吗? 此时你会怎么想? 怎么做?

情景二

如果你的身体里长了一个肿瘤，即将为你做手术的是一个机器人医生，你能接受吗? 你愿意将自己的健康甚至是生命交给机器人医生吗? 为什么?

情景三

某研究表明，目前机器人医生的诊断正确率已超越人类医生。如果你去看病，机器人医生给出的诊断结果和人类医生的完全相反，你会相信谁的?

（四） AI 能促成完美婚姻吗?

1. 如果 AI 婚配软件给你匹配了一个最理想的伴侣，但是你们谈了一段时间后分手了，接下来你会选择找排行榜上第二个适合做你伴侣的人吗? 为什么?

2. 如果你使用 AI 婚配软件，会不会为了结识理想型伴侣而美化自己的人设? （比如在个人卫生、家务分配、人生选择等方面美化自己）

3. 如果你在相亲时，一眼看中的心动女生和 AI 给你推荐的完美对象不同，你会如何选择？

四、针锋相对

（一）

日前，《新京报》随机采访了 30 名手机用户，询问其是否愿意对 APP 开放自己的隐私权限。结果显示：有 15 名用户明确表示不愿意使用隐私换取便捷；有 10 名用户认为使用隐私换取便捷需要“视情况而定”。其中，3 名用户认为，如果是微信等较为普遍的 APP，会给予自己的隐私权限；7 名用户表示，是否为 APP 开通隐私权限，要看实际情况；另有 5 名用户表示“会使用隐私换取便捷”。

辩论题：普通人重视隐私权限是小题大做吗？

（备用辩题：你又不是名人，有啥好隐的？）

（二）

某明星在“知网事件”之前一直都是高学历的人设，但直播中的无心之言却暴露了他学术造假的污点，公众人物因为其职业的特殊性，会有较少的私人空间，而且有人认为他们具有公共效应，应该履行被监督的义务。也有人认为公众人物也是公民，不应该被侵犯权利。对此，你怎么看？

辩论题：名人隐私权该不该受保护？

（三）

伴随着近些年人工智能技术的兴起，智能科技为人类生活带来众多便利，但同时也有人担心，机器将可能以不断加快的速度重新设计自己，而人类则受制于生物进化速度，无法与其竞争，最终将被超越。AI 给我们提供了生活的便利，将我们从辛劳中解放出来。却也会导致千万人失业，甚至会给人类文明带来巨大威胁。

辩论题：人工智能对人类来说，是利大于弊还是弊大于利？

（四）

爱人离世，也就意味着那个承载着你喜怒哀乐的人离你远去，你再也无法从他 / 她身上获取温暖，寻求依靠。那这个时候，如果有一个芯片，它记载着你爱人所有的记忆与感情，也记录了你们的所有青春，你会让 AI 承载你爱人的记忆继续陪你走下去吗？

辩论题：当爱人离世之后，你是否会把他 / 她的记忆交给 AI？

五、妙笔生花

（一）　人工智能将走向何方

如今，人工智能的影视剧大热，《西部世界》《超能陆战队》《我的机器人女友》《人工智能》大多都是人们熟悉的作品。

迪士尼动画《超能陆战队》中俘获了无数少女心的“大白”，被设定为一台医疗机器人，在用户受伤之后启动，了解病人病情后自动匹配治疗方案。有人说，假如家家户户都配一个暖心“大白”，医患问题早就解决了。

有的则陷入对“假如机器人有灵魂”的思考，比如《西部世界》探讨了如果机器人有了自主意识，那它们还会接受人类的差遣吗？

科技发展带来的可能是惊喜和便利，也有可能是纠结和担忧，人工智能会将我们引向何方？请写一篇文章，题目自拟，不少于 800 字。

动笔之前，可以思考讨论以下问题：

（1）人工智能时代的“人机关系”如何？

（2）人工智能发展可能会带来何种挑战？

（3）如何为智能社会划出法律和伦理道德的边界？

（4）反思人类的特点和优势（价值观、审美、学习力、道德、同情心……）

（二）　作者是如何正反论证的？

在讨论一个具有争议性的话题时，往往需要正反分析各方不同的看法，在此基础上阐释自己的观点和态度。

从语篇结构上看，阐述正反两方意见一般可分为四步：

第一步　说明话题背景，引出问题；

第二步　阐述一种看法，给出理由或者举例说明；

第三步　设问，过渡到相反观点的阐述，给出理由或者举例说明；

第四步　总结全文，可以权衡正反两方观点并保持中立，也可以表明自己对其中一方观点的支持。

梳理课文结构，可以看到作者如何阐述了正反两种意见。

说明话题背景，引出问题	盲目的浪漫无法带来理想的结局，AI 的介入便应运而生。 借助 AI 的 DNA 相亲，原理是……
正面阐述	依靠技术手段对双方的信息进行一番全方位的交互梳理，……调查一些……的问题，有效避免双方尴尬。 AI 相亲受到许多适婚人群的青睐。 集体相亲活动中引入 AI，相亲成功率提高了 16%。
设问，过渡段落	基于数据分析的“门当户对”真的可以成就一段美满的姻缘吗？ 毋庸讳言，……也只能局限于“师傅领进门”………“修行还要全靠个人”。
反面阐述	冷冰冰的数据后面是一个个活生生的人。 画像终究也只能形似难以神似。 难免要接受线下相处的考验。
结论	大数据只是提供了一个机会，一种可能，但无法为爱情婚姻“打包票”，开“质保卡”。

练习

众所周知，教育很重要的一点就是训练记忆力，强调记忆的重要性。然而现在也有人认为：必应（BING），谷歌（Google），百度等搜索引擎既可以快速得到诸如“美国第一任总统是谁”“汉朝第四个皇帝是谁”等可靠而快速的事实性信息，网络百科全书也可以为人们提供较为权威的科学知识入门介绍，人类似乎没有必要记住它们了，你觉得，AI 时代，人类还需要大量记忆知识吗？请写一篇文章，不少于 800 字。

写作题目：AI 时代，人类还需要记忆大量的知识吗？

第四单元 家庭篇

课文一 对家暴必须“零容忍”

课前思考

1. 你接触过家暴的相关案例吗？
2. 你觉得什么样的行为算家暴？
3. 你觉得家暴会对一个家庭产生什么危害？

近年来，一些恶性家暴事件时有发生，牵动着社会公众的心。家庭暴力，挑战道德和文明的底线，让许多家庭因此坠入深渊。

“我被家暴了，过去的半年我仿佛活在噩梦里，关于家暴的这一切，我必须说出来！”在联合国确立的“国际消除家庭暴力日”当天，一名博主发布的一段视频登上了热搜榜。视频中，该博主讲述了自己恋爱一年来五次被家暴的经历，并附上了在电梯间里面遭到殴打的影像记录。

“姐姐告他！不能忍！”网友的声援不少，但也有人问，第一次被打为什么不分手呢？事实上，亲密关系中，很难做到如此理性的决断，毕竟人都有弱点，心软和宽容之间并没有特别明确的界线。现实中家庭暴力的存在有着复杂的原因，这背后往往是不平等的社会经济关系，比方说老人因为年迈离不开子女的赡养与照顾，一些妻子由于全身心投入家庭使得育娃需要依赖丈夫的收入，孩子们也因为幼小需要父母长辈提供养育资源，在这些情况下，受害者往往难以“直起腰杆”，理直气壮地寻求法律的保护，维护自己的合法权益。

在舆论的关注下，施暴者已被当地警方行政拘留二十日，并被处以罚款。当地法院也对该博主发出人身安全保护令。相比之下，对那些没有关注度甚至没有收入的家暴受害者来说，如何摆脱施暴者的毒手，走出家庭暴力的阴影，依然是不得不正视的社会问题。据统计，我国有24.7%的家庭存在不同形式的家庭暴力，绝大多数受害者为妇女、儿童、老人等，妇联系统每年受理4万到5万件家暴投诉。数字背后是一个个生活在暴力阴影下的受害者，和一个个令人唏嘘的家庭悲剧，而如此恶劣的原生家庭对下一代来说更是后患无穷。

对弱者最有力的支持便是法律。2016年3月1日，《反家庭暴力法》正式施行，打通了公权力干预家庭暴力的渠道，强调了对家暴“零容忍”的原则，进而向社会阐明：家庭暴力不是个人私事而是社会公害；不是一般的家庭纠纷，而是违法犯罪，是对家庭成员权利极为严重的侵犯。

调查显示，女性被家暴35次之后，才会选择报警，报警率不到10%，这是因为在很多人的意识中“家丑不可外扬”，她们宁愿忍气吞声，也不会公之于众。当然，不少地方“清官难断家务事”的传统观念根深蒂固。此外，救济渠道不通畅，对家暴受害者的求助不能给予及时有效的反馈与干预，这些都是造成“沉默的大多数”的原因。

对家暴沉默的旁观者看似无辜，实则纵容犯罪，不再沉默是必须迈出的第一步。在这起事件中令人感动的是，施暴者的两位前妻、两位朋友和一位学生也为受害者发了声。这位勇敢的女学生在镜头中说：“我不能再装聋作哑……受害者保持沉默，周围的人熟视无睹，就是助长了这种人的暴行，受害者及时报警才是正确的应对。”不过，面对施暴者的威胁，谁来保护站出来的人？如何让施暴者得到应有的惩罚？首先家暴目击者进行力所能及的劝阻或者及时报案，帮助受害者打破沉默，形成对家暴“零容忍”的社会氛围；同时，加大对于受害者的舆论支持、提供法律帮助以及开展及时的心理疏导等也是非常必要的。只有进一步加大法律制度的保障，降低受害者的维权成本，凝聚更广泛的社会共识，在机制上形成合力，才能筑起反对家庭暴力的坚固防线。

（改编自《人民日报》2019年12月2日

《反家暴尤需打破沉默》，作者：程晨）

生词表

1. *家暴	jiābào	名	家庭暴力。
2. 容忍	róngrěn	动	宽容忍耐。
3. *牵动	qiāndòng	动	某事让人的思想、感情发生变化，往往会引发担忧：～社会公众的心 | ～亿万人民的心。
4. 底线	dǐxiàn	名	最低的条件、标准、限度：挑战道德 / 文明的～。
5. *坠入	zhuìrù	动	深深地陷入某种境地里面，没办法出来：～深渊 | ～爱河。
6. *深渊	shēnyuān	名	很深的水潭。比喻危险或困苦的境地。
7. *噩梦	èmèng	名	可怕的梦。
8. 该	gāi	代	指上文说过的人或事物，相当于“这个”（多用于公文）。
9. *博主	bózhǔ	名	网络流行词，博主就是博客的主人，现多指微博的主人，简称博主。
10. 附	fù	动	附带：～照片一张。
11. *声援	shēngyuán	动	公开发表声明，给予支持。
12. *决断	juéduàn	动	拿主意；做决定。
13. 弱点	ruòdiǎn	名	不足的地方；力量薄弱的方面。
14. 界线	jièxiàn	名	两个地区分界的线；不同事物的分界。
15. 赡养	shànyǎng	动	成年子女对父母或晚辈对长辈在物质上帮助和生活上照顾。
16. 舆论	yúlùn	名	公众的言论：社会～ | 国际～。
17. *施暴	shībào	动	采取暴力行动。
18. *行政拘留	xíngzhèng jūliú	名	公安机关依法对违反行政管理秩序的公民采取限制其人身自由的惩罚措施。
19. 人身	rénshēn	名	指个人的生命、健康、行动、名誉等（着眼于保护或损害）：～自由。
20. 正视	zhèngshì	动	用正眼看；用严肃认真的态度对待，不躲避，不敷衍：～现实。
21. 受理	shòulǐ	动	接受办理：～速递业务。
22. *唏嘘	xīxū	动	叹息。
23. 恶劣	èliè	形	很坏：品行～ | 环境～。
24. 施行	shīxíng	动	法令、规章等公布后从某时起发生效力。

25. *公权力	gōngquánlì	名	国家权力或公共权力的总称，如立法权、行政权、军事权等：防止滥用～。也说公权。
26. 进而	jìn'ér	连	表示在已有的基础上进一步。
27. *阐明	chǎnmíng	动	讲明白（道理）。
28. *公害	gōnghài	名	泛指对公众有害的事物：赌博是一大～。
29. 极为	jíwéi	副	表示程度达到极点：～不满。
30. 宁愿	nìngyuàn	副	宁可。两者相较，只选取某一方，放弃另一方。
31. 救济	jiùjì	动	用金钱或物资帮助灾区或生活困难的人。
32. 通畅	tōngchàng	形	无阻碍地通行或通过。
33. 反馈	fǎnkuì	动	（信息、反映等）返回：市场销售的信息不断～到工厂。
34. 无辜	wúgū	形	没有罪：事实证明那个人是～的。
35. 纵容	zòngróng	动	对错误行为不加制止，任其发展。
36. *迈出	màichū	动	跨出。
37. 起	qǐ	量	件；次：一～事故。
38. 劝阻	quànzǔ	动	劝人不要做某事或进行某种活动。
39. *报案	bào'àn	动	把违法犯罪，危害社会治安的事件报告给公安或司法机关。
40. 疏导	shūdǎo	动	在这里指在心理上加以引导疏解。
41. *维权	wéiquán	动	维护合法权益。
42. 凝聚	níngjù	动	深深地聚集在一起，从而达到很高的程度：～合作的共识｜～力量｜鲜血～的友谊。
43. *防线	fángxiàn	名	阻挡危险力量的进攻、保护自身安全的战线 / 屏障：筑起～。

【注释】

1. **国际消除家庭暴力日**：每年的 11 月 25 日，是联合国确立的纪念日。源于 1960 年 11 月 25 日，3 位多米尼加女性——米拉贝尔三姐妹被杀害。为了纪念这一事件，1981 年 7 月，第一届拉丁美洲女权主义大会宣布把 11 月 25 日作为反暴力日。1993 年的这一天，联合国发表了《消除针对妇女的暴力宣言》。

2. **热搜榜**：网页上展示的大家关心或讨论度很高的话题榜单，是衡量某一社会事件是否引起公众关注的重要指标。目前社会上还存在通过买热搜来引起公众对某一特定事件的关注的现象。

3. **妇联**：妇女联合会的简称。中国妇联成立于 1949 年 4 月，以联系和服务妇女为根本任务，以代表和维护妇女权益、促进男女平等和妇女全面发展为基本职能。

4.《反家庭暴力法》：全称《中华人民共和国反家庭暴力法》，于 2016 年 3 月 1 日起正式施行。该法律旨在预防和制止家庭暴力，保护家庭成员的合法权益，维护平等、和睦、文明的家庭关系，促进家庭和谐、社会稳定。

重点句型与词汇

1 该：指上文说过的人或事物，多用于公文。

（1）在联合国确立的“国际消除家庭暴力日”当天，一名博主发布的一段视频登上了热搜榜。视频中，该博主讲述了自己恋爱一年来五次被家暴的经历。

（2）南京是一座美丽的城市，该地风景优美、交通便利。

（3）李梅是南京大学的学生，结课时，老师给她写的评语是：“该同学学习成绩优异，为人诚恳谦虚，乐观向上，乐于助人，是一位品学兼优的学生”。

2 ……，相比之下，……

（1）相比之下，对那些没有关注度甚至没有收入的家暴受害者来说，如何摆脱施暴者的毒手，走出家庭暴力的阴影，依然是不得不正视的社会问题。

（2）相比之下，硕士学历比本科学历在找工作的时候更有优势，基础工资水平也会更高。

（3）韩国女队平均年龄只有 18.6 岁，相比之下，中国女队则年长三岁。

3 进而

（1）强调了对家暴“零容忍”的原则，进而向社会阐明：家庭暴力不是个人私事而是社会公害。

（2）先调查研究，进而提出改革方案。

（3）这就是为什么我说首先要在自己身上下功夫，然后推向你的家庭，进而再达到之外的世界。

4 宁愿……，也……：选择复句，形容在不很满意的情况下，衡量利害而做的选择。

（1）她们宁愿忍气吞声，也不会公之于众。

（2）我宁愿待在家里，也不要雨天出门逛街。

（3）我宁愿今晚不看电视，也要把这道题攻下来。

词语搭配

1 附（上）+N

～……的明细 | ～资料 | ～祝福

（1）视频中，该博主讲述了自己恋爱一年来五次被家暴的经历，并附上了在电梯间里面遭到殴打的影像记录。

（2）请你在给我发邮件的时候附上本次消费的明细，谢谢！

（3）他在给女方的信中介绍了自己的家庭和工作情况，并附上近照一张。

2 摆脱

~毒手 | ~困境 | ~束缚 | ~阴影 | ~危险

（1）相比之下，对那些没有关注度甚至没有收入的家暴受害者来说，如何摆脱施暴者的毒手，走出家庭暴力的阴影，依然是不得不正视的社会问题。

（2）与其这样坐以待毙，还不如积极行动摆脱困境。

（3）叛逆伴随人的一生，人的成长过程就是摆脱束缚的叛逆过程。

3 零

~容忍 | ~排放 | ~误差

（1）2016 年 3 月 1 日，《反家庭暴力法》正式施行，打通了公权力干预家庭暴力的渠道，强调了对家暴“零容忍”的原则。

（2）该公司的工业废水零排放技术先进，处于国内领先位置，在全国同行业具有推广价值。

（3）航空航天领域的火箭轨道运行运算应力求做到零误差。

4 起

一~事故 | 一~案件 | 一~事件

（1）在这起事件中令人感动的是，施暴者的两位前妻、两位朋友和一位学生也为受害者发了声。

（2）这是一起蓄谋已久的诈骗案件，经过数月追查，终于成功破案。

（3）今天中午发生了一起严重交通事故，至少造成交通拥堵三个小时。

成语和惯用语

1 * 直起腰杆 zhíqǐ yāogǎn：挺起腰部，比喻有底气，硬气。

（1）在这些情况下，受害者往往难以“直起腰杆”，理直气壮地寻求法律的保护，维护自己的合法权益。

（2）清贫与富有本身都不值得赞美，值得赞美的是在清贫和富有面前都能直起腰杆、保持尊严。

（3）吃不饱肚子常年低头做人的他，终于第一次直起腰杆，说出掷地有声的公道话。

2 理直气壮 lǐzhí-qìzhuàng：理由正当充分，说话很有气势。

（1）在这些情况下，受害者往往难以“直起腰杆”，理直气壮地寻求法律的保护，维护自己的合法权益。

（2）他做什么事情都是一副理直气壮的样子。

（3）当我们的权益受到侵害，我们有权理直气壮地讨回公道。

3 * 后患无穷 hòuhuàn-wúqióng：以后的祸害及忧患没有穷尽。

（1）数字背后是一个个生活在暴力阴影下的受害者，和一个个令人唏嘘的家庭悲剧，而如此恶劣的原生家庭对下一代来说更是后患无穷。

（2）千万不能跟敌人妥协，否则后患无穷！

（3）如果继续纵容破坏生态的行为，将后患无穷。

4 * 家丑不可外扬 jiāchǒu bùkě wàiyáng：家庭内部发生的问题需要自己或内部解决，给外人说了会遭到算计或耻笑。扬，宣扬，传播。

（1）调查显示，女性被家暴 35 次之后，才会选择报警，报警率不到 10%，这是因为在很多人的意识中“家丑不可外扬”，她们宁愿忍气吞声，也不会公之于众。

（2）你为什么要把那些家里的事情告诉外人，你要知道，家丑不可外扬。

（3）家丑不可外扬，我们不应在公众场合讨论家务事，特别是那些不光彩的事。

5 * 忍气吞声 rěnqì-tūnshēng：受了气只能强忍住，不敢说出来。吞声，有话不敢说出来。

（1）她们宁愿忍气吞声，也不会公之于众。

（2）面对继父的打骂，他只有忍气吞声，委曲求全。

（3）为了保住这份高薪职业，以养活全家老小，他不得不低声下气，忍气吞声。

6 * 公之于众 gōngzhīyúzhòng：把事情向大家公布，让大家都看到。公，公开；之，代指事物的内容；于，向；众，大众。

（1）她们宁愿忍气吞声，也不会公之于众。

（2）建议政府部门将减税方案公之于众，广泛听取人民的意见，进一步完善该方案。

（3）分数属于个人隐私，完全不应该公之于众。

7 * 清官难断家务事 qīngguān nán duàn jiāwùshì：再公正的官吏也很难论断家庭纠纷的是非曲直。指家庭内部的事，外人很难搞清楚。

（1）当然，不少地方“清官难断家务事”的传统观念根深蒂固。

（2）最近，家中出了很多事情，有些事情不知道怎么开口说才好，反正是很难说清，俗话说清官难断家务事，我很郁闷。

（3）其他人见状便都散去了，清官难断家务事，其中的是非曲直，外人能说什么？

8 根深蒂固 gēnshēn-dìgù：比喻基础稳固，不容易动摇。

（1）当然，不少地方“清官难断家务事”的传统观念根深蒂固。

（2）这个帮派的势力已是根深蒂固，想要铲除得花一番功夫。

（3）几千年来，迷信思想流传，尤其在这文化不发达的山区，更是根深蒂固。

9 * 装聋作哑 zhuānglóng-zuòyǎ：假装聋哑，形容故意不理睬，装作什么都不知道。

（1）我不能再装聋作哑……受害者保持沉默，周围的人熟视无睹，就是助长了这种人的暴行，受害者及时报警才是正确的应对。

（2）对于社会的不良风气，不能装聋作哑，不闻不问。

（3）遇事要有一个明确的态度，装聋作哑，回避矛盾是不行的。

10 * 熟视无睹 shúshì-wúdǔ：虽然经常看见，还跟没看见一样，指对应该关心的事物漠不关心。

（1）受害者保持沉默，周围的人熟视无睹，就是助长了这种人的暴行，受害者及时报警才是正确的应对。

（2）对于损坏公物的现象，我们决不能熟视无睹。

（3）他生活在那样的环境中，久而久之，对一些不良现象竟是熟视无睹。

11 力所能及 lìsuǒnéngjí：以自己的能力所能够达到或办到的。力，体力、能力。及，达到。

（1）首先家暴目击者进行力所能及的劝阻或者及时报案，帮助受害者打破沉默，形成对家暴“零容忍”的社会氛围。

（2）我们平常可以做一些力所能及的家务活来减轻父母的负担。

（3）当你发现有人需要救助时，除了报告警察外，自己也要给予力所能及的帮助。

课后练习 趁热打铁

一、选词填空

直起腰杆　理直气壮　后患无穷　忍气吞声
公之于众　装聋作哑　力所能及　根深蒂固　熟视无睹

1. 我们要培养孩子做一些__________的事，不要娇生惯养。
2. 遇事要有一个明确的态度，__________，回避矛盾是不行的。
3. 为了儿女的前途，她对娘家人的嘲讽只能__________。
4. 很多人担心自己的名字被__________将会影响他们的就业前景，或者导致他们在现实世界中被跟踪。
5. 你放走这些狡诈的强盗，简直就是放虎归山，__________！
6. 我们总是容易对自己身边的幸福__________。
7. 几千年来“养儿防老”“多子多福”的旧观念，在文化不发达的山区，至今仍是__________。
8. 我__________地对他说：“做人应该要讲原则！”
9. 小时候父亲总是教育我们，要弯下腰来做事，__________做人。

二、单项选择

1. 长江流域发生特大洪灾，______着全国亿万人民的心。

A. 打动　　B. 触动　　C. 牵动　　D. 感动

2. 眼看敌人就要攻陷我们的城市，千钧一发之际我们必须迅速做出______。

A. 决断　　B. 决议　　C. 坚决　　D. 判决

3. 新颁布的《教师法》从今日起正式______。

A. 实施　　B. 试用　　C. 施行　　D. 实行

4. 在这次的发言中，他引用了大量的古语来______自己的观点。

A. 注明　　B. 查明　　C. 声名　　D. 阐明

5. 务必让孩子保持呼吸道______，躺下的时候头胸部可稍稍抬高。

A. 通畅　　B. 畅通　　C. 通顺　　D. 流畅

三、请说出下列句子中画线部分的含义

1. 让受害者直起腰杆，反家暴需要打破沉默。

____

2. 这个社会需要有人站出来，为弱势群体发声。

____

3. 你为什么要把那些事情告诉他，你要知道，家丑不可外扬。

____

4. 清官难断家务事的传统观念根深蒂固。

____

四、用所给的词语填空

底线　家丑不可外扬　坠入　忍气吞声　装聋作哑　恶性

冷暴力是暴力的一种，其表现形式多为冷淡、轻视、放任、疏远和漠不关心，致使他人精神上和心理上受到侵犯和伤害。家庭冷暴力，多指夫妻双方产生矛盾时，漠不关心对方，在一方表达出交流意愿时，另一方仍然__________，不予理睬。遭受冷暴力的一方，抱着__________的态度，即使受了委屈，也只是__________，暗自伤心。在一方持续挑战另一方的__________后，夫妻关系进入__________循环，婚姻就此__________深渊，双方都成了这段关系的受害者。

课文二 >> “养儿防老”变“养子啃老”?

课前思考

1. 你周围有没有成年人还在依赖父母生活?
2. 你觉得成年后花父母的钱是天经地义的吗?
3. 成年人在经济上无法独立有没有社会因素的影响?

俗话说“养儿防老”,然而,现代社会却频频出现“养子啃老”的现象,不仅殷实的家庭有“啃老”的孩子,连并不富裕的家庭也常出现不肯“断奶”的孩子,甚至小两口带着孩子一起“啃老”的现象也并非个例。

湖南长沙一位即将步入而立之年、身体健全的男子,在“啃老”遭到拒绝后,居然还要向法院控告父母的不养之“罪”,令为人父母者听来不免后背发凉。这些已成年的“啃老族”多数不是缺乏谋生能力,而是不愿就业,不想独立,不敢走出家门,这种生活态度导致其衣食住行都要依赖年迈的父母,使父母难以承受,如此畸形的亲情关系不免令人叹息。

首先,不可否认,在竞争日益激烈的今天,面对生活的压力,许多刚刚步入社会,处于人生和事业起跑线的年轻人的确需要得到父母的扶持和帮助,一些“啃老”的年轻人确实有几分难以自立的无奈,而对于那些“理所当然”的“啃老族”而言,则完全忘记了“敬老孝老”的责任,认为父母的付出“天经地义”,毫无感恩,心安理得地靠老一辈养活而没有任何负疚感,成为中国家庭的一大困扰。

社会学者分析说,“我们的社会处在一个急剧转型的变动中,年轻一代中的部分人如果没能很好地跟上这个社会的变化,会处于相对被动的地位,就需要从父辈那里索取资源来保障自己的生存”。的确,在就业和创业的初期,应届毕业生难免会有“毕业季之痛”。就业难,工资偏低,房价、生活成本偏高,都构成了对年轻人的挑战。但这些,都不该是他们可以心安理得“啃老”的借口。对于成年子女在生活压力下确需父母的扶持,也要尊重父母的意愿,考虑父母的经济能力,帮你是情分而不是本分。

再者,“啃老”现象频繁发生,父母也要反思,是不是教育出了问题?有专家分析说,“啃老族”之所以出现,主要是因为父母过度地溺爱孩子。“‘啃老’与传统的家庭文化有关，家族制的传统体系意味着父辈对子辈的抚养责任和子辈对父辈的赡养义务，但在社会发展中，父辈拥有的资源往往比子辈更多，所以子辈在成长过程中有向父辈索取资源的可能性，这是形成‘啃老’现象的一个内在原因。”

对此，中国多个省市发布了《老年人权益保障条例》，规定禁止有独立生活能力的成年子女“啃老”。对于这种条例，有人叫好，也有人认为这只是一厢情愿，并不能根除“啃老”现象。

随着现在的年轻一代在买车、买房、养孩子等方面的经济压力不断增大，越来越多的年轻人不得不加入了“啃老”的行列，而老一辈的养老资源又并不充足，在这种情况下，通过立法的形式可以有限度地控制“啃老”现象的蔓延，以保障老年人的基本权益。

不过，正所谓“清官难断家务事”，一方面部分老人的牺牲欲、奉献欲太强，自愿慷慨解囊，这在客观上形成了一种变相的纵容；另一方面作为“啃老方”，部分年轻人内心也隐藏着被父母强大控制欲所操纵的无奈与痛苦，对他们而言，经济难以独立，内心焦灼不安，无异于陷入另一种“水深火热”之中。

理想的家庭关系是两代人过着既彼此信赖又各自独立的生活。父母要培养孩子的社会适应能力和健全的人格，年轻人步入社会也要尽快学会自食其力，另一方面，全社会也应当营造鼓励年轻人自立自强的社会氛围，这样才能给“巨婴”断奶，让“啃老”绝迹。

（改编自《人民日报》（海外版）2014 年 9 月 19 日
《“养儿防老”变“养子啃老”？谁为“啃老族”断奶？》）

生词表

1. 啃	kěn	动	一点儿一点儿地往下咬：～老族（指已有谋生能力但仍然主要依靠父母养活的成年人）。
2. 俗话	súhuà	名	流行通俗的语句。
3. 频频	pínpín	副	连续不断地；多次地：～挥手。
4. *殷实	yīnshí	形	充实、富裕。
5. *断奶	duànnǎi	动	婴儿或幼小的哺乳动物不继续吃母乳，改吃别的食物。

6. *个例	gèlì	名	个别的、特殊的事例。
7. 步入	bùrù	动	走进：～会场 | ～网络时代。
8. 控告	kònggào	名	向司法机关或其他国家机关告发。
9. 谋生	móushēng	动	设法寻求维持生活的门路。
10. 畸形	jīxíng	形	泛指事物发展不正常，偏于某一方面：～繁荣 | ～发展。
11. *叹息	tànxī	动	叹气，多伴随无可奈何之意。
12. 扶持	fúchí	动	扶助；护持：～新办的学校 | 老人没有子女，病中全靠街坊邻居尽心～。
13. 孝	xiào	动	尽心奉养、尊敬和顺从父母。
14. 感恩	gǎn'ēn	动	对别人所给的恩惠表示感激。
15. *负疚	fùjiù	动	自己觉得抱歉，对不起人。
16. 困扰	kùnrǎo	动	受某事的影响而心神不安，深为烦扰：创业初期，筹资困难的问题一直～着我。
17. 急剧	jíjù	形	急速；迅速而剧烈。
18. 转型	zhuǎnxíng	动	社会经济结构、文化形态、价值观念等发生转变：由计划经济向市场经济～。
19. 索取	suǒqǔ	动	向人要（钱或东西）：～报酬。
20. *应届	yīngjiè	形	属性词。本期的（只用于毕业生）。
21. 偏	piān	动	与某个标准相比有差距：体温～高 | 工资～低。
22. *情分	qíngfèn	名	人与人相处的情感，情义：朋友～。
23. 本分	běnfèn	名	本身应尽的责任和义务：～的工作。
24. *再者	zàizhě	连	表示更进一层或另外举例原因、理由。
25. 反思	fǎnsī	动	思考过去的事情，从中总结经验教训。
26. *溺爱	nì'ài	动	过分宠爱（自己的孩子）。
27. 抚养	fǔyǎng	动	爱护并教养：～子女。
28. 权益	quányì	名	应该享受的不容侵犯的权利：合法～。
29. *根除	gēnchú	动	彻底铲除：～陋习。
30. *立法	lìfǎ	动	制定法律。
31. 蔓延	mànyán	动	像蔓草一样向周围扩展。
32. 以	yǐ	连	表示目的：～待时机。
33. 所谓	suǒwèi	形	所说的：～ DVD，是指数字化视频光盘。
34. *变相	biànxiàng	形	内容不变，形式和原来不同的（多指坏事）：～剥削。

35. 隐藏	yǐncáng	动	藏起来不让发现：~在丛林中。
36. 操纵	cāozòng	动	躲在后面控制或指使。
37. *焦灼	jiāozhuó	形	非常着急。
38. *无异于	wúyìyú	动	与……没有不同：一个人如果没有梦想，~死掉。
39. 信赖	xìnlài	动	信任并依靠。
40. 人格	réngé	名	人的性格、气质、能力等特征的总和；人的道德品质。
41. 营造	yíngzào	动	有计划、有目的地造：~气氛。
42. *绝迹	juéjì	动	断绝踪迹；完全不出现：由于乱伐森林，这里的稀有野生动物~了。

【注释】

1. 而立之年： 出自《论语·为政》：“吾十有五而志于学，三十而立，四十而不惑。”一个人到了三十岁应该是人格自立、学识自立、事业自立的年龄。现在成为一个人三十岁的代称。

2. 啃老族： 又称“吃老族”“傍老族”等。在中国，具体主要指的是在23—30岁之间，具有谋生能力，却仍靠父母供养的年轻人。社会学家称之为“新失业群体”。

3. 巨婴： 本指体形巨大的婴儿。近年来，人们用“巨婴”指心理滞留在婴儿阶段的成年人。这类人过分依赖家庭，以自我为中心，缺乏社会责任感，一旦出现超乎自己预期的情况，就会情绪失控，试图通过哭闹、喊叫、肢体冲突等极端方法来使他人甚至周围环境屈服或退让，以达到自己的目的，可能会给社会带来灾难性后果。

重点句型与词汇

1 频频：副词，用在动词前面，表示动作或情况在一定时间或范围内重复出现，相当于“屡次”“连续多次”。

（1）现代社会却频频出现“养子啃老”的现象。

（2）他频频与朋友们以及他的竞争者们打招呼。

（3）气氛十分热烈，大家频频举杯，欢声笑语不断。

2 不仅……，连……，甚至……：递进复句。

（1）不仅殷实的家庭有“啃老”的孩子，连并不富裕的家庭也常出现不肯“断奶”的孩子，甚至小两口带着孩子一起“啃老”的现象也并非个例。

（2）新冠疫情暴发以后，全国人民众志成城，不仅医生护士挺身而出，奔赴抗疫前线，连外卖小哥、出租车司机都不遗余力地帮助人们，甚至是海外华人华侨也纷纷捐款，共同筑起一道防疫之墙。

（3）我国近年来的教育改革实践，许多问题值得我们深思。有些改革不仅让老师身心俱疲，连家长也疲软无力，甚至孩子都陷入焦虑抑郁的状态无法自拔。

3 令……不免…… / 不免令人……

（1）令为人父母者听来不免后背发凉。

（2）他小小年纪就聪明懂事，却不得不辍学打工，担起支撑整个家庭的重任，令人听来不免叹息感伤。

（3）想到新冠病毒短时间内迅速蔓延，波及全世界，不免令人心生畏惧。

4 之所以……，是因为 / 由于……：因果复句。

（1）“啃老族”之所以出现，主要是因为父母过度地溺爱孩子。

（2）这部电影之所以好看，是因为内容很有趣。

（3）妈妈之所以生气了，是由于他不肯承认自己的错误。

5 ……，以……：目的复句。

（1）通过立法的形式可以有限度地控制“啃老”现象的蔓延，以保障老年人的基本权益。

（2）政府用他们的名字命名这条街，以纪念在战争中牺牲的战士。

（3）老师采用新的教学方法上课，以调动学生的积极性。

6 所谓：一般用来解释某种概念的含义。

（1）正所谓“清官难断家务事”，一方面部分老人的牺牲欲、奉献欲太强，自愿慷慨解囊，这在客观上形成了一种变相的纵容。

（2）所谓共识，就是指共同的认识。

（3）所谓“道不同不相为谋”，反正我和你也不是一路人。

7 自 A 自 B：固定结构。常用的有自由自在、自娱自乐、自私自利、自卖自夸等。

（1）全社会也应当营造鼓励年轻人自立自强的社会氛围。

（2）一路上老板自说自话唠叨了半天。

（3）业余时间约上三五好友唱唱歌，自娱自乐。

词语搭配

1 步入

～社会 | ～……阶段 | ～而立之年 | ～辉煌 | ～快车道

（1）一位即将步入而立之年、身体健全的男子，在“啃老”遭到拒绝后，居然还要向法院控告父母的不养之“罪”。

（2）今年你就要步入社会了，参加工作一定要好好表现，不要给别人添麻烦。

（3）在小学老师春风化雨般的辛勤培养下，我们顺利地步入了中学阶段。

2 索取

~资源 | ~财物 | ~赔偿

（1）我们的社会处在一个急剧转型的变动中，年轻一代中的部分人如果没能很好地跟上这个社会的变化，会处于相对被动的地位，就需要从父辈那里索取资源来保障自己的生存。

（2）消费者受到欺诈，可以通过法律途径索取赔偿。

（3）他积极参与环保志愿者的公益活动，从不索取报酬。

3 频繁

~发生 | ~活动 | 交往~ | 变化~

（1）再者，"啃老"现象频繁发生，父母也要反思，是不是教育出了问题？

（2）两国人民关系友好，交往频繁。

（3）他在工作时间频繁接听手机，惹得老板发脾气。

4 蔓延

疾病~ | 火势~ | 四处~

（1）在这种情况下，通过立法的形式可以有限度地控制"啃老"现象的蔓延，以保障老年人的基本权益。

（2）森林发生了大火，火势蔓延很快，必须马上控制住。

（3）要采取有力措施，防止传染病蔓延。

5 变相

~贪污 | ~加价

（1）一方面部分老人的牺牲欲、奉献欲太强，自愿慷慨解囊，这在客观上形成了一种变相的纵容。

（2）捆绑销售，就是变相加价。

（3）一位业内人士告诉记者，现在，汽车市场上的变相加价提车已经成为一种潜规则。

6 营造

~氛围 | ~环境 | ~秩序

（1）年轻人步入社会也要尽快学会自食其力，另一方面，全社会也应当营造鼓励年轻人自立自强的社会氛围。

（2）为了营造良好的学习环境，学校让工作人员将所有教室的墙壁重新粉刷了一遍。

（3）我特爱回老家过年，红灯笼、烟花、鞭炮，营造出浓浓的节日氛围。

成语和惯用语

1 * 养儿防老 yǎng'ér-fánglǎo：泛指养育子女以防老年无依无靠。

（1）俗话说"养儿防老"，然而，现代社会却频频出现"养子啃老"的现象。

（2）几千年来“养儿防老”“多子多福”的旧观念，在文化不发达的山区，至今仍根深蒂固。

（3）当今生育观念的变化正冲击着养儿防老的旧传统观念。

2 理所当然 lǐsuǒdāngrán：**按道理应当这样。当然，应当如此。**

（1）对于那些“理所当然”的“啃老族”而言，则完全忘记了“敬老孝老”的责任，认为父母的付出“天经地义”。

（2）崇拜偶像是人的一大特点，特别是青少年，有时候甚至认为东施效颦也是理所当然的。

（3）你永远都要记住感谢别人给你的一切，不要把任何事情当成理所当然。

3 天经地义 tiānjīng-dìyì：**指非常正确，不容置疑的道理。**

（1）对于那些“理所当然”的“啃老族”而言，则完全忘记了“敬老孝老”的责任，认为父母的付出“天经地义”。

（2）古人视为天经地义的事情，现代人未必接受。

（3）为人子女者照顾年老的父母，这是天经地义的事。

4 心安理得 xīn'ān-lǐdé：**自己觉得事情做得合理，心里很坦然。**

（1）……心安理得地靠老一辈养活而没有任何负疚感，成为中国家庭的一大困扰。

（2）任何的珍惜，不是为了天长地久，而是希望离别的那一天，可以心安理得地挥手，道声珍重、再见。

（3）我会清清白白做人，干干净净赚钱，这样才能心安理得，我父母也不会因我而脸上无光。

5 * 一厢情愿 yīxiāng-qíngyuàn：**指单方面的愿望或不考虑客观实际情况的主观意愿。**

（1）对于这种条例，有人叫好，也有人认为这只是一厢情愿，并不能根除“啃老”现象。

（2）爱情的投入和产出从来不成比例，一厢情愿的牺牲到头来感动的往往是自己！

（3）我以为我找到了我要的幸福，可是当我毫无保留地付出后，才发现原来一直都是我的一厢情愿。

6 * 慷慨解囊 kāngkǎi-jiěnáng：**形容极其大方地在经济上帮助别人。慷慨，豪爽，大方；解囊，解开钱袋拿出钱来。**

（1）部分老人的牺牲欲、奉献欲太强，自愿慷慨解囊，这在客观上形成了一种变相的纵容。

（2）面对遭受水灾的灾民，他慷慨解囊，一次就捐款十万元。

（3）为了支援家乡建设，他慷慨解囊，修建了一条乡村公路。

7 * 水深火热 shuǐshēn-huǒrè：**比喻生活处境异常艰难痛苦。**

（1）对他们而言，经济难以独立，内心焦灼不安，无异于陷入另一种“水深火热”之中。

（2）又是打仗又是闹饥荒，平民百姓处于水深火热之中。

（3）有时候我们觉得痛苦，并不是因为我们真的生活在水深火热中，而是因为我们对比了更好的生活，那便成为永远不知足的欲望，折磨着我们的心灵。

8 * 自食其力 zìshí-qílì：**依靠自己的劳动所得来的生活。**

（1）年轻人步入社会也要尽快学会自食其力，另一方面，全社会也应当营造鼓励年轻人自立自强的社会氛围。

（2）只有培养孩子从小认识劳动的价值，着力培养自食其力，艰苦奋斗，勇于开拓的精神，才有益于孩子的健康成长。

（3）人会有许多梦想，人人都在为梦想而奋斗。梦想常常是宏大的，而我的梦想却很小：就是能让自己自食其力。

课后练习　趁热打铁

一、选词填空

理所当然　心安理得　水深火热　清官难断家务事
自食其力　慷慨解囊　一厢情愿

1. 长期的内战让该地区的人民生活在__________中。

2. 人们可以为一个陌路人的点滴帮助而感激不尽，却无视亲人的种种恩惠，将其视之为__________。

3. 虽然是身体残障，但他们__________的精神令人钦佩。

4. 这几年来，我自食其力，又不占他人便宜，自然__________。

5. 今天下班路上看见一位穿着破烂的妈妈抱着女儿乞讨，小女孩生了很严重的病，急需住院治疗，路人看到纷纷__________。

6. 古话说，__________，他们家的纠纷，谁都没法管。

7. 人人都有这样的倾向，问题一旦出现，就要立刻解决，不然他们就会思绪烦乱、寝食不安，这样的心态显然不可取，但__________地等待问题自行消失，这种心态更为可怕，通常不会带来任何好结果。

二、单项选择

1. 当人们变得越来越（　）技术解决问题的时候，人类独立思考的能力肯定会江河日下。

A. 依靠　　B. 依赖　　C. 依附　　D. 依存

2. 真相浮出水面，原来他才是（　）一切的幕后黑手。

A. 操纵　　B. 操持　　C. 放纵　　D. 把握

3. 怎样（　）恐怖势力对生命的威胁，这个问题（　）了联合国很久。

A. 营造　　B. 索取　　C. 根除　　D. 困扰

4.（　）失去劳动能力的父母，是儿女应尽的义务。

A. 抚养　　B. 赡养　　C. 扶养　　D. 养育

5. 真正的爱不是一味（　）他，而是教会他分辨是非，能够很好地管理自己的情绪。

A. 包容　　B. 忍受　　C. 纵容　　D. 扶持

6. 流言这东西，比流感（　）的速度更快，比流星所蕴含的能量更巨大，比流氓更具有恶意，比流产更能让人心力交瘁。

A. 蔓延　　B. 绝迹　　C. 隐藏　　D. 延续

7. 两国边境人民的贸易往来十分（　）。

A. 频频　　B. 频繁　　C. 频率　　D. 频道

8. 让我们再接再厉，积极推进国际金融（　）改革。

A. 系统　　B. 系列　　C. 体系　　D. 体制

三、用所给的词语和句型回答问题

1. 什么是“啃老”？（所谓……）

____

2. 为什么会出现“啃老”现象？（之所以……，是因为……）

____

3. 什么样的亲情关系会变得畸形，这种亲情关系给人什么样的感觉？（不免令人……）

____

4. 传统的家庭观念是“养儿防老”，当今社会家庭关系发生了什么样的变化？（不仅……连……甚至……）

____

5. 如何保障老年人的基本权益？（……，以……）

____

四、用所给的词语填空

一厢情愿　扶持　索取　负疚感　困扰　畸形　控告　频繁　溺爱　根除　心安理得

湖南长沙一名男子“啃老”遭拒绝后，向法院________父母的不养之“罪”，令为人父母者心寒。“啃老族”不缺乏谋生能力却不想独立，不愿就业，这样________的亲情关系令人叹息。刚步入社会的年轻人确实需要父母的________，但是________地靠老一辈养活而没有任何________，成为中国家庭的一大________。“啃老”现象________发生，问题出现在哪里？有专家分析说，这跟父母的________以及传统的家庭文化有关。父辈拥有的资源往往比子辈更多，所以子辈在成长过程中可能向父辈________资源。中国多个省市明令禁止有独立生活能力的成年子女“啃老”。对于这种条例，有人叫好，也有人认为这只是________，并不能________“啃老”现象。

课文三 >> 相亲鄙视链：爱情被黑得惨不忍睹

课前思考

1. 你会为了脱单而去相亲吗？
2. 你认为择偶过程中，哪些因素最重要？
3. 你知道“裸婚”吗？你愿意为爱“裸婚”吗？

媒体热议的相亲鄙视链，让我想起曾在北京的公园里见过这种场景：一字排开的大爷大妈，坐在小板凳上，每人面前的空地上摆一张纸片，整整齐齐，井然有序，乍一看简直无异于一场大型的展销会。

我混在人群里上前瞧了一眼，大爷大妈们竟然是替子女相亲来的，那地上一字排开的纸片便是征婚简历，无非列了几行个人介绍，而户籍、收入、房产、学历等条件则醒目地用了大红的粗字体，十分抢眼。

此刻，一个个有血有肉、有思想有灵魂的男孩女孩，一律被压扁成一张张 A4 纸，被抽出一条条硬性条件，躺在被太阳烤热的水泥地上，供众人评头论足。

这种待价而沽的商品式相亲被网友们开玩笑地称为“人口贩卖市场”。透过一张张征婚简历，我只能看到一张张相似的、模糊的脸，让人不免觉得有几分滑稽可笑，我不由得冲旁边的大爷一乐，这一乐可不要紧，大爷来了精神：“姑娘，怎么样，我儿子条件还可以吧？”

大爷大妈们通过浏览相亲材料，以及看似闲聊、实则互相摸底的方式，就想为子女找到另一半。心情如此迫切，简直有些揠苗助长、急功近利的意味了。

身为父母，眼见着子女们忙于事业，时间和精力在城市的快节奏中消失殆尽，又确实难有与异性相处的机会，担心他们错过适婚年龄，心急火燎，索性亲自出马也实属无奈。

不过人们质疑最多的，不只是父母这种为子女相亲的方式，更在于他们眼中的择偶标准。新闻里一句“不考虑没北京户口的姑娘；有户口，残疾也行”瞬间引爆了舆论场。

北京人与外地人的隔阂、地域歧视等问题又被推上风口浪尖。微博的评论里几乎一边倒地指责北京人“总有一种莫名其妙的优越感”，而北京人则委屈地辩解

“确实和外地人生活习惯不同”，一时间双方争吵来争吵去，谁也不服谁。

如果说“要求北京户口”还能被理解，那么“坚决不要女博士”这种价值观我就真的不敢苟同了。在网上的中国式相亲鄙视链上，女博士尤其是海归女博士在鄙视链的最下端，与她们同等级的男性是“大专高中”学历。

如果对“女博士”们的不满还能说出几分原因，那生肖属羊姑娘们的遭遇则就毫无理性可言了。仅仅是因为生肖为羊，无论有什么优点都一棒子打死了。“十羊九不全”，大爷大妈们的迷信心理令网友们哭笑不得：“属羊的吃你家草了？！”

奇葩的择偶标准充分暴露出父母代子相亲的弊端。传统价值观念、迷信思想在老一辈的内心根深蒂固，他们仍在用他们的经验世故衡量下一代的人生。在相亲鄙视链的媒体想象中，年轻一代是缺席的，他们的择偶观被妖魔化，成为无奈的背锅者。

公园里上演的一场场代子相亲的大戏，充满着功利主义的色彩。他们不约而同地列出子女具备的各种优势，“明码标价”，坚持不懈地寻找高于自身价码，或者至少价码相等的另一半。一方面急功近利，希望攀上高枝；一方面忧心忡忡，担心被别人分走一杯羹。这看似是一场精明人的游戏，但他们似乎恰恰忘了最关键的一点，真爱难道可以估价吗？如此相亲被辜负的不只是爱情，更是一代人鲜活的人生啊！

（改编自《中国在线》2017 年 7 月 13 日
《相亲鄙视链，这是爱情被黑得最惨的一次》，作者：孙一秋）

生词表

1. *相亲	xiāngqīn	动	为寻找结婚对象，男女双方经人介绍见面。
2. 鄙视	bǐshì	动	轻视，看不起。
3. 链	liàn	名	也指像链子一样环环相扣的东西。
4. 黑	hēi	动	暗中坑害、欺骗或攻击，用语言、文字等方式损害他人的形象。
5. *板凳	bǎndèng	名	用木头做成的一种凳子，多为长条形。
6. *纸片	zhǐpiàn	名	碎裂的片状纸张。
7. *乍	zhà	副	刚刚；起初。
8. *展销会	zhǎnxiāohuì	名	以展览的方式进行销售的活动。
9. *征婚	zhēnghūn	动	公开征求结婚对象：～启事。
10. *房产	fángchǎn	名	个人或团体保有所有权的房屋。

11. 醒目	xǐngmù	形	（文字、图画等）形象明显，容易看清。
12. 抢眼	qiǎngyǎn	形	显眼；惹人注目。
13. 灵魂	línghún	名	指思想、心灵等。
14. *硬性	yìngxìng	形	属性词。不能改变的，不能通融的。
15. 供	gōng	动	提供某种利用的条件（给对方利用）：～读者参考。
16. 贩卖	fànmài	动	买进货物后卖出，从差价中获取利润。
17. 透过	tòuguò	动	通过、经由。
18. 滑稽	huájī	形	（言辞、举动或姿态）逗人发笑。
19. 不由得	bùyóu·de	副	不禁：想起过去的苦难，～掉下眼泪来。
20. 浏览	liúlǎn	动	大略地看。
21. *闲聊	xiánliáo	动	闲谈。
22. *摸底	mōdǐ	动	了解底细；探查内情。
23. *殆尽	dàijìn	副	几乎全部完了。
24. *适婚	shìhūn	形	（年龄和身心方面）适合结婚的。
25. 索性	suǒxìng	副	表示直截了当；干脆。
26. *出马	chūmǎ	动	本指上阵作战；现多指出面做事。
27. 质疑	zhìyí	动	提出疑问。
28. 择偶	zé'ǒu	动	选择配偶。
29. *引爆	yǐnbào	动	用发火装置使爆炸物爆炸。
30. 隔阂	géhé	名	彼此情意沟通的障碍；思想上的距离。
31. *一边倒	yībiāndǎo	副	指立场、态度、观点完全倾向一方（不倾向另一方）。
32. *优越感	yōuyuègǎn	名	自以为比别人优越的心理状态。
33. 辩解	biànjiě	动	对别人的批评指责进行分辩解释。
34. 争吵	zhēngchǎo	动	因意见不合大声争辩，互不相让。
35. 不服	bùfú	动	不顺从，不信服。
36. *苟同	gǒutóng	动	随便地同意。
37. 海归	hǎiguī	名	在海外留学或工作一段时间后归国的人员。
38. *大专	dàzhuān	名	大学程度的专科学校的简称。
39. *生肖	shēngxiào	名	代表十二地支而用来记人的出生年的十二种动物，即鼠、牛、虎、兔、龙、蛇、马、羊、猴、鸡、狗、猪。如子年生的人属鼠，丑年生的人属牛等。也叫属相。

40. 世故	shìgù	名	处世经验：人情～。
41. *妖魔化	yāomóhuà	动	把事情看得比其本质更加恶劣、恐怖，更有杀伤力和毁灭性。
42. *背锅者	bēiguōzhě	名	指背黑锅的人。比喻在不知情的情况下代人受委屈。泛指受冤屈。
43. 功利主义	gōnglì zhǔyì	名	主张以实际功效或利益为行动准则的伦理观点。
44. *价码	jiàmǎ	名	价格、价目。
45. *攀高枝	pān gāozhī	动	指跟社会地位比自己高的人交朋友或结成亲戚。
46. *精明	jīngmíng	形	精细明察；机警聪明。
47. *估价	gūjià	动	估计商品的价格。
48. 辜负	gūfù	动	对不住（别人的好意、期望或帮助等）。
49. 鲜活	xiānhuó	形	鲜明生动。

【注释】

十羊九不全：原取自民间俗语“十羊九福全”，意指羊年出生，较为好运。后人误写成“十羊九弗全”，“弗”通“不”，久而久之，就有了“十羊九不全”的讹传。

重点句型与词汇

1 乍一看……：第一眼看上去，猛然一看，没有“仔细观察”的意思。

（1）一字排开的大爷大妈，坐在小板凳上，每人面前的空地上摆一张纸片，整整齐齐，井然有序，乍一看简直无异于一场大型的展销会。

（2）他戴着一副银丝边圆眼镜，乍一看有一种儒雅的风度。

（3）乍一看，异国恋和跨国婚姻像童话般美好，但它们往往根植于浪漫的想象。

2 无非（是）……：只；不过；不外乎

（1）那地上一字排开的纸片便是征婚简历，无非列了几行个人介绍。

（2）我们活在世上，无非想要明白些道理，遇到些有趣的事。

（3）人生在世无非是让别人笑笑，偶尔笑笑别人。

3 不由得……：忍不住，不能自制（往往是下意识的）。

（1）我不由得冲旁边的大爷一乐，这一乐可不要紧，大爷来了精神：“姑娘，怎么样，我儿子条件还可以吧？”

（2）沐浴在春风里，我们感受着万物复苏的清新气息，心中不由得产生了对生命至诚的热爱。

（3）看着他认真的眼睛里闪烁着智慧的光芒，她不由得怦然心动。

5 看似……，实则……：看起来的情况和实际的情况不是一回事。

（1）大爷大妈们通过浏览相亲材料，以及看似闲聊、实则互相摸底的方式，就想为子女找到另一半。

（2）人生如海，有时看似风平浪静，实则暗流涌动。

（3）这则看似令人震惊的新闻，对于任何一位稍稍知悉实际状况的人士而言，实则不过是意料中事。

6 眼见（着）……：常用来强调亲眼看见某事的发生，或说明事情发生得很快。

（1）身为父母，眼见着子女们忙于事业，时间和精力在城市的快节奏中消失殆尽，又确实难有与异性相处的机会，担心他们错过适婚年龄，心急火燎，索性亲自出马也实属无奈。

（2）老爷子已到了风烛残年，眼见儿孙不成器，已无能为力了。

（3）他眼见事迹败露，已经无法掩人耳目，只好俯首认罪。

7 索性

（1）身为父母，眼见着子女们忙于事业，时间和精力在城市的快节奏中消失殆尽，又确实难有与异性相处的机会，担心他们错过适婚年龄，心急火燎，索性亲自出马也实属无奈。

（2）现在已经很晚了，我索性在外面吃完饭再回家好了。

（3）既然已经开始做了，索性就把它做完吧。

8 不只是……更在于……：递进结构。

（1）不过人们质疑最多的，不只是父母这种为子女相亲的方式，更在于他们眼中的择偶标准。

（2）培养“阳刚之气”，不只是体魄，更在于精神。

（3）感恩不只是言谢，更在于铭记于心，落实于行。

9 一时间……：一下子，形容极短的时间。突发并持续了一段时间。

（1）微博的评论里几乎一边倒地指责北京人“总有一种莫名其妙的优越感”，而北京人则委屈地辩解“确实和外地人生活习惯不同”，一时间双方争吵来争吵去，谁也不服谁。

（2）一场突如其来的大灾难让人们意识到生命的脆弱，“平安活着”一时间成为大家最真实的渴望。

（3）面对这封没有署名的求助信，大家一时间不知如何是好。

词语搭配

1 实属

~无奈 | ~不易 | ~罕见 | ~难得

（1）身为父母，眼见着子女们忙于事业，时间和精力在城市的快节奏中消失殆尽，又确实难有与异性相处的机会，担心他们错过适婚年龄，心急火燎，索性亲自出马也实属无奈。

（2）仅凭一纸限令就想遏制群租现象，实属不易。

（3）这个南瓜真是硕大无比，实属罕见。

2 隔阂

产生～丨消除～丨打破～

（1）北京人与外地人的隔阂、地域歧视等问题又被推上风口浪尖。

（2）同学之间产生隔阂应该及时消除，以免影响班级团结。

（3）父母、子女任何一方的优越感都会对其他家庭成员造成心理压力，产生心理隔阂。

3 辜负

～爱情丨～厚望丨～重托丨～好意

（1）如此相亲被辜负的不只是爱情，更是一代人鲜活的人生啊！

（2）老师苦口婆心地教育我们要好好学习，我们不会辜负她的厚望。

（3）他身为国家干部，徇私枉法，辜负了人民的重托。

成语和惯用语

1 * 惨不忍睹 cǎnbùrěndǔ：形容悲惨得让人不忍心看。惨，凄惨；忍，忍心；睹，看。

（1）相亲鄙视链：爱情被黑得惨不忍睹。

（2）台风暴雨所造成的水灾，把市区淹得惨不忍睹。

（3）战争带来了种种残酷景象，哀鸿遍野，实在是惨不忍睹。

2 * 井然有序 jǐngrán-yǒuxù：有条理，有次序，整齐不乱。井然，整整齐齐的样子；序，次序。

（1）一字排开的大爷大妈，坐在小板凳上，每人面前的空地上摆一张纸片，整整齐齐，井然有序，乍一看简直无异于一场大型的展销会。

（2）同学们井然有序地进入操场。

（3）走进客厅，只见各样家具摆得井然有序，且窗明几净，看了真让人舒心。

3 * 有血有肉 yǒuxuè-yǒuròu：形容文艺作品描写生动，内容充实。

（1）此刻，一个个有血有肉、有思想有灵魂的男孩女孩，一律被压扁成一张张 A4 纸，被抽出一条条硬性条件，躺在被太阳烤热的水泥地上，供众人评头论足。

（2）这部小说塑造了一个有血有肉、个性鲜明的人物形象，读后让人久久难忘。

（3）任何一个有血有肉的人看到这个场景都会不由得落泪。

4 * 评头论足 píngtóu-lùnzú：泛指对人对事随意发表评论，多方挑剔。

（1）此刻，一个个有血有肉、有思想有灵魂的男孩女孩，一律被压扁成一张张 A4 纸，被抽出一条条硬性条件，躺在被太阳烤热的水泥地上，供众人评头论足。

（2）随便对别人的容貌评头论足是非常没有教养的行为。

（3）他是一个自信的人，根本不在乎别人的评头论足。

5 * 待价而沽 dàijià'érgū：指等待有高价钱才出售。原比喻等待时机出来做官；后多比喻等待有赏识自己才能的人或有好的待遇、条件才肯应聘。

（1）这种待价而沽的商品式相亲被网友们开玩笑地称为“人口贩卖市场”。

（2）他刚离职，就被猎头公司盯上了，正待价而沽。

（3）这幅画作正在拍卖会上待价而沽，相信会拍出高价。

6 * 揠苗助长 yàmiáo-zhùzhǎng：把苗拔起来，帮助其成长。比喻违反事物的发展规律，急于求成，最后事与愿违。

（1）大爷大妈们通过浏览相亲材料，以及看似闲聊、实则互相摸底的方式，就想为子女找到另一半。心情如此迫切，简直有些揠苗助长、急功近利的意味了。

（2）因势利导能使事情获得成功；揠苗助长反而会导致事情的失败。

（3）学习要循序渐进，若是急于求成，最后只能落得个揠苗助长的后果，得不偿失。

7 * 急功近利 jígōng-jìnlì：指急于在短时间里获得成效和利益。

（1）大爷大妈们通过浏览相亲材料，以及看似闲聊、实则互相摸底的方式，就想为子女找到另一半。心情如此迫切，简直有些揠苗助长、急功近利的意味了。

（2）做学术研究需要刻苦钻研和长期的努力，急功近利肯定是不行的。

（3）这个人眼光短浅，急功近利，成不了大事。

8 * 心急火燎 xīnjí-huǒliǎo：形容心里非常焦急，像火烧一样。

（1）身为父母，眼见着子女们忙于事业，时间和精力在城市的快节奏中消失殆尽，又确实难有与异性相处的机会，担心他们错过适婚年龄，心急火燎，索性亲自出马也实属无奈。

（2）当收到奶奶病危的消息时，我们都放下手头上的工作，心急火燎地赶回家。

（3）所谓的“心急吃不了热豆腐”，意思就是做事情太心急火燎往往达不到目的。

9 * 风口浪尖 fēngkǒu-làngjiān：风浪最大的地方。比喻形势最紧张激烈的地方。

（1）北京人与外地人的隔阂、地域歧视等问题又被推上风口浪尖。

（2）在舆论的风口浪尖上，他相信清者自清，因此选择了沉默到底。

（3）疫苗问世后不久，关于疫苗安全性的问题马上被推上了风口浪尖。

10 哭笑不得 kūxiào-bùdé：哭也不是，笑也不是。形容处境尴尬，不知如何是好。

（1）“十羊九不全”，大爷大妈们的迷信心理令网友们哭笑不得：“属羊的吃你家草了？！”

（2）我小时候特别调皮，搞过很多令人哭笑不得的恶作剧。

（3）他这番外行话，把在场的人弄得哭笑不得，不知怎样回答才好。

11 不约而同 bùyuē'értóng：事先没有约定，彼此的意见、行动却完全一致。

（1）他们不约而同地列出子女具备的各种优势，“明码标价”，坚持不懈地寻找高于自身价码，或者至少价码相等的另一半。

（2）大家对于他新颖的设计赞叹不已，不约而同地站起来为他鼓掌。

（3）在公交上，只见几个年轻人不约而同地站了起来，给抱小孩的阿姨让座。

12 * 明码标价 míngmǎ-biāojià：公开标明商品价格或收费标准的方式。

（1）他们不约而同地列出子女具备的各种优势，“明码标价”，坚持不懈地寻找高于自身价码，或者至少价码相等的另一半。

（2）当地新出台的政策规定，商品一律明码标价，广告必须实事求是。

（3）很多街边小店的橱窗里摆放着菜肴并且明码标价，客人可以很方便地点菜并且不用担心被宰。

13 坚持不懈 jiānchí-bùxiè：指做事情有恒心，有毅力。

（1）他们不约而同地列出子女具备的各种优势，“明码标价”，坚持不懈地寻找高于自身价码，或者至少价码相等的另一半。

（2）在马拉松比赛中，尽管是最后一名，他还是坚持不懈地跑到了终点。

（3）在科研人员坚持不懈的努力下，这项实验终于成功了。

14 * 忧心忡忡 yōuxīn-chōngchōng：形容忧愁不安的样子。

（1）一方面急功近利，希望攀上高枝；一方面忧心忡忡，担心被别人分走一杯羹。

（2）住在隔壁的奶奶担心在外打拼的儿子，总是一副忧心忡忡的样子。

（3）面对这项几乎不可能完成的任务，他感到忧心忡忡。

15 分一杯羹 fēnyībēigēng：借指分享利益。

（1）一方面急功近利，希望攀上高枝；一方面忧心忡忡，担心被别人分走一杯羹。

（2）鲜花速递使得网上订花成为可能，几家电商也纷纷加入七夕鲜花市场试图分一杯羹。

（3）虽然数家整形机构已经将青岛市场瓜分殆尽，但仍有同类机构源源不断地进驻青岛，试图分一杯羹。

课后练习 趁热打铁

一、选词填空

急功近利　不约而同　坚持不懈　忧心忡忡
哭笑不得　惨不忍睹　风口浪尖

1. 在候车室里，面对一位贫病交加的老妇人，大家__________地向她伸出了援助之手。
2. 所谓“十年树木，百年树人”，人才培养不应该是一件__________的事情。
3. 生活总是这样，期盼与世无争的人，却往往被推上__________。
4. 战争影片中__________的搏杀情景，让每个观众都受到强烈的刺激。
5. 通过__________的努力，他终于在科研上取得了令人瞩目的成就。

6. 第一次做饭时，他把糖当成盐放进了锅里，令站在一旁的妈妈＿＿＿＿＿。

7. 他最近失业了，总是一副＿＿＿＿＿的样子，担心家庭经济陷入危机。

二、单项选择

1. 有付出才有回报，我们（　）那些不劳而获，坐享其成的人。

A. 鄙视　　B. 轻视　　C. 忽视　　D. 歧视

2. 只要当中任何一个人（　）这个机密，整个任务就会功亏一篑。

A. 暴露　　B. 泄露　　C. 显露　　D. 透露

3. 在科学研究中，敢于（　）权威的观点，才谈得上创新与进步。

A. 质疑　　B. 怀疑　　C. 疑问　　D. 质问

4. 现在回想起来，我真是（　）了父亲平日里对我谆谆不倦的教诲。

A. 无辜　　B. 辜负　　C. 负疚　　D. 负担

5. 所谓的“忘年交”，不会因为年龄的差距而产生（　）。

A. 隔阂　　B. 隔离　　C. 分隔　　D. 隔壁

三、用所给的词语和句型回答问题

1. 北京公园有什么样的场景？（乍一看……无异于……）

＿＿＿＿＿＿＿＿＿＿＿＿＿＿＿＿＿＿＿＿＿＿＿＿＿＿＿＿＿＿

2. 征婚简历写了什么？（无非是……）

＿＿＿＿＿＿＿＿＿＿＿＿＿＿＿＿＿＿＿＿＿＿＿＿＿＿＿＿＿＿

3. 父母们为什么如此着急？（眼见着……）

＿＿＿＿＿＿＿＿＿＿＿＿＿＿＿＿＿＿＿＿＿＿＿＿＿＿＿＿＿＿

4. 父母代子相亲出于何种心理？（攀高枝，被分走一杯羹）

＿＿＿＿＿＿＿＿＿＿＿＿＿＿＿＿＿＿＿＿＿＿＿＿＿＿＿＿＿＿

四、用所给的词语填空

坚持不懈　心急火燎　评头论足　有血有肉　待价而沽

许多人忙着买票回家过年，但一些适婚却仍单身的年轻人却患上了“年关恐惧症”，因为春节正是家中长辈的“催婚季”，没有一个＿＿＿＿＿的年轻人愿意在相亲市场上被＿＿＿＿＿，如同商品一样＿＿＿＿＿，许多父母＿＿＿＿＿、一厢情愿地为儿女安排各种相亲，甚至有父母认为女性超过三十岁自身优势就消失殆尽。老年人＿＿＿＿＿地催促儿女成婚，反倒造成双方僵持不下的局面。实际上，这种对立说到底，无非是两种不同婚恋观的碰撞。心理咨询师建议，父母要体谅儿女们的心情和愿望，不要给孩子太大的压力，更不要把欢聚变成了“不欢而散”。

单元练习 学以致用

一、建言献策

材料一：家庭暴力对孩子的心理影响可以说是无法估量的，孩子经常挨打或挨骂（家暴），会产生严重的心理问题，将会影响孩子的整个人生。

另外，根据媒体报道，大多有暴力倾向的孩子都是在家暴中成长起来的。

材料二：“我出生在一个很普通的家庭，自从有记忆以来，我的家庭就充满着谩骂、殴打。在亲戚和外人看来，我是一个性格不错、孝顺、乐观开朗的人。可只有我知道自己有多么的脆弱不堪，害怕去人群密集的地方，骨子里很自卑，哪怕穿再贵的衣服，用再贵的手机，扬起再高的头都遮盖不了。因为家暴，所以缺失父爱，在和男性相处的过程中，只要对方对自己有一点点好就会非常满足，特别渴望被人保护。”

针对这些孩子群体，你觉得家暴会对他们产生什么影响？我们应该采取什么措施来避免此类问题？

二、众说纷纭

（一）男性也会遭遇家暴吗？

一听到“家庭暴力”，我们的第一反应一定是妻子被家暴了，如果一个男同胞抱怨自己被妻子家暴了，一般人都会当作玩笑，认为顶多就是“跪键盘”或一些小体罚，甚至有人会嘲笑：“你一个大老爷们，人高马大的，怎么会被老婆打？”

2016 年 12 月 4 日，央视新闻官方微博发布消息，北京郭先生不堪忍受妻子赵女士殴打，向法院申请人身安全保护令，请求禁止赵女士殴打、辱骂和骚扰自己。法院做出裁定禁止赵女士对郭先生实施家庭暴力，禁止赵女士骚扰郭先生，有效期为六个月。如赵女士违反上述禁令，法院将视情节轻重，对其处以罚款、拘留；构成犯罪的，依法追究刑事责任。

北京市首张“男性人身安全保护令”的诞生，引发了社会舆论的广泛关注，但是“不理解”“嘲笑”仍是大部分网友的表现。以下是网友在该新闻下的一些留言：

◆ “活该！”“男的被打没什么。”“女的都还没保护好呢。”

◆“哎，男人难！男人打女人被视为没出息，如果被女人打被视为窝囊。”

◆“面对暴力，女性可能是弱者；而家暴舆论中，男性才是真正的弱势群体。”

请评论以上观点，说出自己支持或反对的理由。

（二）哪些行为算啃老？

啃老有不同的表现形式，你对啃老是如何理解的？你认为哪些行为算是“啃老”？请小组讨论，并对以下行为的啃老等级按从高到低进行排序，同时请说明理由。

（1）毕业后在父母的城市工作，住在父母家，不给生活费。

（2）毕业后一直找不到合适的工作，向父母提出资助其出国留学。

（3）毕业后找不到合适的工作，父母托熟人安排工作。

（4）让父母出结婚买房钱。

（5）婚后，请父母帮忙带孩子，给父母“带孙费”，但父母一年又一年，一刻不得闲。

（6）经常回家看父母，但回去的时候除了带着妻儿，带着嘴，两手空空，回家的这两天，父母承担了所有的家务活及开销还兼照顾孩子。

（7）有些父母为了子女过得好，自愿给子女钱，这种“一个愿打一个愿挨”的情况，算“啃老”吗？

（8）经济上不依赖老人，但大至孩子的教育抚养，小至柴米油盐，自己只做甩手掌柜，还动不动向父母抱怨、吐苦水，让父母承担不属于他们的精神压力，算“精神”啃老吗？

（三）父母有权催婚吗？

舆论对催婚者好像很不友好，把“催婚者”叫作“逼婚者”。每逢过年，“逼婚”必成为热词，舆论仿佛约好了似的，对“逼婚”一族口诛笔伐。可是，我总觉得，催婚自有催婚的道理，有些婚还非催不可呢。

俗话说“男大当婚，女大当嫁”，这流传下来的古话都是前人的经验之谈。人这一生，每一个时期都有其特定的使命，到了一定的年龄就该婚嫁，就该生子，顺应生命时序。否则，错过了生育的最佳时期，不是太可惜了吗？有些事情错过了可以从头再来，但最佳生育年龄错过就错过了，无法挽回。长辈们作为过来人，吃的盐多一些，有些事看得远一点，在婚姻之事上催一下，有何不可呢？

简答：

1. 舆论如何看待催婚者？

2. 作者对催婚持何种态度？

3. 作者认为“男大当婚，女大当嫁”有什么道理？

4.“吃的盐多一些”是什么意思？

（四）小品《每逢佳节被催婚》

参考视频:《每逢佳节被催婚》

网友评论：

纯路人：总结一下，你个人有不想结婚的权利，你父母也有催婚的权利。

what（人生本就浅薄）：可以催，不能人格贬低。

妙蛙种田子：想催婚就自己去结，想要孩子就自己去生。

低糖维他奶：哦？那为什么是替我父母催，不是演个小品替我开导我父母不要催。

父母有权催婚吗？请你在留言区添加自己的评论。

三、新闻报告（全班轮流，根据班级人数每次可指定一到两位同学完成）

据报道，由于出生人口性别比例失调，婚恋难度加大，单身人口数量庞大，中国处于婚育年龄阶段的单身人口已经达到了 2 亿多人。单身男女婚恋问题成为社会亟需解决的难题之一。许多焦虑的家长会代子女相亲、催婚，甚至逼婚。

请你从“单身”“代相亲”“催婚”“逼婚”几个关键词中选取一个，上网查一下相关的新闻，做一份词表，并介绍给你的同学：

报告中，应包括以下内容：

（1）新闻的来龙去脉。

（2）人们对于该新闻事件的看法？

（3）你怎么看待这一新闻？

四、明察暗访

（一）调查周围人对家庭暴力的态度

你有没有遇到过邻居发生家庭暴力的情况？请你调查“如果邻居发生家庭暴力，你会袖手旁观还是出手相助？又该如何相助？”在下次课上，汇报你的结果。

问题参考：

（1）你遇见过邻居发生家庭暴力的情况吗？

（2）如果遇见过，你倾向于选择袖手旁观还是出手相助？

（3）你会选择什么样的方式去帮助正遭受家庭暴力的邻居呢？

（4）如果相助适得其反，你会怎么去处理？

（二）调查父母和子女对“啃老”的态度

请采访一些你们国家 / 中国的父母和孩子，问问他们对啃老的看法，下次课上向全班同学汇报。

问题参考：

（1）你觉得“啃老”是必要的还是无可奈何的？为什么？

（2）成年子女成为“啃老族”的原因可能有哪些？

（3）如果你的子女“啃老”，你是帮助还是拒绝？ / 你愿意成为“啃老族”吗？

（4）毕业后暂住父母家，如何避免成为“啃老”族？（要不要交伙食费、承担家务、房租）

（5）父母和成年子女应该保持怎样的亲子关系？

（6）如果“啃老”成为社会普遍现象，会出现什么样的问题？怎么解决这个问题？

（三）调查周围人的择偶标准

请你采访你认识的中国人或你们国家的人，请他们谈谈择偶标准，特别是对金钱的看法，在下次课上，汇报你的调查结果。

问题参考：

（1）你的梦中情人是什么样的？

（2）你选择伴侣时最重要的三个标准是什么？

（3）你自己最大的三个优势是什么？

（4）你和父母那一代人的择偶观有什么不同之处？

（5）爱情和面包哪个更重要？

（6）你如何看待“宁愿坐在宝马上哭，不愿坐在自行车上笑”？

（7）你更倾向于“一见钟情”的爱情还是“日久生情”的爱情？

（8）你听过哪些奇葩或畸形的择偶标准？

（9）如果你是“不婚族”，说说你的理由。

五、各抒己见

（一）一个“完美”的啃老族，是如何养成的？

“啃老”不是某一个国家特有的现象，而是一个普遍的社会问题，受到社会经济、就业状况、教育状况、家庭文化观念等多重因素的影响。请在网上查阅相关资料，分析你们国家的“啃老”现象有什么特点？并具体分析其原因，从国家、社会（经济、教育、文化）、家庭、个人等方面思考如何解决啃老问题。

参考文章：《一个完美的啃老族，是如何被养成？》

（二）你怎么看“每逢佳节被催婚”？

“自由不是你想做什么就做什么，而是你不想做什么就不做什么。”那好像是理想。“每逢佳节被催婚”，春节来临，“催婚”“逼着相亲”也如期而至。物质的发展是呈加速度的，人的精神世界却似乎是匀速的。代代相传，长辈们的经典语录是：“不小了，别挑啦，该结婚了！你看人家……”那么为什么中国家长如此喜欢催婚？

参考视频：

1.《中国家长为什么喜欢催婚催育？》

2.《心理专家解读：爸妈一直催婚，到底是因为什么？》

3.《为什么父母总爱催婚？国民爸爸高亚麟一番话，说哭无数人！》

（三）谈谈云相亲的利弊

根据国家统计局数据，中国单身基数庞大，性别差异明显，90后成为单身群体主力军。2018年，中国单身群体人数中，90后占比47.68%，正式接棒80后，成为单身主力军。

春节，是属于相亲的日子。事实上，相亲这种模式在婚姻制度诞生后就一路相随而生。古时的相亲是基于生活圈和关系场的相亲，多为家里亲人或者朋友熟人的介绍；虽然相亲是传统技能，但如今，在互联网的时代，相亲也被人们玩出了新花样。云上相亲，算法匹配，喜忧参半。

请你上网查找相关资料，看看中国有哪些相亲网站，谈谈云上相亲的利弊。

六、针锋相对

（一）

近日，数起“家暴”案件的曝光引发社会广泛关注，关于“家暴立法”“家暴入刑”的呼声也愈发增多。其实，早在2016年3月1日，《中华人民共和国反家庭暴力法》就已经正式施行。这表明了国家干预家庭暴力的积极态度，这也是公权介入私权的典型表现。但是国家干预并不能解决所有发生在家庭成员内部之间的家庭暴力问题，其仍需尊重家庭内部规则的有效性。

辩论题：制止家暴，法律惩罚更有效还是道德教育更有效?

（二）

随着社会的进步，年轻人的生活压力越来越大，不少刚走出校园，步入社会，在大城市独自打拼的年轻群体往往是手头紧。面对此种情形，有些父母心疼子女，主动提出让子女“啃老”，帮助子女成家、立业、买房、买车。有网友认为，无论父母是否愿意，年轻人都不该啃老；也有网友表示，在父母愿意的前提下，年轻人啃老无可厚非；还有网友指出，啃老现象背后反映出的社会问题更值得关注与解决。

辩论题：毕业后生活压力大，父母愿意给予一定的经济支持，我该接受吗?

（三）

生活中，老人帮子女带孩子的情况非常普遍，有年轻人对老人帮自己带孩子心怀感恩，也有人觉得这是理所应当。你认为老人帮带孩子是应当的吗?

辩论题：父母帮忙带孙，是情分还是本分?

（四）

关于相亲鄙视链，人民日报评论：一条冰冷的底线，却不知隔绝了多少热烈的真爱，又流失了几许相知相恋相依的缘分，父母只看到贫贱夫妻百事哀，却没有看到有多少婚姻的破裂，是因为双方维系感情的无力，情绪控制的失败。婚姻无法回避物质基础，但更不能缺失爱情基础。随着中国社会愈发走向成熟，因爱结合的婚姻更会是主流的婚姻价值，因此计算一时的物质得失，不如算清一世的幸福保障。

辩论题：婚姻中的物质基础和爱情基础，孰轻孰重?

（五）

在封建社会，哪怕是当今的社会，还是有很多人认为，交友和婚姻，门当户对还是有一定的根据的。青年时代以及之前的生活，是人生观、世界观形成的最重要的阶段。两个人相处，不仅是个人的事情，也是两家人甚至两个家族的事情。

辩论题：门当户对的婚恋观过时了吗?

（六）

2017 年年初《奇葩大会》上，李银河老师道出一个不争的事实：“婚姻终将会消亡。”她说，婚姻未必会真的彻底消失，但未来可能就 20%、30%、40%，大概这样的比例会结婚，总体呈现一个萎缩的状态。

辩论题：婚姻制度会消失吗？

七、群策群力

随着社会压力的增大，家庭暴力事件在媒体上屡见不鲜，呈现形式也逐渐多样。每一起家暴事件都会引起大众的口诛笔伐，但家庭暴力的悲剧依然层出不穷。据相关报告，当前还有相当数量的人认为“家庭暴力就是男人打老婆”，对家庭暴力的概念和类型都比较模糊。因此，反家暴的普法宣传刻不容缓。

请同学们分小组合作，帮联合国制作一个反家暴的公益宣传视频，旨在世界范围内减少对女性和青少年儿童的伤害。要求：

1. 以未成年人（中小学生）或成年人作为普法对象，让其对家庭中发生的身体暴力、语言暴力或冷暴力有一个全面清楚的认识，以及如果遇到家庭暴力该怎么办？（可根据宣传对象选择一种暴力行为，比如：对未成年人宣传语言暴力的危害）

2. 视频中含有某种暴力行为在不同国家的典型案例（可以是短视频）。比如：未成年人的语言暴力，在你的国家有怎样的典型案例？为什么引起全球各界的关注？

八、妙笔生花

（一）一封回信

2018 年，一个杭州妈妈写的信在朋友圈里刷屏。她 26 岁的孩子，想要父母替自己买一套房。但这个妈妈，毫不犹豫拒绝了儿子，还给他写了一封信。请阅读这封信，思考成年子女与父母的关系应该是怎样的，并以儿子的名义，给他的妈妈回一封信。

亲爱的儿子：

有些话我不知道怎么开口，就选择了用最原始的方法跟你说说妈的心里话。

从你出生到现在，你 26 岁了。这 26 年，妈妈一直都很幸福。你的降临，给妈妈的生活带来了无限的快乐。但最近，我们之间好像出现了一些问题。

你说你身边的人都买了房，你说你后面找女朋友需要一套房，你说现在房价一直在涨，亚运会前肯定不会亏，于是你告诉妈妈说你想在萧山城区买套房。可是，在我看来，26 岁的你需要独自承担一些事情，而不是像小时候的你一样，只要哭一下，说一声，就能得到自己想要的。在我看来，你还是赖在我们的怀里，像个孩子一样。

妈妈为什么拒绝你，妈妈只是希望你能明白：你终归要自己飞翔的，而我和你爸爸只是你坚强的后盾，而不是永远顶在前面的那个。

妈妈希望，你能通过自己的努力得到自己想要的。无论是房子，还是梦想，你终究是要一个人走向未知的未来。

你的妈妈

回信（不少于 800 字）：

亲爱的妈妈：

您的儿子

（二）一纸婚书真的重要吗？

在法治社会的今天，结婚证的作用越来越重要。一旦双方领了结婚证双方必须要履行双方的责任，基于法律保护的前提下，不能随心所欲。反观法国，他们宁可同居几十年也不结婚。上至总统，下至平民百姓，同居已经成为普遍现象。从八十年代开始，法国的婚纱产业发展就很艰巨了，一方面是因为昂贵，而另一方面是因为结婚的人越来越少了。请写一篇

800 字的作文，谈谈你的看法。

（三）续写电影

《橄榄树下的情人》：地震过后，一支摄制组来到某个山村准备拍摄影片，导演决定一如既往起用非职业演员。巧合的是，饰演男主角的侯赛因暗恋女主角塔赫莉良久。侯赛因出身贫寒，孑然一身；塔赫莉则家境优渥，受过良好的教育。由于彼此间的巨大差别，侯赛因的爱情始终未能开花结果。不过，地震摧毁了塔赫莉的一切，她的家境和侯赛因相差无几。借着拍戏的机会，侯赛因向爱人展开大胆的追求……

本片以一个经典的长镜头结束，侯赛因追随着女主，恳请她嫁给自己。他最后有没有追求到女主呢？电影没有给出答案。请自拟题目，续写电影。

第五单元 教育篇

课文一 >> 没有高考，你怎么拼得过富二代？

课前思考

1. 你觉得考生选择大学、报考志愿时，会考虑哪些因素？
2. 在你们国家，进入大学的途径有哪些？
3. 你觉得读大学能改变人的命运吗？

没有高考，你拼得过富二代吗？按说这样的说法未免过于绝对，却是非常现实的话题。可换一个角度，你说我能不知道高考有多少毛病和问题吗？1977 年 9 月，中国教育部决定恢复停止了十余年的大学招生考试，这恢复的不只是高考，更是几代中国人对于公平、尊严的梦想。

中国历来流传着一句话："国家兴亡，匹夫有责。"我觉得有了"恢复高考"这事，应该稍稍对前面的话加以改动："国家兴亡，学子有路，匹夫有责。"80 年代的高考和当代高考的概念是不一样的。有些人所有科目都是满分。后来我经常和我爱人开玩笑，她是镇江文科状元，明明能够去中国所有的名牌学校，但是偏偏莫名其妙地报考了北京广播学院。这反倒说明，那个时候大家更多的是挑选自己想去的学校和专业，不像今天已经变成了不管学生喜不喜欢，必须要去某所高校的现象。

对于部分高考名校，我持中立态度，不一定赞赏，但是也不便于直接批评。我们做了两期毛坦厂中学的节目，回来后改变了我的态度。很多官家子弟、富家子弟费尽心机找人把孩子送到竞争门槛较高的高考名校，而那些没有一定财富、权力的家庭根本进不去这些学校的大门。然而毛坦厂中学并非如此，相当多的学生是打工者的孩子，把院墙外柳树当神树祭拜的，都不是富裕的父母。

毛坦厂中学的背后是非常卑微的家庭，父亲在外打工，几个家庭的母亲轮流给三四个孩子做饭。孩子出发去参加高考时，上万人守着大客车，这些孩子身上寄托着一个又一个非常普通甚至卑微的家庭梦想。

把高考作为人生梦想是可喜和值得鼓励的，无论如何我都做不出任何嘲讽毛坦厂中学的事情。可能这里有很多我们不一定认同的涉及教育体制、应试教育的东西，但是我愿意用温情去面对这样的事情。更重要的是，我祝福这些普通的家庭，希望高考能改变他们的命运。

回想 1985 年的时候，我们班同学在高考留言板上的留言，如果按现在的话来说，更多应该是谈高考、谈梦想，相反的是，那个时候更多谈人生，其中谈发财、物质的只有一两个，少之又少。

我们没有任何的门路，我母亲就是一名普通的老师，父亲 1976 年就去世了。当年在北京我没有亲戚和熟悉的人脉，但我走到今天，却没有为找工作、调转岗位送过一次礼。如果现在的年轻人说生活中有很多糟糕的东西，当然有。但是要去相信还有另外一种方式能够改变命运，那就是高考。如果你不用分数考出去，家里头帮助你进入名校的机会真的很渺茫。我希望高考能使很多寒门孩子有成为“富一代”的可能，一个人上了大学，改变了这个家庭。

（改编自央视访谈节目
《我们：无论如何我做不出任何嘲讽毛坦厂中学的事》，作者：白岩松）

生词表

1. *富二代	fù'èrdài	名	父母拥有大量财富的子女。
2. 按说	ànshuō	副	依照事实或情理来说。
3. 未免	wèimiǎn	副	不能不说是……
4. 尊严	zūnyán	名	可尊敬的地位和身份：国家～ | 人格～。
5. 历来	lìlái	副	过去多年（次）以来；从来：～如此。
6. 流传	liúchuán	动	传下来或传播开：长期～ | ～很广。
7. 稍稍	shāoshāo	副	稍微。

8. 改动	gǎidòng	动	变动（文字、项目、次序等）：～字体 | 课程～。
9. *学子	xuézǐ	名	学生：青年～；莘莘（shēnshēn）～（很多学生）。
10. 科目	kēmù	名	学校教学中指课程名目：考试～。
11. 满分	mǎnfēn	名	指规定的最高分数：打～ | 得～。
12. 文科	wénkē	名	教学上对文学、历史、哲学、经济等学科的统称。
13. 状元	zhuàng·yuan	名	科举时代的一种称号，元代以后称殿试的第一名，后指考试取得第一名的人：高考～ | 文科～。
14. 偏偏	piānpiān	副	表示故意跟客观要求或现实情况相反。
15. 反倒	fǎndào	副	反而。
16. 持	chí	动	持有（某种见解、态度等）。
17. 中立	zhōnglì	形	处于对立的双方中间，不倾向于任何一方：～国。
18. 赞赏	zànshǎng	动	赞美欣赏：我很～他。
19. *官家子弟	guānjiā zǐdì	名	父母有官职的子女。
20. *富家子弟	fùjiā zǐdì	名	家人拥有大量财富的子女。
21. 子弟	zǐdì	名	年轻的后辈：～兵。
22. 门槛	ménkǎn	名	比喻进入某范围的标准或条件：～高 | 设置～。
23. 并非	bìngfēi	动	并不是。
24. 柳树	liǔshù	名	一种树木的名称。
25. *祭拜	jìbài	动	祭祀礼拜。
26. 富裕	fùyù	形	经济条件较好，钱财充足：～人家 | ～的生活。
27. *卑微	bēiwēi	形	地位低下：身份～ | ～的态度。
28. 轮流	lúnliú	动	依照次序一个接替一个：～休息 | ～敬酒。
29. 寄托	jìtuō	动	把理想、希望、感情等放在（某人身上或某种事物上）：失去精神～ | ～哀思。
30. *可喜	kěxǐ	形	令人高兴的：～的成绩 | ～的收获 | ～的变化。
31. *嘲讽	cháofěng	动	嘲笑讽刺：受到～ | ～对方。
32. 体制	tǐzhì	名	国家、国家机关、企业、事业单位等的组织制度：政治～ | 教育～。
33. *应试教育	yìngshì jiàoyù	名	以单纯培养学生应对考试的能力为主要目的的教育。

34. *温情	wēnqíng	名	温柔的感情，温和的态度：充满～ | ～的目光。
35. 回想	huíxiǎng	动	想（过去的事）：～不起来 | ～起不少往事。
36. *少之又少	shǎozhīyòushǎo	副	很少很少，几乎没有。
37. 门路	ménlù	名	特指能达到个人目的的途径：～多 | 找～。
38. *人脉	rénmài	名	指人各方面的社会关系：～资源 | 拓展～。
39. *调转	diàozhuǎn	动	调动转换：～工作 | ～岗位。
40. *渺茫	miǎománg	形	因没有把握而难以预期：希望～。
41. *寒门	hánmén	名	贫困的家庭：出身～ | ～子弟。

【注释】

1. **白岩松：**出生于内蒙古自治区，中国节目主持人、记者、作家，1985 年考入北京广播学院（现中国传媒大学）新闻系。毕业后到中央人民广播电台工作，后到中央电视台工作，曾参与 1997 年香港回归等重大事件的电视直播。著有《痛并快乐着》《幸福了吗》等。

2. **北京广播学院：**现中国传媒大学。被誉为“中国广播电视及传媒人才的摇篮”。

3. **毛坦厂中学：**位于安徽省六安市大别山深处的毛坦厂镇，是安徽省示范高中。因学校规模庞大、军事化管理模式、升学率高而被誉为亚洲最大“高考工厂”。

4. **高考名校：**指高考升学率高，并且有很多学生考入名牌大学的高中，一般多为各省市重点学校。

重点句型与词汇

1 按说：指依照事实或常理来说。类似的词语还有“按理”“按理说”。

（1）没有高考，你拼得过富二代吗？按说这样的说法未免过于绝对，却是非常现实的话题。可换一个角度，你说我能不知道高考有多少毛病和问题吗？

（2）按说现在是蔬菜供应淡季，可是这里的蔬菜种类还是不少。

（3）按说这个时候应该下雪了，可今年一场雪都没下。

2 未免：副词。实在是；不能不说是。后面常有“太……了”“过于”“有点儿”等表示程度的词出现。

（1）没有高考，你拼得过富二代吗？按说这样的说法未免过于绝对，却是非常现实的话题。可换一个角度，你说我能不知道高考有多少毛病和问题吗？

（2）你这样当众指责他，未免也太过分了。

（3）单纯用一次考试来判断人的能力，未免也太绝对化、片面化了。

3 换一个角度（来看）

（1）没有高考，你拼得过富二代吗？按说这样的说法未免过于绝对，却是非常现实的话题。可换一个角度，你说我能不知道高考有多少毛病和问题吗？

（2）他一直觉得没考上大学是自己的劣势，可换一个角度，正是因为没上过大学，他才会更努力。

（3）大量的作业有助于学生掌握知识，可换一个角度来看，为了让学生能够有好成绩，就非得采取这样的方式吗？

4 不只是……，更是……

（1）1977 年 9 月，中国教育部决定恢复停止了十余年的大学招生考试，这恢复的不只是高考，更是几代中国人对于公平、尊严的梦想。

（2）产品质量问题不只是个技术问题，更是个道德问题。

（3）互联网不只是一种技术，更是一种思想、一种理念。

5 历来：时间副词。指过去多年（次）以来；从来。

（1）中国历来流传着一句话："国家兴亡，匹夫有责。"

（2）王老师历来重视培养学生的动手能力。

（3）他做人做事历来是快人快语，从不拖泥带水。

6 稍稍：程度副词。稍微、略微，表示数量少或程度浅。

（1）我觉得有了"恢复高考"这事，应该稍稍对前面的话加以改动："国家兴亡，学子有路，匹夫有责。"

（2）事情终于真相大白了，大家都稍稍松了一口气。

（3）上海的夏天又闷又热，稍稍一动就会满头大汗。

7 偏偏：表示故意跟客观要求或现实情况相反。

（1）后来我经常和我爱人开玩笑，她是镇江文科状元，明明能够去中国所有的名牌学校，但是偏偏莫名其妙地报考了北京广播学院。

（2）周围这么多漂亮的女生，你怎么偏偏喜欢她？

（3）明明可以靠脸吃饭，却偏偏要靠实力去奋斗。

8 反倒：语气副词。反而，指跟通常情况或预想的相反。

（1）这反倒说明，那个时候大家更多的是挑选自己想去的学校和专业，不像今天已经变成了不管学生喜不喜欢，必须要去某所高校的现象。

（2）爸妈都很担心他走不出高考失利的阴影，他自己反倒很想得开，决定复读明年再考。

（3）爷爷用钢笔写字不顺手，用毛笔反倒得心应手。

9 并非

（1）然而毛坦厂中学并非如此，相当多的学生是打工者的孩子，把院墙外柳树当神树祭拜的，都不是富裕的父母。

（2）他这样做并非发自内心。

（3）生活中并非件件事都能称心如意。

10 无论如何……都：表示不管怎样，其结果都不变。

（1）把高考作为人生梦想是可喜和值得鼓励的，无论如何我都做不出任何嘲讽毛坦厂中学的事情。

（2）她知道你今天也出席这个会议，便找借口说身体不舒服，无论如何都不肯来了。

（3）要成就一番事业，就必须抱有“无论如何都要干到底”的决心。

11 相反的是

（1）如果按现在的话来说，更多应该是谈高考、谈梦想，相反的是，那个时候更多谈人生，其中谈发财、物质的只有一两个，少之又少。

（2）他从没有抱怨过任务多，相反的是一直在努力完成工作。

（3）很多人觉得节食可以健康减肥，相反的是，它可能会导致身体虚弱。

词语搭配

1 改动 +N

～内容 | ～词句 | ～文字 | ～顺序

（1）我觉得有了“恢复高考”这事，应该稍稍对前面的话加以改动：“国家兴亡，学子有路，匹夫有责。”

（2）你的这篇文章我只改动了个别词句。

（3）这学期的课程安排会有大改动，我们又开发了很多新课程。

2 持

～反对态度 | ～不同政见者 | ～相反观点 | ～一致立场

（1）对于部分高考名校，我持中立态度，不一定赞赏，但是也不便于直接批评。

（2）调查显示，44% 的受访者认为数字货币利大于弊，其他人持相反观点。

（3）老板答应下月给我们双倍的薪水，可我们对他的承诺持怀疑态度。

3 门槛

～高 | ～低 | 没有～ | 降低～

（1）很多官家子弟、富家子弟费尽心机找人把孩子送到竞争门槛较高的高考名校。

（2）这个专业的门槛还是比较高的，报名考生需具备 HSK 六级考试成绩合格证书。

（3）政府为了鼓励毕业生创业，降低了中小企业注册的门槛。

4 轮流 +V

～做饭 | ～休息 | ～开车 | ～值班 | ～发言

（1）毛坦厂中学的背后是非常卑微的家庭，父亲在外打工，几个家庭的母亲轮流给三四个孩子做饭。

（2）暑假期间，有的城市流行起了“集体养娃”，孩子有伴玩儿得更尽兴，家长也能轮流休息，一举两得。

（3）我们总行程约有近一千公里，四个人轮流开车，饿了就在高速公路服务站吃点儿东西，困了就在车上睡会儿。

5 寄托 +N

～梦想｜～哀思｜～希望｜～感情

（1）孩子出发去参加高考时，上万人守着大客车，这些孩子身上寄托着一个又一个非常普通甚至卑微的家庭梦想。

（2）赏月是中国自古以来的中秋节习俗，寄托着人们对“天上月儿圆，世间人团圆”的美好心愿。

（3）在庄严的纪念日到来之际，我们建立这座纪念园，寄托我们对受害者的哀思。

6 门路：

走～｜～多｜～广｜跑～｜找～

（1）我们没有任何的门路，我母亲就是一名普通的老师，父亲 1976 年就去世了。

（2）大山里的孩子没有别的门路，高考几乎是改变命运的唯一机会。

（3）当地生活贫困，就业机会少，老百姓只能纷纷跑到城市找门路。

7 渺茫：

希望～｜前途～｜感觉很～｜机会～

（1）如果你不用分数考出去，家里头帮助你进入名校的机会真的很渺茫。

（2）地震后，由于天气恶劣，气温太低，找到受伤孩子的希望非常渺茫。

（3）马上就要毕业了，我还没有找到合适的工作，难免会觉得前途渺茫。

8 寒门：

出身～｜～出贵子｜～学子

（1）我希望高考能使很多寒门孩子有成为“富一代”的可能，一个人上了大学，改变了这个家庭。

（2）很多优秀的运动员出身寒门，他们通过努力成为世界冠军。

（3）过去我们常说寒门出贵子，是因为他们有压力，也迫切需要改变自己和家人的生活。

成语和惯用语

1 * 国家兴亡，匹夫有责 guójiā-xīngwáng，pǐfū-yǒuzé：指国家兴亡大事，每个人都有责任。匹夫，一个人，泛指平常人。

（1）中国历来流传着一句话：“国家兴亡，匹夫有责。”

（2）在战争年代，许多年轻人都抱着“国家兴亡，匹夫有责”的信念，扛起枪上了前线。

（3）所谓“国家兴亡，匹夫有责”，就是每个人都要关心和参与国事，以负责任的态度来提出意见和看法。

2 莫名其妙 mòmíngqímiào：表示发生的事情很奇怪，解释不出道理来。名，说出。

（1）明明能够去中国所有的名牌学校，但是偏偏莫名其妙地报考了北京广播学院。

（2）我们在图书馆复习的时候，一个同学突然大喊一声，大家都莫名其妙地朝他望去。

（3）比赛即将开始，一名运动员突然离开赛场，他这一举动让在场所有观众都感到莫名其妙。

3 * 费尽心机 fèijìn-xīnjī：挖空心思，想尽办法。心机，计谋。

（1）很多官家子弟、富家子弟费尽心机找人把孩子送到竞争门槛较高的高考名校，而那些没有一定财富、权力的家庭根本进不去这些学校的大门。

（2）有的人费尽心机想出名，到头来还是竹篮打水一场空。

（3）为了得到这份好工作，他费尽心机，到处托关系找人帮忙。

课后练习 趁热打铁

一、选词填空

赞赏　人脉　莫名其妙　费尽心机　改动　嘲讽

1. 为了劝说客户在这个项目上投资，他真的是__________。
2. 我们只在文章的结尾处做了__________，其他部分仍然保持原样。
3. 对犯错误的人，我们不应该__________他们。
4. 中国人常说“一个好汉三个帮”，也就是说，人要想做成大事，背后的__________关系非常重要。
5. 在学校举办的英语竞赛中，李明的演讲赢得现场评委和观众的一致__________。
6. 今天我刚一到家，妈妈就把我批评一顿，真是__________。

二、单项选择

1. 改变（　）教育的体制不等于放弃考试，而是老师要更多地开发学生的潜能。

A. 应考　B. 笔试　C. 面试　D. 应试

2. 并不是每个人都能自由（　）自己未来要走的路，许多孩子都因为家庭太贫穷而放弃了自己的梦想。

A. 挑选　B. 采取　C. 抉择　D. 判断

3. 世界上有很多（ ）的事，我们还很难用科学的观点解释。

A. 莫名其妙　　B. 岂有此理　　C. 稀里糊涂　　D. 恍然大悟

4. 这个观点（ ）是错误的，真不明白为什么还有那么多支持者。

A. 渐渐　　B. 稍稍　　C. 偏偏　　D. 明明

5. 编辑帮他把文章（ ）做了修改，没过多久文章就发表了。

A. 悄悄　　B. 偷偷　　C. 渐渐　　D. 稍稍

6. “别让孩子输在起跑线上”是家长们挂在嘴边的一句话，孩子是家庭的未来，（ ）了全家人的期望。

A. 期待　　B. 托付　　C. 寄托　　D. 依靠

三、用所给的词语和句型回答问题

1. 学生在选择专业时要考虑哪些因素？（不只是……，更是……）

____

2. 20 世纪 80 年代高考和当今高考有哪些异同点？（反倒）

____

3. 有人认为高考可以改变命运。对此，你怎么看？（持）

____

4. 对于出身寒门的学生，高考究竟能带给他们什么？（历来）

____

四、用所给的词语填空

换一个角度　涉及　持　可喜　门槛　渺茫

据报道，近日江苏省某高中一个班有 20 多名学生考取北京大学、清华大学等著名高校，对此多数网友都________积极态度，网络上一片惊叹之声。这样的成绩当然是________的，可________来说，求学者多，名校少，大学的________高，因此，每年高考，依然有不少的学子觉得希望________。要让“残酷”的高考变成“温柔”的高考，需要国家增加对教育事业的投入，合理分配教育资源，这就________教育体制的改革，在这个方面，还有很长的路要走。

课文二 >> 学区房情结怎么破？

课前思考

1. 你们国家也有学区房吗？
2. 你们觉得高价买学区房值不值？
3. 学区房的存在有合理性吗？政府有无必要出台政策限制学区房？

一到开学季，学区房三个字就变成了人们茶余饭后的谈资，关于学区房的新闻也层出不穷，比如某某学校旁边的“老破小”卖出了高出同地区房价不少的价钱。学区房到底是不是中国特色呢？其实不尽然。学区房这个概念在几十年前发源于英美，那个时候它们的教育集团和房地产机构强强联手打造了一个又一个学区，吸引了很多高净值人群入住，于是把一块块原本很普通的住宅用地变成了教育圣地，那中国的学区房和国外的学区房到底有何差别呢？

国内有省重点、市重点、区重点，这些学校可能十几年前乃至一百年前就有了。一开始这些学校旁边是没有那么多房子的，就因为师资力量雄厚，使周边的房子越发吃香。中国的学区房是好学区带动了高房价，而国外的学区房则是高房价带动了好学区。何以见得呢？我们不妨来看看这些学区房的来历，众所周知，现在太多人想让孩子赢在起跑线上，把孩子送进这些学校读书，于是不停地在所属学区买买买，房价便自然水涨船高了。

那国外呢？国外的公立学校区别在于地理位置，一些学校地处郊区，另一些学校在市区，但看起来几乎一模一样。至于师资力量，因为有教师轮换制度，所以相差无几。那如何区分好学区和坏学区呢？核心在于生源。判断生源好不好，就要看旁边是富人多还是穷人多。很多人都深信如果他们的孩子成长在富人堆里，就会比成长在穷人堆里的孩子未来发展好得多。这也就导致一个地区的房价高，富人就多；富人多，学校生源就好，这个学校自然而然就成了好学校了，这就是国外高房价带动好学区的逻辑。话又说回来，因为国外是没有户口户籍这个概念的，所以很多人不用在那里买房，只要租房就可以让孩子在这所公立学校就读，所以国外就没有那么多砸锅卖铁要去买房子的故事了。

那第二个区别在哪儿呢？第二个区别在于私立学校。在有些国家，优质的教育资源往往都是集中在私立学校的，而私立学校又是脱胎于贵族学校的，所以很多富人是习惯直接把孩子送到贵族学校或者是私立学校读书的。这样的一些学校往往都是有宿舍的，学生也习惯了这种寄宿制度，所以富人也没有必要去买学区房，只要能够负担学费就行了。

那么国外到底有没有学区房呢？其实也是有的，国外的学区房，真正的学区指的是大学。名牌大学旁边的房子总是不断有人购入，一则是因为优质的大学，往往会吸引更多的优秀学生，然而这些大学没有那么多宿舍，所以很多大学生可能大二就出去租房子了；二则是这些享有盛誉的大学，会吸引更多的企业去周边设立分支机构。如此一来，工作机会也就增加了，有更多精英群体在那一带工作，所以很多人可能会在那里买房、租房，于是名牌大学周边的房价便相应上涨，这就是真正的学区房了。

（改编自 Candice talk 的视频《唯一的世界大同：学区房》）

生词表

1. *学区	xuéqū	名	为了便于学生上学和对学校的业务领导，根据中小学分布情况划分的管理区。
2. 情结	qíngjié	名	难以割舍、无法放下的某种情感：浓重的思乡～。
3. *谈资	tánzī	名	谈话的资料：茶余饭后的～。
4. 尽然	jìnrán	形	完全这样（多用于否定式）。
5. *发源	fāyuán	动	（河流）开始流出；起源。
6. 房地产	fángdìchǎn	名	房产和地产的总称，由建筑物与土地共同构成：投资～ | ～管理。
7. 联手	liánshǒu	动	联合；彼此合作。
8. 净值	jìngzhí	名	总资产减去总负债得到的数值：资产～ | 高～。
9. *入住	rùzhù	动	住进去：我们到达北京之后，～了北京饭店。
10. 原本	yuánběn	副	原来，本来：他～是学医的，后来改学了戏剧。
11. *圣地	shèngdì	名	这里指具有重大历史意义和作用的地方：佛教～ | 旅游～。
12. 乃至	nǎizhì	连	甚至：他的发明引起了全国～国际上的重视。
13. 师资	shīzī	名	指可以当教师的人才：培养～ | ～不足。

14. 雄厚	xiónghòu	形	（人力、物力等）充足。
15. 周边	zhōubiān	名	周围：~地区 | ~国家。
16. 越发	yuèfā	副	表示与过去相比，程度加深。
17. *吃香	chīxiāng	形	受欢迎；受重视：这种产品在市场上很~。
18. 不妨	bùfáng	副	表示可以试试去做，错了也不要紧。
19. 来历	láilì	名	人或事物的历史背景：查明~ | ~不明。
20. 起跑线	qǐpǎoxiàn	名	赛跑时起点的标志线：在同一~上展开公平竞争。
21. 所属	suǒshǔ	形	属于的：~学校 | ~机构。
22. 公立	gōnglì	形	政府设立的：~学校。
23. 地理	dìlǐ	名	自然环境、交通、居民点等社会经济因素的总的情况：自然~ | 经济~。
24. *地处	dìchǔ	动	地理上在某个位置：~市中心 | ~闹市。
25. 轮换	lúnhuàn	动	依次替换：~休息 | ~演出。
26. 区分	qūfēn	动	区别：~优劣。
27. *生源	shēngyuán	名	学生的来源（多就招生而言）：~地 | 争夺~。
28. 深信	shēnxìn	动	非常相信：~不疑 | ~这种有理有据的说法。
29. *户口	hùkǒu	名	户籍：报~ | 迁~。
30. *户籍	hùjí	名	公安部门以户为单位登记本地区内居民的册子，转指作为本地区居民的身份。
31. 就读	jiùdú	动	在某个学校读书：~于南京大学。
32. 私立	sīlì	形	私自设立，由私人经费设立的事业：~学校 | ~医院。
33. *脱胎	tuōtāi	动	指一事物由另一事物孕育变化而产生。
34. 贵族	guìzú	名	奴隶社会、封建社会以及现代君主国家里统治阶级的上层，享有特权。
35. *寄宿	jìsù	动	（学生）在学校宿舍里住宿（区别于“走读”）：~生 | ~学校。
36. 享有	xiǎngyǒu	动	得到，享受：~权利 | ~自由。
37. 盛誉	shèngyù	名	很高的荣誉：享有~的科学家。
38. 分支	fēnzhī	名	从一个系统或主体中分出来的部分：~机构。
39. 精英	jīngyīng	名	卓越出众的人才：商界~ | 当代青年的~。
40. 相应	xiāngyìng	动	相适应：前后不~ | 环境改变了，工作方法也要~地改变。

【注释】

1. **老破小**：在主城区户型较小的老房子，年代久远，小区的环境一般比较差。
2. **学区房**：特有名词，指周边有优质教育资源的居民住房。
3. **高净值人群**：指个人资产净值较高的社会群体，通俗地说就是富裕阶层。
4. **精英群体**：指拥有一定财富和社会地位，受过高等教育，出类拔萃的一群人。

重点句型与词汇

1 不尽然：不一定是这样；不完全如此。

（1）学区房到底是不是中国特色呢？其实不尽然。

（2）人们都说“江山易改，本性难移”，但也不尽然！受环境影响，人的性格也会有变化。

（3）都说做生意能赚钱，也不尽然，亏本的也大有人在。

2 何：疑问代词，什么。

（1）中国的学区房和国外的学区房到底有何差别呢？

（2）我这样日复一日躺在病床上，到底何时是尽头啊！

（3）不管你有何疑问，都可以到办公室找我。

3 ……，乃至（于）……：递进复句。乃至，表示更进一层的连接词。

（1）国内有省重点、市重点、区重点，这些学校可能十几年前乃至一百年前就有了。

（2）他的一举一动，乃至脸色、眼神，都被别人看得清清楚楚。

（3）达·芬奇擅长绘画、雕刻，精通数学、生物学、物理学，乃至天文学等学科，是人类历史上少见的全才。

4 越发：与“越……越……”的作用相同。

（1）一开始这些学校旁边是没有那么多房子的，就因为师资力量雄厚，使周边的房子越发吃香。

（2）听到这一激动人心的消息，同学们越发有干劲了。

（3）当今社会，职场竞争越来越激烈，这也让人们越发感到焦虑不安。

5 何以见得：如何知道，如何看得出来？用反问的语气，表示凭什么能够这样断定。

（1）中国的学区房是好学区带动了高房价，而国外的学区房则是高房价带动了好学区。何以见得呢？

（2）你说你把我当真正的朋友，但何以见得？你骗了我不止一次啊！

（3）你为什么那么怀疑他，何以见得这件事就是他做的呢？

6 不妨：语气副词。

（1）我们不妨来看看这些学区房的来历，众所周知，现在太多人想让孩子赢在起跑线上，把孩子送进这些学校读书，于是不停地在所属学区买买买，房价便自然水涨船高了。

（2）据说这个药效果很好，你不妨试一试。

（3）同学之间有什么意见不妨当面提出来，不要在背后议论。

7 （不过 / 但 / 可是）话又说回来，……：口语格式。表示过渡或转折。意思是从相反的角度、立场来思考问题。

（1）话又说回来，因为国外是没有户口户籍这个概念的，所以很多人不用在那里买房。

（2）虽然你不在乎别人在背后说什么，但是话又说回来，人言可畏，你还是小心为好。

（3）独身主义者现在越来越多，他们享受自由，可是话又说回来，一个人生活会不会孤独呢？

8 区别在于 +N/ 句子

（1）那第二个区别在哪儿呢？第二个区别在于私立学校。

（2）人和动物的重要区别在于人能够制造和使用劳动工具。

（3）私立学校和公立学校的区别在于资金来源不同。

9 脱胎于 +N：比喻一事物由另一事物孕育变化而产生。

（1）而私立学校又是脱胎于贵族学校的。

（2）我们现今能看到的京剧剧目，有很多都脱胎于昆曲。

（3）这种技术脱胎于专业相机，让人们用手机也可以随手抓拍。

10 一则……，二则……：列举原因。

（1）一则是因为优质的大学，往往会吸引更多的优秀学生，然而这些大学没有那么多宿舍，所以很多大学生可能大二就出去租房子了；二则是这些享有盛誉的大学，会吸引更多的企业去周边设立分支机构。

（2）乡村学校办学条件相对较差，一则专业教师人数不足，二则教学设备比较落后。

（3）夏天空调温度设置 26℃，一则不容易得空调病，二则节约能源。

11 如此一来 +……：这样一来，一般用于假设。

（1）如此一来，工作机会也就增加了。

（2）城市规划有助于缓解交通压力，如此一来，人们的出行会更加便利。

（3）现在很多数据都可以上传到网络，如此一来，可以保证数据的安全。

词语搭配

1 联手 +V

～合作 | ～打击 | ～打造

（1）那个时候它们的教育集团和房地产机构强强联手打造了一个又一个学区。

（2）大学和企业尝试联手合作，为毕业生提供更多的实习就业机会。

（3）最近社会上违法案件层出不穷，警民应该联手打击犯罪。

2 N+ 圣地

教育～ | 佛教～ | 艺术～ | 旅行～

（1）吸引了很多高净值人群入住，于是把一块块原本很普通的住宅用地变成了教育圣地。

（2）随着北京 798 创意街区走红，国内许多地方纷纷改造老工厂，打造当地的艺术圣地。

（3）峨眉山位于中国四川省境内，是著名的旅游风景区和佛教圣地。

3 雄厚

实力～ | 资金～ | 国力～ | 警力～

（1）一开始这些学校旁边是没有那么多房子的，就因为师资力量雄厚，使周边的房子越发吃香。

（2）亚运会工程的完工显示了首都建筑业的雄厚实力。

（3）他们公司既有雄厚的资金，又拥有充足的货源，自然市场竞争力强。

4 轮换 +N

～休息 | ～演出 | 定期～ | ～岗位

（1）至于师资力量，因为有教师轮换制度，所以相差无几。

（2）组里的同学轮换着去参加活动。

（3）新员工入职后，有一年的岗位轮换期。

5 区分 +N

～优劣 | 难以～ | ～不同 | ～等级

（1）那如何区分好学区和坏学区呢？

（2）我们不能只凭考试结果来区分学生优秀与否。

（3）这两种植物的外形极其相似，一般人难以区分。

6 享有 +N

～盛名 | ～威望 | ～权利 | ～特权

（1）二则是这些享有盛誉的大学，会吸引更多的企业去周边设立分支机构。

（2）在中国，法律规定男女享有同等的权利。

（3）他在文学界享有极高的威望。

成语和惯用语

1 * 茶余饭后 cháyú-fànhòu：泛指休息或空闲的时候。

（1）一到开学季，学区房三个字就变成了人们茶余饭后的谈资。

（2）这几年，教育改革成了市民茶余饭后的热门话题。

（3）跳广场舞是城市居民茶余饭后的一种选择。

2 层出不穷 céngchūbùqióng：接连不断地出现，没有穷尽。层，重复；穷，尽。

（1）关于学区房的新闻也层出不穷。

（2）经济诈骗案不仅层出不穷，而且手法越发高明。

（3）在改革发展新时期，新情况、新问题层出不穷。

3 众所周知 zhòngsuǒzhōuzhī：大家普遍知道的。

（1）众所周知，现在太多人想让孩子赢在起跑线上，把孩子送进这些学校读书，于是不停地在所属学区买买买，房价便自然水涨船高了。

（2）众所周知，文化是没有国界的，许多外国朋友慕名来学习中国功夫。

（3）众所周知，2022 年北京冬奥会为北京的发展带来了崭新的机遇。

4 水涨船高 shuǐzhǎng-chuángāo：水位升高，船身也随之浮起。比喻事物随着它所凭借的基础的提高而增长提高。

（1）众所周知，现在太多人想让孩子赢在起跑线上，把孩子送进这些学校读书，于是不停地在所属学区买买买，房价便自然水涨船高了。

（2）随着原材料涨价，我们的产品价格也水涨船高。

（3）随着全国经济形势好转，人民的生活水平也就水涨船高了。

5 * 相差无几 xiāngchāwújǐ：彼此没有多大差别。无几，没有多少，不多。

（1）至于师资力量，因为有教师轮换制度，所以相差无几。

（2）这两种酒的味道相差无几，我喝不出区别。

（3）三组学生开始学琴的年龄相差无几，都是五岁左右。

6 自然而然 zìrán'érrán：自由发展，不受外界影响。

（1）富人多，学校生源就好，这个学校自然而然就成了好学校了，这就是国外高房价带动好学区的逻辑。

（2）写毛笔字没有什么捷径可言，经过一段时间苦练，字自然而然就能写好了。

（3）只要情绪乐观，再加上适当锻炼，你这点小病，会自然而然地好起来的。

7 * 砸锅卖铁 záguō-màitiě：砸了锅当废铁卖。表示穷到极点，故而不留后路。也比喻把所有的都拿出来了。

（1）所以国外就没有那么多砸锅卖铁要去买房子的故事了。

（2）中国人相信知识改变命运，就是砸锅卖铁也会供孩子上学。

（3）欠你的账，即使砸锅卖铁我也一定会还上的。

课后练习 趁热打铁

一、选词填空

层出不穷　水涨船高　茶余饭后　雄厚　发源于　相差无几

1. 长江__________青藏高原，一路向东，最终流入东海。
2. 最新调查显示，新政府支持率与上一届__________。
3. 眼下的电视节目新创意__________，这样才有看头。
4. 中国乒乓球队凭借其__________的整体实力，取得了优异的成绩。
5. 人们经常把演员们的八卦，当作__________的谈资。
6. 由于一线城市房价飙升，周边二线城市的商品房价格也跟着__________。

二、单项选择

1. 小敏的病已经完全康复了，人也稍稍胖了一点，与生病以前（　）。

A. 相差无几　　B. 天差地别　　C. 一模一样　　D. 天壤之别

2. 导师对学生的批评是严厉了些，但（　），他的论文中确实有许多错误，批评也是为了帮助他进步。

A. 说来话长　　B. 二话不说　　C. 话又说回来　　D. 换句话说

3. 中亚地区是古文明（　）地之一，对世界文明发展影响巨大。

A. 源头　　B. 发源　　C. 源于　　D. 来源

4. 他最近没有时间，你（　）派别人去出差。

A. 何　　B. 何必　　C. 不妨　　D. 未免

三、用所给的词语和句型回答问题

1. 中国的学区房是怎么涨价的？（如此一来……）

____

2. 中国和外国的学区房有何区别？（区别在于……）

____

3. 为何国外的学区指的是大学？（一则……，二则……）

____

4. 你能解释一下私立学校的历史吗？（脱胎于……）

____

5. 好学区和学生成绩之间有必然联系吗？（不尽然）

____

四、用所给的词语填空

就读　越发　区分　如此一来　周边　享有　所属

面对________严峻的学区房问题，部分地区政府及时出手，将对学区房进行大调整。首先是学生改为就近入学，在以往，有的小区距离学校仅有一路之隔，但因为不在________学区而不能入学，新政策实行后，将以学校为单位，________多个小区的学生，都可以在此读书，________，学生就无须到更远的学校读书。二是尝试不再________户籍，租房与买房居民________同等的权利，租房人子女也可以________于区域内的公立学校，享受高质量的教育资源。

如此一来　享有盛誉　砸锅卖铁　相差无几　雄厚　自然而然

"再苦不能苦孩子，再穷不能穷教育"，在中国父母的观念中，就算家里一贫如洗，________也会送孩子上学，中国人重视教育的程度可想而知。以前如果孩子能考上一所________的大学，毕业后就能改善生活，________改变个人和家庭的命运。这其实与"书中自有黄金屋"的观念________。然而，当今社会，如果一个家庭没有较为________的财力，孩子享受优质教育资源的几率就会大大降低，________，"寒门出贵子"的难度也就更大了。

课文三 >> “高考移民”动了谁的奶酪？

课前思考

1. 什么是“高考移民”？
2. 在你们国家，地区之间的教育水平有很大差异吗？
3. 在大学招生中，存在哪些不公平的现象？

“十年寒窗苦读，一朝金榜题名”，高考可谓是万千学子命运的转折点。为了孩子的未来前程似锦，有些家长开始动起了“歪心思”，想方设法，甚至投机取巧给孩子搞起了“高考移民”。

“高考移民”是应试教育制度下的奇葩现象。由于中国幅员辽阔、考生众多，且各地区之间教育资源分配不均，加上现行高招制度的弊端，各省各地区的录取分数线、招生名额、竞争人数和考题难易程度等方面都存在差异。因此，部分考生通过转学或迁移户口到高考录取分数线相对较低、录取率较高的地区应考，钻高考政策的空子。

教育资源不均衡显而易见，这种地域性差异主要由高考录取模式——分省录取来决定，有差异便意味着人员有流动的可能，不然原本在家乡求学的考生，何苦舍近求远或背井离乡奔波到外省考试呢？利用区域分数差来增强高考竞争力，无非是为了考入更理想的大学。“高考移民”大体分为两类：一是移民到发达地区。多年来，北上广（北京、上海、广州）等大城市一直拥有更多的招生名额，如清华大学在北京的招生人数高于四川、江苏、安徽、湖北四个省的招生人数的总和，而北京的人口却不到这四省总人口的1/20；二是移民至欠发达地区。由于自治区的民族优待政策，西藏、新疆、海南等地都拥有较多的招生名额。加之当地人口较少，这样一来，其高考实际录取率远高于河南、河北等人口大省，而竞争压力小得多。这一制度的本意是避免教育落后地区因教育资源匮乏，而导致学生受教育机会不平等，但它确实给想走捷径的考生以可乘之机。

每个城市的大学录取名额都有限度，高考移民作为外来者，变更户籍后，凭借自身优势，插一脚进来抢饭吃，挤占当地人上大学的录取名额，对当地人来说相当不公平。话又说回来，当地人就真的该感觉委屈吗？

1952年，中国有了“高考”这个词，实行全国统一命题。这种情况持续了42年。2001年，北京文科一本录取线只有454分，山东却高达580分。同样的试卷，同样的分数，只因户籍不同，上的大学便有天壤之别。当媒体和公众开始讨论并努力解决这一不公平的现象时，部分地区开始实行自主命题。1985年，上海率先拿到高考自主命题权，开始改革，随后，北京等地区也纷纷效仿，这让各地区之间的录取分数线不再具有可比性，因为考卷不一样，山东的460分不等于北京的460分，从而“巧妙”地掩盖了高考录取的不公平。可是独立命题了，教育资源不均衡的现实就改变了吗？

“不患寡而患不均”，公平是文明社会永恒的诉求。虽然教育部明确表示加强资格审查，严厉打击“高考移民”的行为，但不能否认这一现象背后的诱因是各省份户籍福利差异和机会的不均等，有关部门不能只依靠户籍地来限制此类违规现象，围追堵截也只是治标不治本，那些不在高考大省苦读的考生与不在资源匮乏地区就读的考生并不会因此高枕无忧。眼下的当务之急还是要尽快深化高考改革，同时缩小地域间教育资源的差距，只有对症下药从根本上解决问题，才有望终结“高考移民”的怪现象。

（改编自《飞碟说》视频《高考移民伤害了谁》）

生词表

1. *奶酪	nǎilào	名	一种奶制品，常用来借指某种利益。
2. 可谓	kěwèi	动	可以说。
3. 转折	zhuǎnzhé	动	改变，转变方向：～点。
4. 歪	wāi	形	不正当的；不正派的：～理｜～风｜～点子（坏主意）。
5. 心思	xīn·si	名	脑筋：用尽～｜花～｜费～。
6. *奇葩	qípā	名	原指奇特而美丽的花朵，常用来比喻特别出色的人物。现在也用来指一些让人难以理解的行为，略有贬义。
7. *幅员	fúyuán	名	领土面积。
8. 辽阔	liáokuò	形	广阔；宽广。

9. 现行	xiànxíng	形	现在实行或正在进行的；现在有效的：～标准｜～法规。
10. 弊端	bìduān	名	由于工作上有漏洞而发生的损害公益的事情。
11. 转学	zhuǎnxué	动	学生从一个学校转到另一个学校学习：办理～手续。
12. 迁移	qiānyí	动	离开原来的所在地而另换地点：～户口｜工厂由城内～到郊区。
13. 相对	xiāngduì	形	比较的：～稳定｜～优势。
14. *应考	yìngkǎo	动	参加考试。
15. 均衡	jūnhéng	形	均匀平衡：营养～｜～发展。
16. 地域	dìyù	名	面积相当大的一块地方：～辽阔｜～差异。
17. 求学	qiúxué	动	到学校学习：到北京～｜海外～。
18. 何苦	hékǔ	副	用反问的语气表示不值得。
19. 奔波	bēnbō	动	辛苦忙碌地来回奔走。
20. 无非	wúfēi	副	只；不外乎（多指把事情往小里或轻里说）。
21. 大体	dàtǐ	副	就多数情形或主要方面而言：我们的看法～相同。
22. *总和	zǒnghé	名	全部加起来的数量或内容。
23. *欠	qiàn	形	欠缺，不够：～发达｜～考虑｜～妥。
24. *自治区	zìzhìqū	名	相当于省一级的民族自治地方，如内蒙古自治区、新疆维吾尔自治区等。
25. *优待	yōudài	动	给以好的待遇。
26. 本意	běnyì	名	原来的意思或意图：他的～还是好的，只是话说得重了些。
27. *匮乏	kuìfá	形	缺乏，不足。
28. *捷径	jiéjìng	名	近路，比喻能较快地达到目的的巧妙手段或办法：寻求～｜走～。
29. 限度	xiàndù	名	范围的极限，最高或最低的数量或程度：最高～｜容忍是有～的。
30. 凭借	píngjiè	动	依靠。
31. *挤占	jǐzhàn	动	挤走原来的，占有它的位置。
32. 委屈	wěi·qu	形	受到不应该有的指责或待遇，心里难过。
33. 命题	mìngtí	名	出题目：～作文｜统一～。
34. 自主	zìzhǔ	动	独立决定，独立完成：～招生｜～研发｜～知识产权。

35. 效仿	xiàofǎng	动	模仿，学着做。
36. *可比性	kěbǐxìng	名	某些东西可以比较和对比的性质。
37. 掩盖	yǎngài	动	遮盖；隐藏。
38. 永恒	yǒnghéng	形	永远不变；永远存在。
39. *诉求	sùqiú	名	愿望；要求：一致的～｜倾听老人的～。
40. *诱因	yòuyīn	名	导致某种情况发生的原因。
41. 眼下	yǎnxià	名	时间词，目前：～这几天都没有时间｜在～，情况还可以。
42. 有望	yǒuwàng	动	有希望：～获胜｜～成功。
43. 终结	zhōngjié	动	最后结束：案件～了。

【注释】

1. 动了谁的奶酪： 出自美国作家斯宾塞·约翰逊创作的寓言故事《谁动了我的奶酪？》。后用“动了奶酪”指侵占或威胁了别人的利益。

2. 十年寒窗苦读，一朝金榜题名： 原指古代考生经过长时间的努力学习，在科举考试中取得优异成绩。现指学生经过长年苦读后，在高考中获得理想的成绩。

3. 不患寡而患不均： 出自《论语》：“丘也闻有国有家者，不患寡而患不均，不患贫而患不安。”意思是不担心没得分，而是担心分配得不公平公正。

重点句型与词汇

1 可谓是：可以说是、可以称为。

（1）“十年寒窗苦读，一朝金榜题名”，高考可谓是万千学子命运的转折点。

（2）12 月 27 日小米手机的发布，可谓是 2011 年手机领域的一大亮点。

（3）这款新车在 9 月份一共卖出去 12 600 辆，在同类车中可谓是一马当先。

2 由于……，且……，加上……：叠加原因。

（1）由于中国幅员辽阔、考生众多，且各地区之间教育资源分配不均，加上现行高招制度的弊端，各省各地区的录取分数线、招生名额、竞争人数和考题难易程度等方面都存在差异。

（2）由于他成绩不好，且不喜欢读书，加上家里还有妹妹弟弟要上学，所以他辍学去打工了。

（3）由于他名校毕业，且做事努力，加上很会说话，因此晋升得很快。

3 钻……的空子：利用……的漏洞、可乘的机会采取行动。

（1）因此，部分考生通过转学或迁移户口到高考录取分数线相对较低、录取率较高的地区应考，钻高考政策的空子。

（2）多家企业钻政策空子，这导致当地药品生产、经营混乱。

（3）一旦税收制度不健全，就会有人想尽办法钻法律空子。

4 意味着：动词，代表；表示；标志着。

（1）有差异便意味着人员有流动的可能。

（2）教育部表示，购买学区房并不意味着能进优质学校。

（3）努力可能失败，但放弃则意味着永远不可能成功。

5 何苦：用反问语气表示不值得，句末多带“呢”，也说“何苦来”。

（1）不然原本在家乡求学的考生，何苦舍近求远或背井离乡奔波到外省考试呢？

（2）你何苦在这些小事上伤脑筋呢，让孩子们去做吧。

（3）冒着这么大的雨赶去看电影，何苦呢？

6 无非

（1）利用区域分数差来增强高考竞争力，无非是为了考入更理想的大学。

（2）我无非是想给他提个醒，没有别的意思。

（3）他这一番话，无非是在炫耀自己雄厚的财力。

7 远高于

（1）这样一来，其高考实际录取率远高于河南、河北等人口大省，而竞争压力小得多。

（2）非洲移动手机的普及率远高于互联网的普及率。

（3）文先生指出，这些项目在国外的知名度总是远高于国内的。

8 给……以

（1）这一制度的本意是避免教育落后地区因教育资源匮乏，而导致学生受教育机会不平等，但它确实给想走捷径的考生以可乘之机。

（2）人非圣贤，谁都会犯错，要给孩子以改正的机会。

（3）政府要不断完善制度，给市民以充分的参与管理和监督的权力。

词语搭配

1 弊端

经营～ | 揭露～ | 扫除～ | 政治～

（1）由于中国幅员辽阔、考生众多，且各地区之间教育资源分配不均，加上现行高招制度的弊端，各省各地区的录取分数线、招生名额、竞争人数和考题难易程度等方面都存在差异。

（2）新任的总经理要大家指出公司的经营弊端，表示绝不会讳疾忌医。

（3）鲁迅以笔做刀枪，淋漓尽致地揭露了旧社会的弊端。

2 均衡

水平～ | 势力～ | 保持～

（1）教育资源不均衡显而易见，这种地域性差异主要由高考录取模式——分省录取来决定。

（2）在青少年长身体的阶段，最重要的是营养均衡、适度锻炼及充足的睡眠。

（3）除了数量不足，中国的一些自然资源分布也不均衡，西部水资源严重匮乏。

3 匮乏

资源～ | 物质～ | 精神～ | 人才～

（1）这一制度的本意是避免教育落后地区因教育资源匮乏，而导致学生受教育机会不平等，但它确实给想走捷径的考生以可乘之机。

（2）过去那个地方物资匮乏，很多人家吃不饱。

（3）感到知识匮乏的人往往会有更大的动力去学习。

4 挤占 +N

～资源 | ～空间 | ～位置 | ～份额

（1）凭借自身优势，插一脚进来抢饭吃，挤占当地人上大学的录取名额，对当地人来说相当不公平。

（2）我开车进小区时，发现通道被其他车辆挤占，只好绕道而行。

（3）改革开放以来，深圳制造业发展迅速，不断挤占外资企业市场份额。

5 率先 +V

～开启 | ～推出 | ～表态 | ～采用

（1）1985 年，上海率先拿到高考自主命题权，开始改革。

（2）这家酒店由于率先推出微笑服务而走红。

（3）看到队友率先冲过终点，他欣喜地跳了起来。

6 掩盖 +N

～真相 | ～罪行 | ～目的 | ～面目

（1）因为考卷不一样，山东的 460 分不等于北京的 460 分，从而“巧妙”地掩盖了高考录取的不公平。

（2）谎言是掩盖不了事实真相的。

（3）他们千方百计做假材料，企图掩盖犯罪事实。

成语和惯用语

1 * 前程似锦 qiánchéng-sìjǐn：前途像锦缎一样，形容前程十分美好。多用于祝福语。

（1）为了孩子的未来前程似锦，有些家长开始动起了“歪心思”，想方设法，甚至投机取巧给孩子搞起了“高考移民”。

（2）这孩子在表演方面很有天赋，将来一定前程似锦。

（3）衷心祝你金榜题名，前程似锦。

2 * 想方设法 xiǎngfāng-shèfǎ：想尽一切办法。

（1）为了孩子的未来前程似锦，有些家长开始动起了“歪心思”，想方设法，甚至投机取巧给孩子搞起了“高考移民”。

（2）在当地工作期间，他想方设法帮老百姓解决实际困难，得到了市民的支持。

（3）这件事太紧急了，他正在想方设法联络各个部门处理。

3 * 投机取巧 tóujī-qǔqiǎo：利用时机钻空子，玩弄手法谋取利益、好处。也指靠小聪明占便宜。

（1）为了孩子的未来前程似锦，有些家长开始动起了“歪心思”，想方设法，甚至投机取巧给孩子搞起了“高考移民”。

（2）做学问需要扎扎实实下功夫，一步一个脚印，不允许投机取巧。

（3）他能够这么快发财，全靠投机取巧，所以名声很不好。

4 显而易见 xiǎn'éryìjiàn：指事情或道理非常明显，很容易看出来。形容一下子就能看清楚。显，明显。

（1）教育资源不均衡显而易见，这种地域性差异主要由高考录取模式——分省录取来决定。

（2）这个道理显而易见，谁都明白。

（3）他这错误是显而易见的，还用得着讨论吗？

5 * 舍近求远 shějìn-qiúyuǎn：放弃近的，追求远的。比喻做事走弯路或追求不切实际的东西。

（1）不然原本在家乡求学的考生，何苦舍近求远或背井离乡奔波到外省考试呢？

（2）这种东西我们本地也出产，无需舍近求远到外地去购买。

（3）你也真是舍近求远，为了一个字，放着字典不查，非要去学校问老师。

6 * 背井离乡 bèijǐng-líxiāng：离开家乡到外地。

（1）不然原本在家乡求学的考生，何苦舍近求远或背井离乡奔波到外省考试呢？

（2）他们中许多人因为贫穷，不得已背井离乡到城里打工谋生。

（3）这场百年不遇的大水灾，迫使人们背井离乡。

7 可乘之机 kěchéngzhījī：可以利用的机会。

（1）这一制度的本意是避免教育落后地区因教育资源匮乏，而导致学生受教育机会不平等，但它确实给想走捷径的考生以可乘之机。

（2）我们要提高警惕，不给坏人以可乘之机。

（3）由于后卫防守出现漏洞，给对方以可乘之机，被攻进了一个球。

8 * 插一脚 chā yījiǎo：惯用语。比喻参与某种事情或干涉他人的事情。

（1）每个城市的大学录取名额都有限度，高考移民作为外来者，变更户籍后，凭借自身优势，插一脚进来抢饭吃，挤占当地人上大学的录取名额，对当地人来说相当不公平。

（2）这里可谓是黄金航线，多少轮船公司都想来插一脚。

（3）这是他们夫妻俩的私事，我们外人何必去插一脚呢？

9 * 天壤之别 tiānrǎngzhībié：天上和地下的差别，比喻差别极大。

（1）同样的试卷，同样的分数，只因户籍不同，上的大学便有天壤之别。

（2）自信和自负只差一个字，意思却有天壤之别。

（3）这两个人的作品简直有天壤之别：一个是思路清晰，一个是逻辑混乱。

10 * 围追堵截 wéizhuī-dǔjié：原义是一种作战方法，对敌人进行包围追击，后引申为对某人或某事进行彻底消灭。

（1）有关部门不能只依靠户籍地来限制此类违规现象，围追堵截也只是治标不治本。

（2）警方迅速赶到现场，对嫌疑人进行围追堵截，于昨日下午 3 时成功将其抓获。

（3）由于记者围追堵截，从下车到会场的短短几百米，他走了将近半小时。

11 * 治标不治本 zhìbiāo bù zhìběn：指仅就显露在外面的毛病加以应急的处理，而不是从根本上加以治理，形容处理问题不彻底。标，树梢，指事物的细枝末节。

（1）有关部门不能只依靠户籍地来限制此类违规现象，围追堵截也只是治标不治本。

（2）只靠邮箱拦截垃圾邮件其实是治标不治本的。

（3）对破坏公共环境的市民，只处罚不教育是治标不治本的做法。

12 * 高枕无忧 gāozhěn-wúyōu：垫高了枕头放心睡大觉。指没有顾虑或平安无事。

（1）那些不在高考大省苦读的考生与不在资源匮乏地区就读的考生并不会因此高枕无忧。

（2）你别以为得到金牌就可以高枕无忧了，未来的路很长，还需要继续努力啊！

（3）这次虽然取得了一定的进展，并不能说明我们就可以高枕无忧，还有很多的难关等着我们突破。

13 当务之急 dāngwùzhījí：当前应做的事情中最急需办的事。

（1）眼下的当务之急还是要尽快深化高考改革，同时缩小地域间教育资源的差距。

（2）事到如今，再去追究谁的责任已无太大意义，当务之急是找出解决的方法。

（3）地球人口逐年增多，解决粮食问题就成了全球政府的当务之急。

14 * 对症下药 duìzhèng-xiàyào：针对病情开方用药。比喻针对具体情况，采取相应措施。症，病症。下药，用药。

（1）只有对症下药从根本上解决问题，才有望终结“高考移民”的怪现象。

（2）只有摸清情况，对症下药，才能有效地解决问题。

（3）我们做心理辅导工作的，也得因对象不同对症下药。

课后练习　趁热打铁

一、选词填空

掩盖　奔波　插一脚　天壤之别　当务之急　背井离乡　想方设法

1. 年轻的时候，他常年在外＿＿＿＿＿，退休之后终于可以过舒服日子了。
2. 我们兄弟俩的性格，简直是＿＿＿＿＿，我胆小老实，他热情幽默。
3. 在记者们的努力下，大家终于了解到了被＿＿＿＿＿的事件真相。
4. 湖水达到了危险水位，相关部门正＿＿＿＿＿降低湖水水位，不然后果将不堪设想。
5. 战争造成了多少人＿＿＿＿＿，无家可归啊！
6. 普及九年义务教育，是发展中国教育事业的＿＿＿＿＿。
7. 这片空地各大公司早就盯上了，哪还轮得到我们＿＿＿＿＿！

二、单项选择

1. 搬到新校区后，同学们的居住条件明显（　）了，然而一些同学对老校区的那份感情却一时放不下。

A. 替换　B. 改变　C. 改善　D. 变更

2. 如今，互联网已经成为大众讨论公共事务、表达利益（　）、进行舆论监督的重要平台。

A. 要求　B. 渴求　C. 诉求　D. 请求

3. 应考者要如实填写各项信息，不得有任何虚假（　），否则学校有权要求学生退学。

A. 掩饰　B. 掩盖　C. 隐藏　D. 隐瞒

4. 保持健康，很重要的一点是（　）饮食，不能挑食，也不能暴饮暴食。

A. 平衡　B. 均衡　C. 平均　D. 均匀

5. 在几轮投票中，克拉克一路遥遥（　）。

A. 首先　B. 抢先　C. 领先　D. 率先

6. 这是一个经济非常发达的国家，但是面临着资源（　）的窘境。

A. 缺少　B. 匮乏　C. 欠缺　D. 贫乏

7. 我们看问题要全面，要一分为二，不要因为一个人有（　），就认为人家一无是处。

A. 弊端　B. 缺点　C. 缺陷　D. 后端

三、用所给的词语和句型回答问题

1.“高考移民”现象出现的原因是什么？（由于……，且……，加上……，因此 / 所以……）

____

2.“高考移民”的手段是什么？（钻……的空子）

____

3. 2001 年，使用同样试卷，考了同样分数的北京考生和山东考生，考入的大学一样吗？（天壤之别）

____

4. 为什么说高考移民者在当地参加高考，对当地人不公平？（插一脚）

____

5. 高考移民学生为什么要千方百计地迁移户口，到异地求学应考？（无非）

____

四、用所给的词语填空

求学　匮乏　想方设法　均衡　空子

中国经济发展和教育资源分布不__________，西部地区物资和人才相对__________。这就使得一些望子成龙的学生家长__________以搬家移民的方式让孩子异地__________，从而钻高考录取的__________。要想解决此类问题，需严厉禁止“高考移民”，同时缩小地区间教育水平的差距，才能实现真正的教育公平。

单元练习　学以致用

一、明察暗访

（一）　应试教育 vs 素质教育

“应试教育”和“素质教育”一直是教育界备受关注的话题。中国推行应试教育多年以来，许多人一面倒地认为应试教育没有好处，应全面推行“素质教育”改革。虽然应试教育催生了“唯分数论”的出现，但是任何事情都有两面性，应试教育当然也不例外。

针对本话题，请参考以下问题，查阅资料或进行调查，在下次课上，汇报你的结果。

问题参考：

（1）应试教育和素质教育的特点分别是什么？

（2）你们国家的中小学教育更倾向于哪种教育模式？

（3）这两种教育模式各有什么优势与不足？

（4）素质教育需要考试吗？你觉得这两种教育模式的关系应该是怎样的？

（二）　填报高考志愿时的考虑因素

某调查显示，61% 左右的在校生会后悔高考时所填的志愿，还有一个对职场人士的调查，43% 左右的受访者认为高考志愿影响职业生涯乃至人生。

针对本话题，请采访你身边的大学生或已有工作经验的人，请他们谈一谈填报高考志愿时考虑的因素有哪些？在下次课上，汇报你的调查结果。

问题参考：

（1）你在选择大学时更倾向于综合性院校还是专业类院校？

（2）大学综合排名和专业排名哪个更重要？

（3）你会选择发达地区，还是一般地区的学校？会不会考虑大学学费和生活支出？

（4）个人兴趣和就业前景你更看重哪个，为什么？

（5）毕业后你（想）从事哪方面工作？必须和你就读的专业对口吗？

（6）你会考虑学校的深造机会和未来发展吗？（考研、考博、推荐免试、出国留学等）

（三） 如何给学区房降温？

英国的一项调查比较了英国各地公立小学的平均考分和周边房价。该调查发现，学校的标准成绩考试（SATs）分数每提高 10 分，周围住房的售价就会增高 3.3%，也就是 5860 英镑。英国教育部规定，学校将按照家庭收入来挑选学生，优先照顾年收入 1.6 万英镑以下的较贫困家庭的子女。凡是接收了低收入家庭学生的学校，将得到每位 430 英镑的额外补贴。

加拿大的“高考”与中国不同，高中三年的考试成绩都会被纳入评估范畴，因此高中在加拿大教育体系中最关键，好高中周围的住宅奇货可居，择校现象最严重的多伦多、温哥华等城市，好的公立高中周边住宅，比一般高中周边的同类住宅贵一倍甚至几倍。为抑制炒“学区房”的现象，许多加拿大城市都采取了对“学区房”征收更高地税的措施，但这非但不能遏止“学区房”价格的上升，反倒起了火上浇油的作用。

问题参考：

（1）你们国家有没有学区房过热的问题？

（2）择校现象主要出现在哪个教育阶段？

（3）政府出台了哪些抑制学区房过热的措施？

二、众说纷纭

（一）

有人说“本科选学校，硕士选专业，博士选导师”。本科阶段培养综合能力决定就业底线，硕士阶段集中专业领域明确就业方向，博士阶段导师的资源直接决定未来的学术交流、论文产出、就业等情况。

你怎么看“本科选学校，硕士选专业，博士选导师”这个说法？

（二）

常有人说寒门学子输在了教育起跑线上，现在高考成绩好的孩子越来越多出身于富裕家庭。基层乡村学校的办学条件和城市相比差距大，教育资源不均衡，教学效果存在差距，家庭能提供的帮助也很有限。这种观点得到了众多网友的支持，但也激起了一些人的不同意见。

网友跟帖：

A：良好的教育确实需要大量金钱，胎教要钱，早教班要钱，各种兴趣班要钱。我亲戚家的孩子才五岁，在教育上已经投入六位数了，学了钢琴、芭蕾、绘画、英语等。

“小洋很忙”：以某重点高中来说，2011 年上北大、清华的就有十几个。一个班全部上重点线，其中 2 个出国、1 个香港、5 个清北，剩下的全是名校。全班 62 个人，家庭是一个比一个好，从政的、经商的，乃至高级知识分子家庭。农民、打工家庭的只有那么一两个，而且绝对是那种对孩子超级负责的家庭。

“青青木瓜香”：我绝对相信穷人家的孩子也能够出高考状元，能够上名校，但是他们所付出的精力，所吃的苦头，真的比家境优越的孩子要多得多。

对此，各位同学又是怎么看的？请结合网友跟帖，说说你们的意见。

（三）

电影《学区房 72 小时》剧情简介：某大学副教授傅重为了让女儿进入市重点小学，要在 72 小时内出售现有房子，凑足钱款，并买下对口学校的学区房。而由于时间紧迫，傅重不得不以 200 万的价格降价出售自己的房子，钟点工牛阿姨声称儿子小宝急于购买婚房，双方一拍即合，立即签约。就在要皆大欢喜的时候，傅重接到坏消息，卖家坐地起价涨了 40 万。在傅重为难之际，中介来电，说有客户愿意以 250 万的市场价一次性付款购买傅重的住宅，这样所有问题便都得以解决，而这位客户则是有求于傅重的学生家长袁主席。是坚守诚信与牛阿姨履行合约，还是为了孩子的未来，毁约将住宅高价转售他人，傅重面临着两难的选择。

观看影片后，参考以下问题讨论：

（1）“孟母三迁，择邻而居”，你觉得名校和普通学校对孩子的发展有多大影响？名校的优势主要体现在哪些方面？

（2）你愿意在超出自己承受范围的情况下购置学区房吗？

（3）从剧中人物中选取一个角度，如傅重、傅重妻子、牛阿姨等，谈谈你对整个事件的看法。

（注：孟母三迁，成语，即孟子的母亲为选择良好的环境教育孩子而多次迁居。）

三、针锋相对

（一）

白岩松认为：“中国高考恢复40年，大学已经由过去的精英教育变成了大众化教育。当高等教育成为普通教育，当然不可能像过去那么深地改变命运了。”但同时，高考也是人生的跳板，你们如何看待高考改变命运？

辩论题：高考能不能改变命运？

（二）

可怜天下父母心，许多父母省吃俭用，不惜倾家荡产也要去买一套学区房。他们希望有了学区房以后，孩子能上一所不错的学校，将来能考上一所好大学，出人头地。也许这就是所有父母下半生奋斗的动力。然而，即使有了学区房，孩子顺利进了最顶尖的学校，成绩提升多少并不能确定，买到好的学区房、有了优质的教育资源，并不代表着孩子就一定能成才。

辩论题：砸锅卖铁买学区房到底值不值得？

（三）

每年高考前夕，关于清退“高考移民”的消息就会频频爆出。为此教育部及各省市相继出台了多项政策法规，加强清理力度，严厉打击“高考移民”，维护教育公平。但有些人认为，“高考移民”现象本身就是对中国教育不公平现象的反抗，打击“高考移民”，并不能从根本上维护教育公平。

辩论题：打击“高考移民”，能有效维护教育公平吗？

四、妙笔生花

（一） 教育，是否能改变阶层固化？

2019年，拍摄历时近55年的纪录片《人生七年》最后一季正式播出，也意味着14个不同阶层孩子的少年、青年、中年、老年的生活历程几乎被完整地呈现在大众面前。

精英阶层的孩子从私立中学到顶尖大学，最后在事业上取得了成功，继而给其后代又带来了优质教育资源；中产阶层的孩子则花费了许多时间在迷茫徘徊、寻找人生的意义上；而工人阶层的孩子，基本也延续了父辈生活，进入循环圈中。当然，也有来自农村的尼克成功实现了阶层跨越，进入了顶尖大学，获得更好的工作。

那么，人生的结局，在刚出生的时候就已经注定了吗？请写一篇作文，题目自拟，不少于800字。

动笔之前，请思考并讨论以下问题：

（1）阶层固化的含义是什么？

（2）请举例说明教育是否能改变阶层固化？

（3）如何评价高考的公平性（机会公平、结果公平）？与世界上其他国家和地区的选拔制度比较，你们国家高考公平性如何？

（4）在你们国家，有没有改善阶层固化的措施，情况是否有变化？

（二）　学校教育面面观

在进行比较或对比时，我们常用到下面的结构和表达方式：

<table>
<tr><th>结构</th><th colspan="2">常用句型与词汇</th></tr>
<tr><td>第一部分：
中心句或领起句</td><td colspan="2">1. A 和 B 的不同在以下几个方面
2. A 和 B 完全不同 / 截然相反 / 大相径庭 / 有天壤之别
3. 两者之间的差异何在？ / 如何区别 A 和 B?/A 和 B 有哪些相同点与不同点呢?
4. 一般认为……，具体分析如下</td></tr>
<tr><td rowspan="3">第二部分：
比较具体内容
典型结构：
首先……
其次……
再者……
最后……</td><td>不同点</td><td>1. B 没有 A……
2. A……，而 B 则……
3. A 和 B 存在着差异 / 同中有异
4. A……。相比之下，B 则……
5. A 比 B（更）……
6. 在……方面，A 和 B 有所区别
7. 与 A 形成对比的是 B
8. 比起 A，B 更 / 愈加……
9. 反观 B，A……</td></tr>
<tr><td>相同点</td><td>1. A 和 B 很接近
2. 在……方面，A 和 B 差异不大 / 大同小异
3. A 与 B 并无区别 / 相差无几 / 并无二致
4. A 与 B 在某种程度上很相似
5. A 与 B 毫无差别
6. 相同之处可以归纳为以下几个方面</td></tr>
<tr><td>引用数据进行比较</td><td>1. A 大约是 B 的……倍
2. 和 B 相比，A 增长 / 下降了……%
3. A 不足 B 的一半</td></tr>
<tr><td>总结</td><td colspan="2">总之；总而言之；由此看来；综上所述</td></tr>
</table>

练习：

（1）请比较一下你们国家和中国大学教育制度的异同。

（2）下面一篇文章对比了美国和中国的高中异同，阅读后请将其缩写为一篇400—500字的文章。

无论中西，教育都是人们普遍关注的话题。作为各国人才选拔的关键——“高考”，更是牵动亿万普通家庭的神经。

中国高中和美国高中既有相似之处，也存在诸多不同。

二者的相似之处体现在以下几个方面。

其一，公立高中为主体。

中国公立高中约为1.42万所，民办高中约为3700所。美国私立教育发达，但不论高中还是大学，教育的主体还是公立。美国国家教育数据中心（NCES）数据显示：2020年，全美高中26727所，其中公立23882所（89%），私立2845所（11%），此外，中美高中基本免费。

其二，学校存在“分层”。

国内大城市“学区房”和“选校入学”反映出各地区教育资源不平等问题。二者在某种程度上其实很相似。美国的公立与私立学校也已经构筑了教育的“分层”。这种分层，不仅表现于“升学率高低”，更表现于不同学校师资力量有差距，教育模式也有较大灵活性。即使公立学校，富裕学区与贫困社区的公立教育也有较大差别。

其三，想入好大学，都得拼尽全力。

中国高考竞争激烈，2021年的高等教育入学率为57.8%，也就是说有近四成的淘汰率，至于顶尖高校的录取率更低，比如江苏省，虽然省内重点大学不少，但985高校录取率仅为1.85%，河北省是1.21%，而河南省，录取率低至0.84%。美国高等教育入学率是85.8%（2015年）。在美国获得高等教育的竞争，远低于中国。但在美国，若想进入不错的大学，比如US News国内排名前30的学校，竞争相当激烈。美国每年高中毕业生约400万，进入前30大学，也需拼进前1.5%。

那么二者差异何在？

首先是学制的不同。中国的高中为三年，学生需要修习同一套课程，也有一些选修课，总的来说，选择的空间较小。美国高中为四年，通行学分制，要获得高中毕业证书，需要拿到足够的学分。美国高中没有班级概念，学生一般在指导老师指导下自行选课，学生聚散以课程为中心。在课程设置上，依难度分级。

其次是招生的标准，中国大学招生以高考成绩为标准。反观美国，大学强调对学生进行综合的考量。大学录取主要看学生如下几个方面表现：学术成绩、课外活动、荣誉奖励、志愿活动、论文、推荐信。

然后是高考的时间和形式存在不同。美国不存在诸如中国集中于2天的关键大考。SAT/

ACT 可以自己择机多次参加。

最后是家校关系的不同。

在中国，家校一体，目标一致：让孩子发挥最大潜力，得到可能的最好结果。孩子不但是家庭的中心，也是老师的焦点。而在美国高中，孩子有问题，可以自己约老师。老师也会提出自己的一些建议。但不会像中国老师那样苦口婆心，更不会用力过猛。如果你不主动寻求帮助，没有人会推着你前进。换句话说，孩子要学会自我负责。

（三）　如何看待教育公平？

“不患寡而患不均”，教育公平是社会最基本的公平，是人们追求的永恒理念。有的人所谈论的教育公平，指第一层意思，也就是“起点公平”。有人则认为公平是个相对的概念，教育公平是“给每一个人平等的机会，是要肯定每一个人都能受到适当的教育，而且这种教育的进度和方法是适合每个人的特点的”。

你是如何看待这个问题呢？请写一篇作文，题目自拟，不少于 800 字。

动笔之前，请思考并讨论以下问题：

（1）什么是教育公平？

（2）有没有绝对的公平？应该追求起点公平、过程公平，还是结果公平？

（3）城乡、地区、阶层的差异，造成了哪些教育公平缺失的现象？

（4）在你们国家，政府为了实现教育公平做了哪些努力？

五、录屏作业：名校面对面

为你们国家的一所学校（中学或大学）进行一场招生宣讲。请收集材料并制作 PPT，录制一段视频来向中国学生介绍这所学校。

参考问题：

（1）学校基本情况介绍（历史、排名、在当地或全国的评价）；

（2）学校环境、宿舍环境等；

（3）特色专业、课程；

（4）师资情况；

（5）其他亮点……

第六单元 职场篇

课文一 职场 996

课前思考

1. 你们国家有没有“加班文化”？
2. 在你们国家哪些行业盛行“加班文化”？
3. 你觉得哪种工作制更合理？为什么？

最近，有人在知名代码托管平台上发起了一个名为“996.ICU”的项目，以此抵制互联网公司超时工作。此举得到大批程序员响应。“一石激起千层浪”，有关加班、超时、过劳的抱怨瞬间引起年轻打工一族的共鸣。所谓“996”，是指每天上午9点工作到晚上9点，每周工作6天；而“996.ICU”，意为“工作996，生病ICU”。目前有40多家互联网公司被指实行“996工作制”，其中包括多家知名互联网公司。

“被猝死”的程序员，“累成狗”的年轻人……这两年，民间的抱怨与传闻，终于成为显性的控诉与新闻。“不是在上班，就是在上班的路上。”有的公司虽不明说，但要求员工每月加班时长要满100小时，加不够就扣钱；有的公司加班成“疯”，却谎称是“年轻人太拼”。没错，它们都没有“加班文化”，只是有着扎实的“加班考核”或者KPI倒逼机制而已。去年年底，一份名叫“熬夜险”的保险产品开始在微信朋友圈受到关注。夜以继日加班熬夜似乎已经成为一种工作日常，甚至披着道德与情怀的外衣，在诸多企事业单位之间招摇。

这当然不是杞人忧天。2018年的全国两会上，工会界委员就曾呼吁，要遏制过度加班现象，在企业层面建立健全工时协商机制等。及至眼下耸人听闻的“996.ICU”项目，足以说明过劳加班似已成为某种职场明规则，其导致的职工亚健康、患病乃至英年早逝的传闻更是层出不穷。更令人匪夷所思的是，诸多涉事互联网企业负责人在面对员工爆料和申诉时，采取了以下三种可疑的策略：一是矢口否认，二是认为这是家务事、员工属于“嚼舌头”，三是干脆不以为耻、反以为荣。

有了以上姿态，也就不难理解以下数字了：比如全国总工会调查显示，每周工作时间在 48 小时以上的职工占比 21.6%，而拿到足额加班费或得到调休的职工仅占 44%。没有享受带薪年假、没有补偿的占 35.1%。又比如早在 2010 年，《中国城市白领健康白皮书》就给出了这样的数据：76% 的白领处于亚健康状态。在 30 岁至 50 岁英年早逝的人群中，95.7% 死于因过度疲劳引起的致命疾病。

中国社会科学院的一项调查显示，2017 年中国人每天平均休闲时间仅为 2.27 小时，美国、德国等国家国民每天平均休闲时间是中国人的两倍以上。无论是从劳动力红利终结的现实阶段来看，抑或是从健康中国战略的性价比来说，哪怕是关照柴米油盐的小日子，关注过劳加班的年轻人，都体现了文明社会对国计民生的关切。

不过，“996 工作制”之所以日益蔓延，说到底，无非是两个症结：一是法律责任的缺位。举证难、认定难、违法成本低，这是过劳加班难以禁绝的根源。比如《工伤保险条例》规定的 7 种工伤不包含“过劳死”，只规定“在工作时间和工作岗位，突发疾病死亡或者在 48 小时内经抢救无效死亡的”，视同工伤。事实上的“过劳无责”令过劳加班肆无忌惮。二是文化价值的错位。拼搏与奋斗固然是时代热词，但是，人终究不是劳作的机器，从人的可持续发展来看，“悠着点儿”“慢生活”亦是张弛有度的生活节奏。更重要的是，自觉拼搏与压榨加班压根儿是两码事——前者指向个体自由选择，后者指向群体强制遵从。即便是一个初创公司，“苦情发展”也并非文明社会的价值取向。

当务之急，不让“996 工作制”成为职场明规则，除了建立健全工时协商机制等高阶要求之外，最迫切的，恐怕还是企业层面的劳动定额和法律层面的过劳立法。总之，人不是定好闹钟的机器，享受生活与享受工作，是需要体制机制保障的美好生活刚需。即使偶尔因工作需要不得不“996”也必须按劳动法的有关规定按时足额发放加班工资，无论以何种冠冕堂皇的借口对职工进行道德绑架都是不可接受的。因为靠情怀奉献毕竟是不可持续的，抛开收获谈付出都是耍流氓。

（改编自光明网 2019 年 4 月 6 日
《莫让“996 工作制”成了职场明规则》）

生词表

1. *代码	dàimǎ	名	表示信息的符号组合。
2. *托管	tuōguǎn	动	委托管理或保管：~项目。
3. 抵制	dǐzhì	动	阻止有害的事物，使不能侵入或发生作用：~不良习气的毒害。
4. 响应	xiǎngyìng	动	回声相应，比喻用言语行动表示赞同、支持某种号召或倡议。
5. 日前	rìqián	名	几天前：~他曾来过一次。
6. *猝死	cùsǐ	动	医学上指由于体内潜在的疾病引起的突然死亡：运动~。
7. 显性	xiǎnxìng	形	指性质或性状表现在外的，与“隐性”相对：~特征 | ~基因。
8. *控诉	kòngsù	名	向有关机关或公众陈述受害经过，请求对于加害者做出法律的或舆论的制裁。
9. *谎称	huǎngchēng	动	故意不说实话。
10. 熬夜	áoyè	动	通宵或深夜不睡觉。
11. 情怀	qínghuái	名	含有某种感情的心境。
12. *招摇	zhāoyáo	动	故意大张声势，引人注意：~过市。
13. 呼吁	hūyù	动	向社会、组织或个人说明情况，争取支持和帮助：奔走~ | ~各界人士捐款。
14. 遏制	èzhì	动	制止；控制。
15. *涉事	shèshì	动	和事件有关（的人或物）：~单位 | ~官员。
16. *爆料	bàoliào	动	发表令人感到意外或吃惊的新闻、消息等。
17. *申诉	shēnsù	动	向上级或上属机关申述情由。
18. 姿态	zītài	名	态度、气度：强者的~ | 高~。
19. *足额	zú'é	名	满额：~发放 | ~赔偿。
20. *调休	tiáoxiū	动	（职工）调换工作日和休息日。
21. *亚健康	yàjiànkāng	名	指身体虽然没患病，却出现生理功能减退、代谢水平低下的状态。
22. 致命	zhìmìng	动	可使丧失生命：~伤 | ~的弱点。
23. *抑或	yìhuò	连	书面语。表示选择关系。
24. 性价比	xìngjiàbǐ	名	商品的质量、性能等与其价格所形成的比率：~低。

25. *关切	guānqiè	动	关心。
26. 症结	zhēngjié	名	原指病症，比喻事情弄坏或不能解决的关键。
27. *举证	jǔzhèng	动	出示证据；提供证据：原告、被告先后～，进行法庭辩论。
28. *禁绝	jìnjué	动	彻底禁止：～贪污 | ～毒品。
29. *过劳死	guòláosǐ	动	因超出个人承受的劳动强度而导致死亡。
30. 错位	cuòwèi	动	离开原来的或应有的位置：骨关节～。 比喻失去正常的或应有的状态：荣辱观发生了～。
31. 拼搏	pīnbó	动	使出全部力量搏斗或争取：顽强～ | ～的精神。
32. 终究	zhōngjiū	副	毕竟；终归：这件事～还是没办成。
33. 悠着	yōu·zhe	动	北方方言。控制着不使过度：～点儿，别累着。
34. *压榨	yāzhà	动	压取物体里的汁液，比喻剥削或搜刮：他们的利润常常被～，客户被抢走，销售净额的增长也不能得以实现。
35. *压根儿	yàgēnr	副	方言。根本；从来（多用于否定式）：我～不认识他。
36. *遵从	zūncóng	动	遵照并服从：～教导 | ～上级的指示。
37. *初创	chūchuàng	动	刚刚创立。
38. *苦情	kǔqíng	形	令人痛苦不适的：～戏。
39. *取向	qǔxiàng	名	选取的方向；趋向：价值～ | 审美～。
40. *工时	gōngshí	名	工人工作一小时为一个工时，是工业上计算工人劳动量的时间单位。
41. *定额	dìng'é	名	规定的数量：提前完成生产～。
42. *刚需	gāngxū	名	必需品，必要的条件。

【注释】

1. **累成狗：**近年来较为流行的网络用语，又叫“忙成狗”或“困成狗”，就是说做事很辛苦。由于现在的生活压力较大造成的，用累成狗来形容自己累，一来很形象，二来有“自嘲”的意味。

2. **两会：**对自 1959 年以来历年召开的中华人民共和国全国人民代表大会和中国人民政治协商会议的合称。

3. **明规则：**由“潜规则”延伸而来。“潜规则”指的是规章制度之外的、不公开的规则（多含贬义），当这类行为被公开化，成为不加掩饰、堂而皇之的通行规则，就被称为“明规则”，仍含贬义。

4. 白皮书：广义的白皮书指政府、议会等公开发表的有关政治、经济、外交等重大问题的文件，封面为白色所以叫白皮书。中国政府发布的白皮书是代表中国政府立场的官方文件，自 1991 年发布第一部白皮书以来，中国已发表了多部白皮书，内容涉及民主政治建设、法治建设、政党制度、人权状况、军控、国防等内容。

5.《工伤保险条例》：保障因工作遭受事故伤害或者患职业病的职工获得医疗救治和经济补偿，促进工伤预防和职业康复，分散用人单位的工伤风险制定。由中华人民共和国国务院于 2003 年 4 月 27 日发布，自 2004 年 1 月 1 日起施行。

重点句型与词汇

1 所谓……是指……：解释说明一个概念。

（1）所谓“996”，是指每天上午 9 点工作到晚上 9 点，每周工作 6 天。

（2）所谓新媒体，是指相对于报刊、户外、广播、电视四大传统意义上的媒体之外的传播平台。

（3）所谓“八小时工作制”，是指正常一天工作时间为早上九点至下午五点，共八小时。

2 ……而已：助词，表示仅止于此，罢了。

（1）它们都没有“加班文化”，只是有着扎实的“加班考核”或者 KPI 倒逼机制而已。

（2）这算什么，只是一堆纸而已。

（3）我不过是出于好奇，随便问问而已。

3 披着……的外衣：表面上是光鲜的、正面的，其实没那么好，甚至是相反的、负面的。

（1）夜以继日加班熬夜似乎已经成为一种工作日常，甚至披着道德与情怀的外衣，在诸多企事业单位之间招摇。

（2）这些谣言披着科学的外衣，言之凿凿，普通人想要判定真伪也并非易事。

（3）面对如山的铁证，消费者们终于看清了披着促销外衣的骗局。

4 无论是……抑或是……哪怕是……都……：条件不同，结果不变。

（1）无论是从劳动力红利终结的现实阶段来看，抑或是从健康中国战略的性价比来说，哪怕是关照柴米油盐的小日子，关注过劳加班的年轻人，都体现了文明社会对国计民生的关切。

（2）无论是青春洋溢的少年，抑或是年富力强的中年人，哪怕是步入黄昏的老年人，学习都应该是生命中的重要组成部分。

（3）无论是位高权重的官员，抑或是出身卑微的平民，哪怕是犯过错误的人，他们都享有同等的基本权利。

5 无非 / 不过 / 只不过 / 只是……而已 / 罢了

（1）不过，“996 工作制”之所以日益蔓延，说到底，无非是两个症结：一是法律责任的缺位。……二是文化价值的错位。

（2）她会做这道题，只不过假装不会而已。

（3）大家都说爱情很快就会过去，剩下的只是习惯罢了。

6 说到底

（1）不过，"996 工作制"之所以日益蔓延，说到底，无非是两个症结：一是法律责任的缺位。……二是文化价值的错位。

（2）写小说，说到底，就是写人物。小说艺术的精髓就是塑造人物的艺术。

（3）在企业发展中，任何重大的成功，说到底都是用人的成功。

7 ……固然……，但是 / 可是 / 不过 ……（固然……但是，固然……可……）：承认前一事实，后转折。

（1）拼搏与奋斗固然是时代热词，但是，人终究不是劳作的机器。

（2）一个人的成功，聪明固然重要，但是努力更重要。

（3）网络固然给我们带来了便利，可是也给我们带来了麻烦。

8 ……亦……：也，书面语。

（1）从人的可持续发展来看，"悠着点儿""慢生活"亦是张弛有度的生活节奏。

（2）这种情况现在并不存在，将来亦不会发生。

（3）若能从失败中吸取教训，失败亦是成功，即所谓"失败乃成功之母"。

9 ……与……是两码事：……和……性质不一样。

（1）更重要的是，自觉拼搏与压榨加班压根儿是两码事——前者指向个体自由选择，后者指向群体强制遵从。

（2）和父母住不住在一起，和个人的独不独立是两码事。尊重父母和没有主见也不是一回事。

（3）投资和储蓄是两码事，在财务计划中扮演不同的角色。

词语搭配

1 响应

~号召 | 积极~ | 热烈~ | 无人~

（1）此举得到大批程序员响应。

（2）青年们积极响应政府的号召，参加绿化祖国的义务劳动。

（3）"希望工程"的建设是百年大计，因而获得广泛的支持和响应。

2 控诉

~罪行 | ~暴行 | 血泪~ | ~时代

（1）这两年，民间的抱怨与传闻，终于成为显性的控诉与新闻。

（2）画家用手中的笔控诉着那个黑暗的时代。

（3）老人通过这个童话故事，含蓄地控诉了那个冷漠无情的世界。

3 情怀

高尚的～ | 浪漫主义～ | 无私的～ | 富有～

（1）夜以继日加班熬夜似乎已经成为一种工作日常，甚至披着道德与情怀的外衣，在诸多企事业单位之间招摇。

（2）善良是一种美德，是一种高尚的情怀。它发自人的内心，它是人与人之间看得见的爱。

（3）曾宪梓是一个富有情怀的企业家，他所创立的曾宪梓教育基金会在尊师重教、扶困助学等方面发挥了独特的作用。

4 呼吁

～捐款 | ～环保 | ～公平 | ～平等 | 积极～ | 大力～

（1）工会界委员就曾呼吁，要遏制过度加班现象，在企业层面建立健全工时协商机制等。

（2）我们应该呼吁全社会一起节约用水，让我们的地球变得更加美丽。

（3）我要向社会大力呼吁保障女性平等的就业机会。

5 遏制

～人口增长 | ～通货膨胀 | ～发展 | ～腐败 | ～……现象

（1）2018 年的全国两会上，工会界委员就曾呼吁，要遏制过度加班现象，在企业层面建立健全工时协商机制等。

（2）民众期待新的就业政策能够有效遏制失业率的持续上升。

（3）几个大米出口国近期都宣布了出口限制政策以遏制国内大米价格的飞涨。

6 姿态

放低～ | 高～ | 低～ | ～万千 | ～优美

（1）有了以上姿态，也就不难理解以下数字了。

（2）商场的橱窗里摆放着姿态各异的模特。

（3）同学们个个准备以全新的姿态迎接新学期的到来。

7 致命

～伤 | ～一击 | ～弱点 | ～错误

（1）在 30 岁至 50 岁英年早逝的人群中，95.7% 死于因过度疲劳引起的致命疾病。

（2）每个人都会有致命的弱点，对一个企业家来说，优柔寡断就是一个致命弱点。

（3）爸爸因车祸去世，这对她来说是一个致命的打击。

8 拼搏

奋力～

（1）更重要的是，自觉拼搏与压榨加班压根儿是两码事。

（2）许多残疾人自强不息、顽强拼搏的精神，感人肺腑，催人奋进。

（3）篮球场上，队员们个个生龙活虎，奋力拼搏，投进一个又一个好球。

9 取向

错误～｜人文主义～｜以……为～

（1）即便是一个初创公司，"苦情发展"也并非文明社会的价值取向。

（2）以结果为取向的评价考核方式，导致了急功近利的行为。

（3）俗话说文如其人，一部优秀的小说蕴含着作者的价值观念，同时还在一定程度上折射了社会的价值取向。

10 刚需

～买家｜～楼盘｜～价｜～供应

（1）总之，人不是定好闹钟的机器，享受生活与享受工作，是需要体制机制保障的美好生活刚需。

（2）问题的关键是，水电是刚需，无论涨价与否，百姓不能不用。

（3）80 平方米的刚需住宅性价比合适，在住房市场上特别受年轻人欢迎。

成语和惯用语

1 * 一石激起千层浪 yīshí jīqǐ qiāncéng làng：扔一块石头到水中掀起千层浪花。比喻一句话或某一细小行动，会引起强烈的反响。

（1）此举得到大批程序员响应。"一石激起千层浪"，有关加班、超时、过劳的抱怨瞬间引起年轻打工一族的共鸣。

（2）他在会上提出了自己的想法和意见，一石激起千层浪，大家听了一片哗然。

（3）该市实施了教育体制改革的多项措施，一石激起千层浪，在社会上产生了强烈的反响，引起了教育界人士的普遍关注。

2 夜以继日 yèyǐjìrì：晚上紧连着白天，中间没有空闲的时间。日夜不停。多形容抓紧工作或学习。

（1）夜以继日加班熬夜似乎已经成为一种工作日常，甚至披着道德与情怀的外衣，在诸多企事业单位之间招摇。

（2）为了提前完成任务，工人们都在夜以继日地工作着。

（3）这项工作特别紧迫，我们必须夜以继日地干才能按时完成。

3 * 耸人听闻 sǒngréntīngwén：使人听了感到惊异或震动。耸，引起注意；使人吃惊。

（1）及至眼下耸人听闻的"996.ICU"项目，足以说明过劳加班似已成为某种职场明规则。

（2）这种人专爱传播耸人听闻的消息。

（3）许多媒体为了吸引读者，经常刊登一些耸人听闻的消息。

4 * 匪夷所思 fěiyísuǒsī：考虑问题的方法、言语或行动违反常规，使人难以想象和理解。

（1）更令人匪夷所思的是，诸多涉事互联网企业负责人在面对员工爆料和申诉时，采取了以下三种可疑的策略。

（2）世界上令人匪夷所思的事情很多，期待着人类去探索。

（3）一家五星级酒店居然十点之后就没有热水了，简直是匪夷所思。

5 * 矢口否认 shǐkǒu-fǒurèn：一口咬定，死不承认。

（1）诸多涉事互联网企业负责人在面对员工爆料和申诉时，采取了以下三种可疑的策略：一是矢口否认，二是认为这是家务事、员工属于“嚼舌头”，三是干脆不以为耻、反以为荣。

（2）他矢口否认自己将窗户打破了。

（3）铁证如山，他还在矢口否认自己的罪行。

6 * 不以为耻，反以为荣 bùyǐwéichǐ，fǎnyǐwéiróng：不认为是耻辱，反而以为是光荣。

（1）诸多涉事互联网企业负责人在面对员工爆料和申诉时，采取了以下三种可疑的策略：一是矢口否认，二是认为这是家务事、员工属于“嚼舌头”，三是干脆不以为耻、反以为荣。

（2）他因丑闻登上了热搜榜，可他本人却不以为耻，反以为荣。

（3）面对众人的指责，他一脸不以为耻，反以为荣的样子，得意扬扬地说：“没错，我就是个无赖。”

7 * 英年早逝 yīngnián-zǎoshì：指人在青壮年时期就去世。

（1）在 30 岁至 50 岁英年早逝的人群中，95.7% 死于因过度疲劳引起的致命疾病。

（2）他英年早逝，真令人痛惜。

（3）儿子英年早逝，老母亲整天以泪洗面。

8 * 柴米油盐 chái-mǐ-yóu-yán：泛指人们的日常生活必需品。

（1）哪怕是关照柴米油盐的小日子，关注过劳加班的年轻人，都体现了文明社会对国计民生的关切。

（2）所谓爱情就是花前月下，卿卿我我；所谓婚姻就是家长里短，柴米油盐。

（3）生存是柴米油盐酱醋茶。生活是琴棋书画歌舞花。生存仅仅为了活着，生活却不仅仅是为了生存。

9 * 国计民生 guójì-mínshēng：国家经济和人民生活。

（1）哪怕是关照柴米油盐的小日子，关注过劳加班的年轻人，都体现了文明社会对国计民生的关切。

（2）抓好教育工作是关系到国计民生的一件大事。

（3）中国的改革开放是一项有利于国计民生的大事。

10 * 肆无忌惮 sìwú-jìdàn：非常放肆，一点没有顾忌。肆，放肆；忌，顾忌；惮，害怕。

（1）事实上的“过劳无责”令过劳加班肆无忌惮。

（2）对那些肆无忌惮地扰乱社会治安的不法分子，我们必须严惩。

（3）他竟然在会上指名道姓地对别人进行人身攻击，真是肆无忌惮。

11 * 悠着点儿 yōu·zhe diǎnr：北方方言，意思是做任何事情都不要操之过急，要从容，不过度。

（1）但是，人终究不是劳作的机器，从人的可持续发展来看，“悠着点儿”“慢生活”亦是张弛有度的生活节奏。

（2）慢慢来，悠着点儿，心急吃不了热豆腐。

（3）太太让他在公司悠着点儿，别累着自己。

12 * 张弛有度 zhāng chí yǒu dù：松紧有度，收放自如。张是紧张、绷紧的意思；弛是放松、松懈的意思；有度，说明有节制能力。

（1）“悠着点儿”“慢生活”亦是张弛有度的生活节奏。

（2）演讲的语速要张弛有度，语调要抑扬顿挫，这样会使你的演讲更加生动活泼，更为精彩。

（3）我们并不提倡影响身体健康的无节制工作，有劳有逸，张弛有度，才是科学的工作方法。

13 当务之急 dāngwùzhījí：当前应做的事情中最急需办的事。

（1）当务之急，不让“996 工作制”成为职场明规则，除了建立健全工时协商机制等高阶要求之外，最迫切的，恐怕还是企业层面的劳动定额和法律层面的过劳立法。

（2）作为一个中学生，当务之急就是把功课学好。

（3）十年树木，百年树人，办好教育是我们的当务之急，也是我们的百年大计。

14 * 冠冕堂皇 guānmiǎn-tánghuáng：形容外表庄严体面，一本正经的样子。含贬义。冠冕，古代帝王、官吏的帽子。

（1）无论以何种冠冕堂皇的借口对职工进行道德绑架都是不可接受的。

（2）谁都知道他背后做的那些事，但在大家面前却偏偏要说得冠冕堂皇。

（3）少说些冠冕堂皇的话，多做些实实在在的事情。

15 * 耍流氓 shuǎ liúmáng：放刁、撒赖或使用下流手段欺负人或侮辱人，引申为玩手段、耍花招，特别指人通过不正当手段谋取个人利益。

（1）因为靠情怀奉献毕竟是不可持续的，抛开收获谈付出都是耍流氓。

（2）俗话说，一切不以结婚为目的的恋爱都是耍流氓！

（3）我写这篇文章是因为看不惯“键盘侠”们动不动就躲在屏幕背后耍流氓。

课后练习 趁热打铁

一、选词填空

当务之急	肆无忌惮	国计民生	英年早逝	耸人听闻
柴米油盐	张弛有度	杞人忧天	冠冕堂皇	匪夷所思

1. 工作就是这样，有时得加点班，有时则要悠着点儿，这就是所谓的__________。

2. 十年树木，百年树人，办好教育是我们的__________，也是我们的百年大计。

3. 如果没有法制，不法分子就会为所欲为，__________地做出危害国家和人民利益的坏事来。

4. 爱情虽然甜蜜，回到现实，我们会为生活中的__________和一些琐碎的家务事烦恼，这时我们也许会怀疑爱情是否已经结束了。

5. 有人看到现在社会风气不好，就担心要出大乱子，这真是__________。

6. 对于有关__________这样的大事，改革必须慎之又慎。

7. 最近发生了好几起__________的枪支犯罪，令人忧心忡忡。

8. 他光会说些__________的大话，能不能做到又是另外一回事。

9. 在千里之外的专家指导当地医生成功实施了一台手术，真令人__________。

10. 海子是位极有才华的诗人，却不幸__________，令人叹息。

二、单项选择

1. 市民纷纷（　）政府扶贫帮困的号召，积极捐款捐物。

A. 答应　　B. 响应　　C. 反应　　D. 反响

2. 听了受害人的（　），警察都气得不行。

A. 控诉　　B. 指控　　C. 告诉　　D. 上诉

3. 天外有天，人外有人，无论什么时候，都要放低（　），才能走得更远。

A. 姿势　　B. 态度　　C. 姿态　　D. 状态

4. 现代社会婚姻自主，父母不能一味要求子女（　）自己的意愿。

A. 遵守　　B. 听从　　C. 遵命　　D. 遵从

5. 人生就是一个选择的过程，只有那些清楚自己的方向和价值（　）的人，才能够活得明白和自在。

A. 取向　　B. 趋向　　C. 选取　　D. 指向

三、用所给的词语和句型回答问题

1. “996.ICU”指的是什么？（所谓……是指……）

____

2. 为何要关注过劳加班的年轻人？（无论是……抑或是……哪怕是……都……）

____

3. 996 工作制日益普遍的原因何在？（……之所以……，说到底……，无非是……）

____

4. 拼搏与压榨有何区别？（……与……是两码事）

____

四、用所给的词语填空

亚健康　悠着点儿　过劳死　压榨　症结　猝死

日前，又一程序员在公司_________，引发了人们的广泛讨论。人们意识到，加班熬夜造成_________并不是杞人忧天。虽然人们常说年轻就是资本，但也需要_________。实际上，鲜有年轻人真正想“用命换钱”，_________在于，许多企业披着“忠诚”和“敬业”的外衣肆无忌惮地_________员工，因此员工不得不超负荷工作，以至于身体常年处于_________状态。

课文二 >> 谁能站在新职业风口？

课前思考

1. 你们国家最近出现了哪些新兴职业？
2. 你们国家大学生找工作时，哪些是优先考虑的因素？
3. 你们国家哪一些行业属于“铁饭碗”？

11月3日，来自中国的IG战队站在舞台中央，共同举起2018英雄联盟全球总决赛的世界冠军奖杯。一时间，电竞职业选手也成为媒体争相报道的热点——打游戏原来也是职业！

事实上，伴随着改革开放的浪潮，各种全新的职业种类应运而生。特别是近年来，得益于全球互联网的飞速发展，都市人消费需求日益多元化，对于服务的专业化需求也不断增多，催生了一大批新职业群体。

没有找不到，只有想不到

2018年，直播界顶级流量主播们轮番登上热搜，其“吸金”能力引人瞩目，而这些带货网红的一场直播背后，有来自五湖四海的专业人士——直播间的灯光师、试吃官、经纪人、客服、海外买手……五花八门的职业名称中有很多都是最近两三年才开始进入人们生活的，而所谓的“新”职业，也只是在这个需求高度分众化、个性化的时代，将人们的各种诉求细分出来的结果而已。

顺着这个思路，有“旅行发烧友”选择在网络上向游客出售旅游攻略，从路线规划到酒店预订全部囊括，应有尽有。这样的私人定制服务近来渐成风气，他们对自己从事这份工作的未来收入也很有信心。

用老眼光来看，新职业不是“铁饭碗”，而且收入普遍处于中低水平，“朝不保夕”，随时可能失业。然而随着中国大量适龄劳动力从制造业向生活服务业转移，以及在消费升级背景下消费者的需求日趋个性化、多样化，新职业人群的收入也在水涨船高。《2018年新职业人群工作生活现状调研报告》（以下简称为《报告》）显示，新职业人群目前已是市场需求量较大的群体，收入呈现出稳步上涨的态势，已经赶超普通白领收入水平。

在传统和新兴之间抉择

尽管对于当下年轻人来说，薪水、稳定性早已不是求职中最主要的考量点，但是传统的就业观仍然会对他们产生影响。选择从事新职业，是否得到父母理解是很多人必须要过的一道难关。

“我家里不同意我去弄短视频，说私企没几天就会失业，非让我考公务员和事业单位。”新媒体从业者刘轩，实习期间就轻松月入过万，但还是遭到了家人的强烈反对。

如今，“95 后”作为职场新力量，其就业观的变化，折射出全新的时代心态。有调查显示，“95 后”最向往的职业排名是：网红、配音员、化妆师、游戏测评师和游戏角色扮演玩家，已经和父母传统观念中的公务员、教师、国企职员等“好工作”相去甚远。“95 后”选择创业的人群中，46% 的人会选择海淘、自媒体、直播带货等新兴互联网创业项目，尤以北、深、广三地的毕业生为最。

基于对自身所在行业和职业的强烈认同感，新职业人群对未来职业发展有着清晰的规划。《报告》也显示，相比传统就业市场的人群，面对未来发展，65.70% 的新职业人群“希望成为行业顶尖，继续在这一行做成资深”，打算转行的仅占比 1.13%。“热爱”“有趣”“自由”成为他们选择新职业的标签。

随着社会观念的发展进步和就业群体的年轻化，越来越多的年轻人以兴趣为导向，坚持自我，“初生牛犊不怕虎”，甚至颠覆职业性别传统，成为新兴职业的主力。随着数字经济产业链结构的深刻变化，经济规模逐年走高，质量更好，组织更优，增长动力更为多元，互联网领域必将成为催生新职业的土壤。

（中国报道网 2018 年 12 月 19 日
《新职业兴起，你准备好了吗？》，作者：张岩）

生词表

1. *风口	fēngkǒu	名	原指风大的地方，现多比喻竞争或冲突最激烈的地方。
2. *战队	zhànduì	名	一起战斗的队伍。
3. *电竞	diànjìng	名	电子竞技。
4. *争相	zhēngxiāng	副	互相争着（做）。

5. 伴随	bànsuí	动	随同；跟随。
6. *浪潮	làngcháo	名	比喻大规模兴起的社会潮流。
7. 飞速	fēisù	副	非常迅速地。
8. *催生	cuīshēng	动	促进事物产生发展。
9. 顶级	dǐngjí	形	最高级别的，水平最高的。
10. 流量	liúliàng	名	指网络流量，在单位时间内网络上传输的数据量。
11. *主播	zhǔbō	名	担任主要播音任务的人。
12. *吸金	xījīn	动	快速挣钱。
13. *经纪人	jīngjìrén	名	为明星、职业运动员处理签约、演出、发言等事宜的人。
14. *买手	mǎishǒu	名	关注最新流行信息，根据市场需求，联系供求双方的买家：品牌～|职业～。
15. *分众	fēnzhòng	动	根据用户需求差异等情况划分人群。
16. *细分	xìfēn	动	细致划分。
17. 顺着	shùn·zhe	介	沿着。
18. *攻略	gōnglüè	名	生活或旅行的详细步骤或技巧：旅行～|游戏～。
19. *囊括	nángkuò	动	泛指包含了一切事物。
20. *定制	dìngzhì	动	为个别客户提供个性化服务：～西装|私人～。
21. 风气	fēngqì	名	社会上或某个集体中流行的爱好或习惯。
22. *适龄	shìlíng	形	年龄适合某种要求的：～儿童。
23. 日趋	rìqū	副	一天一天地走向，越来越。
24. 呈现	chéngxiàn	动	显现，展示出。
25. *稳步	wěnbù	形	步履平稳地行走。比喻有把握地按一定步骤进行。
26. *态势	tàishì	名	指事物发展的形势及状态。
27. *赶超	gǎnchāo	动	追赶，超过。
28. *抉择	juézé	名	挑选；选择。
29. 当下	dāngxià	名	目前，就在那个时刻。
30. 考量	kǎoliáng	动	思考衡量。
31. 难关	nánguān	名	难通过的关口，比喻不易克服的困难。
32. *私企	sīqǐ	名	私营企业的简称。
33. *从业	cóngyè	动	从事某种职业或行业。
34. 折射	zhéshè	动	比喻把事物的表象或实质表现出来。
35. *测评	cèpíng	动	按照指标测定并评价。

36. *玩家	wánjiā	名	对某些活动（如收藏、游戏等）爱好、精通并且特别迷恋的人。
37. *国企	guóqǐ	名	国有企业的简称。
38. 淘	táo	动	到处寻觅购买。
39. 清晰	qīngxī	形	清楚。
40. 顶尖	dǐngjiān	形	最好的、最优秀的。
41. *转行	zhuǎnháng	动	改换行业。
42. 导向	dǎoxiàng	名	引导的方向：以……为～。
43. 颠覆	diānfù	动	物体颠倒，倒翻。和传统不同。
44. 主力	zhǔlì	名	主要力量。
45. *产业链	chǎnyèliàn	名	从事生产的各部门的完整链条。
46. 逐年	zhúnián	副	一年一年地。
47. *走高	zǒugāo	动	（价格等）往上升。
48. 土壤	tǔrǎng	名	比喻适于事物生存发展的环境。

【注释】

1. **IG 战队**：一般指中国 IG（Invictus Gaming）电子竞技俱乐部，2011 年成立。2018 年获得英雄联盟全球总决赛冠军。

2. **发烧友**：源自香港早期对“音响器材爱好者”的称呼，后慢慢演变成对某些事物具有特别爱好的人群的统称，如电影发烧友、手机发烧友等。

3. **自媒体**：是区别于传统媒体的一种新兴形式，即个人借助互联网平台发表自己的言论和观点。如今，直播、短视频等成为自媒体内容创业新热点。自媒体是中国信息传播的重要力量，但也存在信息良莠不齐、可信度低等问题。为进一步规范与引导自媒体平台的发展，中国政府曾开展多次互联网专项治理活动，并出台《互联网新闻信息服务管理规定》《互联网电子公告服务管理规定》等一系列相关法规。

4. **直播带货**：是指通过淘宝、京东、拼多多等电商平台以及抖音、快手等互联网平台，使用直播技术进行近距离商品展示、咨询答复、导购的新型促销方式，或由店铺自己开设直播间，或由职业主播、明星等进行推介。

重点句型与词汇

1 一时间……：短时间之内；一下子。形容极短的时间。突发并持续了一段时间。

（1）一时间，电竞职业选手也成为媒体争相报道的热点——打游戏原来也是职业！

（2）几个孩子打篮球不小心打碎了邻居家玻璃，一时间他们面面相觑不知该怎么办。

（3）这件事情真是复杂，千头万绪的，一时间我也说不清楚。

2 所谓的……，只是……而已

（1）所谓的“新”职业，也只是在这个需求高度分众化、个性化的时代，将人们的各种诉求细分出来的结果而已。

（2）哪有什么仙人仙境，所谓的“海市蜃楼”，只是一种光学现象而已。

（3）所谓的“不能让孩子输在起跑线上”，很多时候只是家长们的焦虑而已。

3 顺着……：介词，沿着（表示经过的路线或者去向）。依照；按照（表示根据）。

（1）顺着这个思路，有“旅行发烧友”选择在网络上向游客出售旅游攻略，从路线规划到酒店预订全部囊括，应有尽有。

（2）我们就顺着这条路走，走到哪儿算哪儿。

（3）孩子不可能一直顺着父母规划好的路线成长，他们也需要自由的发展空间。

4 ……渐成风气：一般作谓语，指一件事情逐渐发展盛行，形成一种风气。

（1）这样的私人定制服务近来渐成风气，他们对自己从事这份工作的未来收入也很有信心。

（2）21 世纪以来，年轻人的择业观念发生了很大的变化，自主创业渐成风气。

（3）近年来，由于垃圾分类投放渐成风气，古城拉萨的环境有了明显的改善。

5 呈现……态势：事物显现出的形势和状态，是对事物运动剧烈程度的表述。如呈现稳定发展态势。

（1）（《报告》）显示，新职业人群目前已是市场需求量较大的群体，收入呈现出稳步上涨的态势，已经赶超普通白领收入水平。

（2）当地经济增长呈现加速发展态势，2025 年国民生产总值有望翻一番。

（3）报道指出，2010 年至今，上海的房地产业一直呈现健康稳定发展的态势。

6 过一道 / 渡过……难关：克服某个难点像通过一道关口一样。渡，通过。

（1）选择从事新职业，是否得到父母理解是很多人必须要过的一道难关。

（2）我们一家人相互扶持，渡过了一个又一个难关。

（3）真正的朋友绝对不会在你困难的时候离你而去，会坚强地陪你闯过一道又一道难关。

7 和……相去甚远 / 不远：指互相之间存在着很大的距离和差异 / 较小的差距。

（1）“95 后”最向往的职业排名是：网红、配音员、化妆师、游戏测评师和游戏角色扮演玩家，已经和父母传统观念中的公务员、教师、国企职员等“好工作”相去甚远。

（2）按照已完成的销售情况预估，公司今年最终的营业收入约为 35 亿元，这一数据与我们 100 亿

元的目标相去甚远 。

（3）虽然是初次见面，但是两人一见如故，都觉得眼前的人和自己的想象相去不远。

8 尤以……为最：在众多情况中，最明显、最突出的那一个。

（1）“95 后”选择创业的人群中，46% 的人会选择海淘、自媒体、直播带货等新兴互联网创业项目，尤以北、深、广三地的毕业生为最。

（2）今年以来，各地日用消费品纷纷降价，其中尤以家电为最，价格降幅引起的关注、议论也最多。

（3）调查表明，有 36.6% 的老年人有较强的意向入住由政府或社区开办的老年公寓等养老机构，其中，尤以 60—65 岁和 76—80 岁两个年龄段为最。

9 以……为导向 / 目标 / 基础 / 中心……

（1）随着社会观念的发展进步和就业群体的年轻化，越来越多的年轻人以兴趣为导向，坚持自我，“初生牛犊不怕虎”，甚至颠覆职业性别传统，成为新兴职业的主力。

（2）只有以爱情为基础的婚姻才是合乎道德的。

（3）我们不能以自己为中心 ，要考虑别人的感受。

10 必将……：副词，强调某种情况一定会出现。

（1）随着数字经济产业链结构的深刻变化，经济规模逐年走高，质量更好，组织更优，增长动力更为多元，互联网领域必将成为催生新职业的土壤。

（2）艰苦的时光终将过去，坚强的人必将苦尽甘来。

（3）有些人不求上进，浪费时间，最后必将一事无成。

词语搭配

1 争相 +V

～报道 | ～开放 | ～观看

（1）电竞职业选手也成为媒体争相报道的热点——打游戏原来也是职业！

（2）双十一期间，各电商平台争相降价促销。

（3）农历八月中旬，数万人纷纷赶往浙江，争相观看钱塘江大潮。

2 轮番

～出动 | ～上场 | ～上阵 | ～上涨

（1）直播界顶级流量主播们轮番登上热搜，其“吸金”能力引人瞩目。

（2）11 月下旬，该国汇市、股市轮番下跌，第三波金融危机的威力远超之前。

（2）中场过后，我们队的几员大将轮番上阵，比分很快反超。

3 走……

～高 | ～低 | ～红

（1）随着数字经济产业链结构的深刻变化，经济规模逐年走高，质量更好，组织更优，增长动力更为多元，互联网领域必将成为催生新职业的土壤。

（2）前三季度，国民经济继续快速增长，市场物价基本稳定，国内物价涨幅持续走低。

（3）他的第一张个人专辑风头迅猛，创下了 20 万张的销量，这让他的名字在香港歌坛一夜走红，大街小巷开始传遍他的歌声。

成语和惯用语

1 * 引人瞩目 yǐnrén-zhǔmù：引起人注意自己。瞩目，注视。

（1）直播界顶级流量主播的“吸金”能力引人瞩目。

（2）日前，苏格兰皇家银行在北京发布的《全球支付报告》中指出，电子支付和移动支付的增长引人瞩目。

（3）宴会上，姐姐一身红色的旗袍十分引人瞩目。

2 * 五湖四海 wǔhú-sìhǎi：泛指四面八方，全国各地。有时也指世界各地。

（1）这些带货网红的一场直播背后，有来自五湖四海的专业人士——直播间的灯光师、试吃官、经纪人、客服、海外买手……

（2）现在我们家乡旅游业发展很快，欢迎五湖四海的朋友前来观光游览。

（3）我们来自五湖四海，为了同一个梦想走到了一起。

3 五花八门 wǔhuā-bāmén：指五行阵和八门阵，是古代战术变化很多的阵势。形容变化多端或花样繁多。

（1）五花八门的职业名称中有很多都是最近两三年才开始进入人们生活的，而所谓的“新”职业，也只是在这个需求高度分众化、个性化的时代，将人们的各种诉求细分出来的结果而已。

（2）临近新年，商家有的是低价销售，有的是买一赠一，有的是有奖销售，促销方法真是五花八门。

（3）老师给学生出了一道试题：“诗是什么？”结果学生们的答案五花八门，极为有趣。

4 应有尽有 yīngyǒu-jìnyǒu：应该有的都有。形容十分齐全。

（1）有“旅行发烧友”选择在网络上向游客出售旅游攻略，从路线规划到酒店预订全部囊括，应有尽有。

（2）这家商店不仅有各种品牌鞋，更有包包、衣服、配饰等，应有尽有！更重要的是还为消费者提供“7 日内退货，30 日内换货”的无理由免费退换货服务。

（3）我一到县城就被眼前的景象吸引住了：宽阔的大街上车水马龙、百货商店的货物应有尽有……这与 25 年前死气沉沉的县城形成了鲜明的对比。

5 * 朝不保夕 zhāobùbǎoxī：早上保不住晚上会变成什么样子或发生什么情况。形容形势危急，难以预料。

（1）用老眼光来看，新职业不是“铁饭碗”，而且收入普遍处于中低水平，“朝不保夕”，随时可能失业。

（2）传统企业难以适应不断变化的经济环境，生产发展水平低下，资金短缺，朝不保夕。

（3）我自己现在都朝不保夕，哪有余力来帮助你。

6 * 初生牛犊不怕虎 chūshēng niúdú bù pà hǔ：指刚生下的小牛犊不怕老虎，因为不知道老虎的厉害。一般形容年轻人。比喻青年人思想上顾虑少，敢作敢为。

（1）越来越多的年轻人以兴趣为导向，坚持自我，“初生牛犊不怕虎”，甚至颠覆职业性别传统，成为新兴职业的主力。

（2）他是“初生牛犊不怕虎”，什么事情都想试一试。

（3）中国选手多半是新手，但他们训练水平高，又有一股“初生牛犊不怕虎”的劲头，反而取得了很好的成绩。

课后练习 趁热打铁

一、选词填空

催生　规划　稳步　抉择　测评　认同　顶级

1. 面对危机，总经理果断的__________，给企业带来了发展的新契机。

2. 跨境电商发展迅速，这__________了企业对高端电子商务人才的需求。

3. 工厂引进新技术和新的管理方法之后，近几个月产品的产量__________提升。

4. 小米品牌赢得了国内外客户的广泛__________，在市场上拥有相当高的知名度。

5. 在这次鉴定中，多国__________专家辛苦工作了一周的时间才下定论，从中我们可以看出专家们的慎重态度。

6. 尽管华为新款手机下周才正式开售，但许多媒体已经抢先拿到样机，并对它们进行了__________。

7. 我们不要把精力全放在微不足道的小事上，而要从大局出发，大处着眼，要有长远__________。

二、单项选择

1. 根据客户的“信誉”不同，银行可提供不同额度的信用卡，从千余元的普通卡到数万元的“金卡”，（　）、品种繁多。

A. 应有尽有　　B. 朝不保夕　　C. 五湖四海　　D. 五花八门

2. 未来一周，大雾、雨雪天气将在我国东部（　　）登场，给公路、民航、铁路等运输行业带来巨大的压力。

A. 轮番　　B. 争相　　C. 争先　　D. 顶尖

3. 此种创新疗法，可说是完全（　　）了传统的药物治疗，其优势不言而喻。

A. 囊括　　B. 规划　　C. 海淘　　D. 颠覆

4. 热情是强大的动力，能（　　）我们乐观的斗志和顽强的毅力。

A. 滋生　　B. 催生　　C. 日趋　　D. 细分

5. 他知识丰富，能言善辩，是我们班这次辩论比赛的（　　）。

A. 主角　　B. 主力　　C. 主张　　D. 主导

三、用所给的词语和句型回答问题

1. 在你看来，数字经济发展给大学生就业创造了哪些机会？（一时间……）

____

2. 收入是不是左右新职业从业者职业选择的主要因素？（以……为……）

____

3. 你觉得，你们国家的年轻人和上一辈人的就业观一样吗？（和……相去甚远 / 不远）

____

4. 现在大学生选择职业可能会考虑哪些因素？（尤以……为最）

____

四．用所给的词语填空

应运而生　飞速　朝不保夕　颠覆　初生牛犊不怕虎　导向

近年来，得益于互联网的________发展，都市人消费需求日益多元化，五花八门的新职业________。用老眼光来看，新职业不是“铁饭碗”，而且收入普遍处于中低水平，此类职业________，随时可能失业。然而，随着中国大量适龄劳动力从制造业向服务业转移，以及在消费升级背景下消费者的需求日趋多样化，新职业人群的收入也在水涨船高。越来越多的年轻人以兴趣为________，坚持自我，甚至________了职业性别传统，成为新兴职业的主力，可谓是“________”。

课文三 >> 30岁的职场姐姐如何乘风破浪？

课前思考

1. 你同意“男主外女主内”这种说法吗？
2. 你愿意选择当全职主妇吗？/让太太成为全职主妇吗？
3. 如果你工作繁忙，愿意把孩子交给父母照顾吗？

综艺节目《乘风破浪的姐姐》让一群年龄“30+”的姐姐们重回大众聚焦的风口浪尖。但令人无可奈何的事实是，即便是功成名就、自认为正处于“黄金年龄”的女演员、女歌手，也要面临“没有戏演”、需要转型的职场窘境。而这些“30+”姐姐们的遭遇，正是无数在职场拼搏的中国女性的缩影。女性想要在职场上乘风破浪，绝非轻而易举。

职场女性“腹背受敌”

中国人的勤劳远近闻名，中国女性的劳动参与率在全球位居前列。尽管这一数据近年来呈现下降趋势，但在世界范围内依旧遥遥领先。

在中国庞大的人口基数下，中国职业女性群体体量相对也很大。招聘时当着众人被问及是否婚育；婚后备孕先要“拿号”排队；生娃后被调离原岗位……凡此种种“不友好”都是在倒逼女性婚育后主动离职。而家庭与工作这对难以调和的矛盾，着实让不少职场女性分身乏术。

对许多职业女性来说，被追问到“如何平衡家庭和事业”这一问题是家常便饭。“30+”尚处于职业发展的黄金阶段，也恰好撞上女性的婚育高峰期。当职业发展撞上适婚年龄，是否生育就成了无法回避的问题。未婚的女性求职者也会被刨根问底“是否有男朋友”“几年内会不会考虑结婚”，而已婚的女性求职者则会被问到“是否有生育一胎二胎的计划”。

除此之外，用人单位招聘时限制性别，使得女性在职场应聘中雪上加霜。比如，一些公司在招聘广告中会写明“男士优先”或“只招男性”。除了显性歧视外，还有不少招聘方会采用隐性的方式，例如初审时同等条件下唯独筛除女性的简历，连笔试和面试的机会都谈不上。

哪怕成功入职，女性也被职场性骚扰等问题所困扰。同样让人难以接受的是，她们在婚育阶段就被迫调岗减薪，女同事间则需要排好计划表“轮流”怀孕，直至为照顾孩子和家庭而不得不放弃事业发展。这些问题已然“司空见惯”，直接造成晋升机会的不均等问题。长此以往，女性在职场就只能担任普通职位或辅助工作，进入管理层的比例也必然大大低于男性。

30+ 的她们为什么这么难？

毋庸置疑，女性在职场中遇到的一些问题仅仅因为她们是女性。

由于生理结构的特殊性，女性的生育是不可避免的话题。产假本意上是为了保护女性的合法权益，但在实际操作中，由于产假期间企业不得裁员、减薪，而且得继续缴纳社保，许多公司为了减少成本，反而不愿意招聘 30 岁左右的育龄女性。

随着“全面二孩”政策落地，全国大部分地区延长了产假时间，在产假最长的西藏，女性可以休假一年。但配偶陪产假最长不过 30 天，早期的大部分育儿重担仍要女性承担。

在传统社会男女分工影响下，男性更多地承担养家的责任，而女性则更多地承担顾家的责任，即所谓“男主外女主内”。当今社会男女平等，双职工家庭的女性不仅要面临职场的焦头烂额，还要承担家庭的鸡毛蒜皮。

别的不说，在打扫做饭、陪伴孩子和接送孩子、辅导学习这些所谓家庭琐事上，女性平均投入了男性两倍或以上的时长。可见不少女性努力地平衡着事业和家庭，两手都要抓，被塑造成了里里外外一把手的“超人”妈妈。在外，她们面临险峻的职场环境。在家，她们仍需要“相夫教子”做家务。

总之，女性在家庭和职场的夹缝中生存，她们的生活，远不能洒脱地“乘风破浪”，倒更像是艰难地“披荆斩棘”。

（改编自《网易数读》2020 年 6 月 26 日

《30 岁的职场女人，无法乘风破浪》，作者：潘子怡）

生词表

1. *综艺	zōngyì	名	综合文艺：大型～节目。
2. *聚焦	jùjiāo	动	比喻注意力或关注点等集中于某事。
3. *窘境	jiǒngjìng	名	十分为难的处境。
4. 拼搏	pīnbó	动	尽全力实现自己的目标。

5. 缩影	suōyǐng	名	指同一类型的人或事物中具有代表性的一个。
6. 勤劳	qínláo	形	努力劳动，不怕辛苦。
7. 庞大	pángdà	形	表示形体、组织、数量或程度大大超过惯常的范围或标准。
8. *体量	tǐliàng	名	指建筑物的规模。泛指事物的规模、数量。
9. *备孕	bèiyùn	动	准备怀孕。
10. *调离	diàolí	动	调动使离开。
11. *凡此	fáncǐ	副	凡是，所指范围内的一切，没有例外。
12. *倒逼	dàobī	动	逆向促使。如今扩大了使用范围，“由下而上”“由流溯源”“由果问因”等行为，都可以称“倒逼”。
13. *调和	tiáohé	动	妥协、让步（多用于否定式）：不可～的矛盾。
14. 着实	zhuóshí	副	实在；确实。
15. 追问	zhuīwèn	动	追根究底地问；追查。
16. 尚	shàng	副	还：～待研究。
17. 应聘	yìngpìn	动	接受招聘。
18. 隐性	yǐnxìng	形	属性词。指性质或性状不表现在外的。
19. *初审	chūshěn	动	初次审查。
20. 同等	tóngděng	形	等级或地位相同的。
21. 唯独	wéidú	副	单单。
22. *筛除	shāichú	动	筛选除去。
23. 谈不上	tán·bushàng	副	没有达到某种程度或标准。
24. *性骚扰	xìngsāorǎo	名	用色情的语言或行为对异性进行骚扰。
25. 轮流	lúnliú	动	按次序一个接一个地周而复始。
26. 直至	zhízhì	动	直到。
27. 已然	yǐrán	副	已经。
28. 晋升	jìnshēng	动	职位上升，晋职。
29. *均等	jūnděng	形	平均；相等。
30. 生理	shēnglǐ	名	机体的生命活动和体内各器官的功能。
31. *裁员	cáiyuán	动	企业、机关削减工作岗位上不必要的工作人员。

32. 缴纳	jiǎonà	动	交纳（多指履行义务或强制交付）。
33. *社保	shèbǎo	名	社会保障的简称。
34. *育龄	yùlíng	名	适合生育的年龄。
35. 配偶	pèi'ǒu	名	指丈夫或妻子（多用于法律文件）。
36. *重担	zhòngdàn	名	沉重的担子，比喻繁重的责任。
37. 陪伴	péibàn	动	陪同做伴。
38. *琐事	suǒshì	名	繁杂零碎的事，琐碎的事情，小事。
39. 塑造	sùzào	动	用语言文字或其他艺术手段表现人物形象。
40. 一把手	yībǎshǒu	名	各种组织、单位内部的最高领导人。
41. *险峻	xiǎnjùn	形	指山势高而险，文中指危险，险恶。
42. *夹缝	jiāfèng	名	两个邻近物体间的狭窄空隙。
43. *洒脱	sǎtuō	形	（言谈、举止、风格）自然；不拘束。

【注释】

1.**《乘风破浪的姐姐》**：湖南广电旗下的芒果 TV 于 2020 年推出的女团成长综艺节目。该节目邀请了 30 位 1990 年之前出生的姐姐辈女艺人，通过训练、考核与舞台竞演，最终选出数位成员组成女团。

2. **全面二孩**：基于国家人口与经济社会发展的形势，中国政府曾对生育政策进行过多次调整：1982 年 9 月，计划生育被定为中国的基本国策，政府提倡一对夫妇只生育一个孩子，从而有计划地控制人口增长；2013 年，针对人口老龄化问题，十八届三中全会决定启动实施“单独二孩”政策，即“一方是独生子女的夫妇可生育两个孩子”；2015 年底，在“单独二孩”的基础上，又推出“全面二孩”，即一对夫妇可生育两个子女的生育政策；2021 年 5 月 31 日，为进一步优化生育政策，实施一对夫妻可以生育三个子女政策及配套支持措施。

3. **产假**：指在职妇女产期前后的休假待遇。《中华人民共和国劳动法》规定：“女职工生育享受不少于九十天的产假。”《中华人民共和国妇女权益保障法》规定：“任何单位不得因结婚、怀孕、产假、哺乳等情形，降低女职工的工资，辞退女职工，单方解除劳动（聘用）合同或者服务协议。”

重点句型与词汇

1 令人……的是 / 让人……的是：中间多为动词。

（1）但令人无可奈何的事实是，即便是功成名就、自认为正处于“黄金年龄”的女演员、女歌手，也要面临“没有戏演”、需要转型的职场窘境。

（2）让人难忘的是毕业十周年的那次聚会。

（3）令人遗憾的是，他虽然闯进了决赛，但是因为两年前的旧伤复发而止步于四强。

2 即便是……也（不）要……：用来加强语气，指即使、纵使，假设性的情况。

（1）即便是功成名就、自认为正处于“黄金年龄”的女演员、女歌手，也要面临“没有戏演”、需要转型的职场窘境。

（2）努力奋斗吧！即便是遇到挫折也不要让生活失去色彩。

（3）即便是一粒尘埃，也要发出自己的光芒。

3 当着……：当某人在场时，当着某人的面做某事。

（1）招聘时当着众人被问及是否婚育。

（2）当着我的面，你有什么想说的就都说出来吧。

（3）我当着大家的面把礼物拆开了。

4 凡……：所指范围内的一切，没有例外。

（1）招聘时当着众人被问及是否婚育；婚后备孕先要“拿号”排队；生娃后被调离原岗位……凡此种种“不友好”都是在倒逼女性婚育后主动离职。

（2）凡事自己努力去做就好。

（3）凡年龄满十八岁的公民都有选举与被选举的权利。

5 唯独……：排除任何他人或他物的。

（1）初审时同等条件下唯独筛除女性的简历，连笔试和面试的机会都谈不上。

（2）全班同学都在认真听讲，唯独他在睡觉。

（3）他什么都不在乎，唯独受不了家人的误解。

6 谈不上……：没有达到某种程度（没有那么高，那么好，那么深）。

（1）同等条件下唯独筛除女性的简历，连笔试和面试的机会都谈不上。

（2）他只是一个普普通通的足球爱好者而已，还谈不上是专业球迷。

（3）我和他只是萍水相逢，谈不上感情深厚。

7 哪怕……也……：表示让步的连词，相当于“即使”“就算”。

（1）哪怕成功入职，女性也被职场性骚扰等问题所困扰。

（2）如果我下定决心，哪怕困难重重，也要坚持到底。

（3）哪怕他有再大的本事，一个人也完成不了这个项目。

8 别的不说……：排除其他事情，只说一件事。

（1）别的不说，在打扫做饭、陪伴孩子和接送孩子、辅导学习这些所谓家庭琐事上，女性平均投入了男性两倍或以上的时长。

（2）我在你们家干的活也太多了，别的不说，光买菜做饭就够忙一阵儿的了。

（3）他准是一位资深厨师，别的不说，光看他切菜的熟练程度就知道了。

词语搭配

1 庞大

规模～｜数量～｜队伍～｜体型～｜显得～

（1）在中国庞大的人口基数下，中国职业女性群体体量相对也很大。

（2）我们这个地区老年人口规模庞大，而医疗服务跟不上人口日益老龄化的进程。

（3）在这部科幻电影中，人类面对数量庞大的机器人，显得渺小而无力。

2 同等

～权利｜～待遇｜～学力

（1）除了显性歧视外，还有不少招聘方会采用隐性的方式，例如初审时同等条件下唯独筛除女性的简历，连笔试和面试的机会都谈不上。

（2）根据《民法典》，非婚生子女与婚生子女享有同等的权利。

（3）“同等学力”是指虽然没有上过高等学校，但具有相当于高等学校本科毕业的文化水平。

3 轮流

～值班｜～陪伴｜～上阵｜～看守

（1）同样让人难以接受的是，她们在婚育阶段就被迫调岗减薪，女同事间则需要排好计划表“轮流”怀孕，直至为照顾孩子和家庭而不得不放弃事业发展。

（2）小区物业 24 小时轮流值班、巡逻，全天候为小区居民服务。

（3）他生病住院时，同学们轮流帮他补课。

4 缴纳

按时～｜延期～｜～学费｜～税费｜～保证金

（1）产假本意上是为了保护女性的合法权益，但在实际操作中，由于产假期间企业不得裁员、减薪，而且得继续缴纳社保，许多公司为了减少成本，反而不愿意招聘 30 岁左右的育龄女性。

（2）学校要求学生按时缴纳学费。

（3）你知道联合国的会费是按照什么标准缴纳的？

5 塑造

～形象｜～人物｜～品牌｜精心～｜大力～

（1）可见不少女性努力地平衡着事业和家庭，两手都要抓，被塑造成了里里外外一把手的“超人”妈妈。

（2）朋友圈成了一些人塑造个人形象的舞台。

（3）在激烈的市场竞争中，国产品牌更需要找准自身定位，提高产品质量，塑造品牌形象。

成语和惯用语

1 无可奈何 wúkěnàihé：指感到没有办法，只有这样了。

（1）但令人无可奈何的事实是，即便是功成名就、自认为正处于“黄金年龄”的女演员、女歌手，也要面临“没有戏演”、需要转型的职场窘境。

（2）她争执一番后，无可奈何地缴纳了罚金。

（3）对于现状，我们虽然非常惋惜，但也是无可奈何。

2 * 功成名就 gōngchéng-míngjiù：功绩取得了，名声也有了。功，功业。就，达到。

（1）即便是功成名就、自认为正处于“黄金年龄”的女演员、女歌手，也要面临“没有戏演”、需要转型的职场窘境。

（2）他苦干了几十年，终于功成名就。

（3）他是位出色的运动员，一举夺得世界冠军，可谓功成名就。

3 * 乘风破浪 chéngfēng-pòlàng：船只乘着风势破浪前进。比喻志向远大，不畏艰险，奋勇前进。

（1）而这些“30+”姐姐们的遭遇，正是无数在职场拼搏的中国女性的缩影。女性想要在职场上乘风破浪，绝非轻而易举。

（2）愿您毕业后乘风破浪，干出一番事业，对社会有所贡献。

（3）只要拿出“乘风破浪”的勇气，梦想就一定会实现。

4 轻而易举 qīng'éryìjǔ：事情容易做，不费力气。

（1）女性想要在职场上乘风破浪，绝非轻而易举。

（2）自古以来，要想成就一番大事业，绝不是轻而易举的事。

（3）他真是个大力士，轻而易举地搬走了一块巨大的石头。

5 * 腹背受敌 fùbèi-shòudí：前后都受到敌人的攻击。腹，指前面；背，指后面。

（1）职场女性“腹背受敌”。

（2）前有围堵，后有追兵，我们已经腹背受敌，该如何是好？

（3）他被人围攻，腹背受敌，难以脱身。

6 远近闻名 yuǎnjìn-wénmíng：无论是远处还是近处都听过这个名字，形容很有名。

（1）中国人的勤劳远近闻名，中国女性的劳动参与率在全球位居前列。

（2）他买体彩中了头奖，一夜暴富，成了远近闻名的有钱人。

（3）以前，我的家乡没通水、没通电，而如今已发展成远近闻名的富裕村了。

7 * 位居前列 wèijū qiánliè：位次居于最前面一列，比喻处于带头或领先的地位。

（1）中国人的勤劳远近闻名，中国女性的劳动参与率在全球位居前列。

（2）本季度，该省份的 GDP 增速在全国范围内位居前列。

（3）调查显示，芝加哥的巧克力和可乐消费量居美国各城市之首，其能量饮品及咖啡的消费量也位居前列。

8 * 遥遥领先 yáoyáo-lǐngxiān：远远地走在最前面。

（1）中国女性的劳动参与率在全球位居前列。尽管这一数据近年来呈现下降趋势，但在世界范围内依旧遥遥领先。

（2）我们的队员在比赛中竭尽全力，一路遥遥领先，终于捧上了冠军的奖杯。

（3）他不愧是我们团队中最有能力的人，这个月的销售业绩遥遥领先。

9 * 分身乏术 fēnshēn-fáshù：表示很忙，不能同时去做不同的事。

（1）家庭与工作这对难以调和的矛盾，着实让不少职场女性分身乏术。

（2）对于双职工家长来说，家里上小学的孩子下午放学时，他们还正在单位里忙活着，“分身乏术”，难以接管孩子。

（3）为了能兼顾功课和社团活动，现在的我已是分身乏术了。

10 * 家常便饭 jiācháng-biànfàn：比喻经常发生的、极普通的事。

（1）对许多职业女性来说，被追问到“如何平衡家庭和事业”这一问题是家常便饭。

（2）他工作太忙了，加班熬夜是家常便饭。

（3）受伤是武打演员的“家常便饭”。

11 * 刨根问底 páogēn-wèndǐ：比喻盘问追究事物的根由、底细。

（1）当职业发展撞上适婚年龄，是否生育就成了无法回避的问题。未婚的女性求职者也会被刨根问底“是否有男朋友”。

（2）对于不懂的问题，我们一定要刨根问底搞清楚。

（3）大自然的许多奥秘，刨根问底，恐怕谁也解释不清。

12 雪上加霜 xuěshàng-jiāshuāng：接连遭受灾难，损害愈加严重。

（1）用人单位招聘时限制性别，使得女性在职场应聘中雪上加霜。

（2）今年收成本来就不好，又遇到蝗灾，这无疑是雪上加霜。

（3）丈夫失业在家，加上庞大的医疗费负担，使这个家庭的经济雪上加霜，现亟须外界伸出援手。

13 司空见惯 sīkōng-jiànguàn：指某事常见，不足为奇。司空，古代官名。

（1）这些问题已然“司空见惯”，直接造成晋升机会的不均等问题。

（2）对现在的年轻人来说，失恋分手已是司空见惯的事情。

（3）他是公认的学霸，考试拿第一已经是司空见惯的事了。

14 * 长此以往 chángcǐ-yǐwǎng：长期这样下去（多就不好的情况而言）。

（1）长此以往，女性在职场就只能担任普通职位或辅助工作，进入管理层的比例也必然大大低于男性。

（2）有的孩子不吃早饭，长此以往，有损身体健康。

（3）这样近距离地看书，长此以往，非成近视眼不可。

15 * 毋庸置疑 wúyōng-zhìyí：用不着怀疑。

（1）毋庸置疑，女性在职场中遇到的一些问题仅仅因为她们是女性。

（2）毋庸置疑，抽烟喝酒有害健康。

（3）想要学好一门语言，一定要勤学苦练，这是毋庸置疑的。

16 * 焦头烂额 jiāotóu-làn'é：形容十分狼狈窘迫。

（1）双职工家庭的女性不仅要面临职场的焦头烂额，还要承担家庭的鸡毛蒜皮。

（2）最近为了搬家的事，忙得我焦头烂额。

（3）接二连三的考试已经让我焦头烂额了，哪还有时间做别的。

17 * 鸡毛蒜皮 jīmáo-suànpí：比喻无关紧要的琐碎事情。

（1）双职工家庭的女性不仅要面临职场的焦头烂额，还要承担家庭的鸡毛蒜皮。

（2）他的检查不深刻，只谈一些鸡毛蒜皮的小事，对那些重要的问题避而不谈。

（3）这种鸡毛蒜皮的小事，我们最好不要斤斤计较。

18 * 里里外外一把手 lǐlǐ wàiwài yībǎshǒu：里里外外的事情都由一个人全权负责。

（1）可见不少女性努力地平衡着事业和家庭，两手都要抓，被塑造成了里里外外一把手的“超人”妈妈。

（2）二嫂生意做得好，又把生病多年的母亲照顾得很周到，真是里里外外一把手。

（3）了解李阿姨的人都称赞她是里里外外一把手。

19 * 相夫教子 xiàngfūjiàozǐ：辅助丈夫，教育孩子。

（1）在家，她们仍需要“相夫教子”做家务。

（2）她在家相夫教子多年，烧得一手好菜。

（3）多年在家相夫教子的全职妈妈要重返职场不是一件容易的事儿。

20 * 披荆斩棘 pījīng-zhǎnjí：比喻在创业过程中或前进道路上清除障碍，克服重重困难。

（1）总之，女性在家庭和职场的夹缝中生存，她们的生活，远不能洒脱地“乘风破浪”，倒更像是艰难地“披荆斩棘”。

（2）他白手起家，多年来在商场上披荆斩棘，终于有了今日的成就。

（3）我们不要被困难吓倒，要在前进的道路上披荆斩棘，勇往直前。

课后练习 趁热打铁

一、选词填空

刨根问底　缩影　风口浪尖　毋庸置疑　功成名就　雪上加霜　承担

1. 科学频道的电视节目就是以__________的方式来解读世界上奇异现象的奥秘。
2. 对于__________的人，我们应该看到他们在成功背后的付出。
3. 他提出了这么敏感的问题，相当于把自己推到了舆论场的__________。
4.《红楼梦》中的贾府是日趋没落的中国封建社会的__________。
5. 洪灾刚过又发生了地震，对于这个国家来说，无异于__________。
6. 这件事的责任应该是由你__________，可是你却嫁祸于人，这样做是多么的可耻。
7. 人生成败取决于发奋与否，这点__________，但所谓“谋事在人，成事在天”，也不无道理。

二、单项选择

1. 他家因父亲失业，生活已陷入（　）。

A. 窘态　B. 窘境　C. 窘迫　D. 窘相

2. 要赶超世界（　）水平，我们还得快马加鞭。

A. 遥遥领先　B. 一马当先　C. 先进　D. 抢先

3. 我今天非要（　），把这件事弄它个一清二楚。

A. 刨根问底　B. 知根知底　C. 问长问短　D. 归根结底

4. 他从小就不是一个安分守己的人，从小学开始，逃课打架那是（　）。

A. 不以为然　B. 家常炒菜　C. 少见多怪　D. 家常便饭

5. 对于他的人品操守，（　），绝对信得过。

A. 难以置信　B. 半信半疑　C. 毋庸置疑　D. 深信不疑

三、用所给词语和句型回答问题

1. 在你看来，30+ 的职场女性所面临的困境是什么？（令人……的是 / 让人……的是）

____

2. 对职场女性来说，为什么家庭和工作的矛盾是难以调和的？（即便是……也……）

____

3. 刚入职场之时，对于女性是否公平？（谈不上……）

____

4. 男性和女性在家庭中的分工是怎样的？（别的不说……）

____

四、用所给的词语填空

披荆斩棘　调和　轮流　夹缝　焦头烂额　着实　洒脱　琐事　鸡毛蒜皮

对于中国职场女性而言，工作与家庭这对难以__________的矛盾，__________让她们有些分身乏术。职场中，她们在婚育阶段常常被迫调岗减薪，女同事间则需要排好计划表“__________”怀孕，直至为照顾孩子和家庭而不得不放弃事业发展。家庭中，在“男主外女主内”的传统思想影响下，双职工家庭的女性不仅要面临职场的__________，还要承担家庭的__________。在打扫做饭、陪伴孩子和接送孩子、辅导学习这些所谓家庭__________上，女性平均投入了男性两倍或以上的时长。总之，女性在家庭和职场的__________中生存，她们的生活，远不能__________地“乘风破浪”，倒更像是艰难地“__________”。

单元练习　学以致用

一、众说纷纭

（一）千奇百怪新职业

世界之大，无奇不有。所谓行行出状元，现在世界上的职业是千奇百怪，应有尽有。请认真查看以下职业的名字，猜猜这些职业都是做什么的。并说一说你认为哪些职业最奇葩，哪些职业最有趣？你还知道哪些奇葩或有趣的新职业呢？

（1）闻香师　（2）幸运饼干作家　（3）地铁“推手”
（4）职业“美人鱼”　（5）数鱼师　（6）夜班护送师
（7）送葬者　（8）小鸡性别鉴定师　（9）合法“抢银行”职业
（10）天鹅守望者　（11）僵尸装扮者

（二）“家庭煮夫”和“超级奶爸”之我见

随着现代社会的发展，很多女性能够在事业上有一番作为，而很多男性也能很好地回归家庭，做起“家庭煮夫”，承担起照顾家人日常起居的重任，甚至有的男性全职带起了孩子，晋升为“超级奶爸”，请说说你是如何看待“家庭煮夫”和“超级奶爸”的。

二、新闻报道（全班轮流，根据班级人数每次可指定一到两位同学完成）

请你从网上查找最近的 996 工作制的相关新闻，阅读后，做一个 PPT 向全班同学报道这篇新闻。报道之前需要把这篇新闻中的关键词找出来，做一份生词表发给大家。

三、据理力争（从句段到篇章）

（一）用“反证法”反驳他人观点

讨论或辩论时，常常要反驳对方的观点。反驳有多种做法，其中一种比较常用的就是反证法，也就是在论证中，为了证明自己的论点是正确的，先证明与这个论点相反的另一个论点是错误的。用反证法反驳别人的观点一般有以下几个步骤：第一，提出对方的观点，并表明自己的态度；第二，分析对方的观点，举出反例；第三，提出自己的观点。下面是一些用于“反证法”的常用句型。

	常用词汇与句式
1. 表明自己不同的态度	1. 这个观点表面上……实际上…… 2. ……的观点有一定的道理，然而…… 3. ……忽视了……的问题 4. 这不过是一个暂时的 / 个别的 / 特殊的情况而已 5. 这只是问题的一个侧面，并不全面 6. ……难以让人信服 7. 我承认……但是…… 8. 不可否认的是…… 9. ……缺乏说服力 / 可信度 / 科学性 10. 这个说法是无稽之谈 / 毫无道理可言 / 十分荒谬 / 让人费解 11. 客观地讲，…… 12. 事实上 / 实际上，……
2. 举出反例	1. 按照这种逻辑，我们设想一下，…… 2. 我们可以举出……的反例 3. 除此之外，…… 4. ……是以偏概全 5. 事实胜于雄辩 6. ……的例子不胜枚举
3. 提出自己的看法	1. ……不是……，而是…… 2. 在我看来，/ 依我看，…… 3. 事实 / 实践 / 历史证明，…… 4. 由此可见，…… 5. 根本上讲，…… 6. 问题的实质是…… 7. 既然……的说法不成立，那么正确的观点是…… 8. 这意味着……

练习：请用反证法反驳下面的观点。

“我个人认为，能做 996 是一种巨大的福气，很多公司、很多人想 996 都没有机会。如果你年轻的时候不 996，你什么时候可以 996？”

四、调查报告

近年来，新体验、新消费需求不断被挖掘，一些新业态、新职业涌现出来，互联网经济对于新技术、新职业的产生也起到巨大的促进作用。从消费端看，消费者需求逐渐细化，消费趋势朝品质化、体验化和个性化方向发展，越来越多的细分需求被挖掘，与生活服务业新体验、新消费相关的新业态如雨后春笋般生长起来。

练习：

在你们国家新兴职业发展的情况如何，请你设计一份针对你们国家的新职业的调研问卷，进行调查后撰写调研报告。

参考文章：《2018 年新职业人群工作生活现状调研报告》

基本结构	常用句式
1. 引言： 介绍调研的意义，调研的时间、地点、针对的人群、调查方式、问卷简要内容。	1. 由于……，就……问题进行调研 2. 此次调研覆盖了……城市、……余种新职业 3. 主要针对……从业人员 4. 共收回有效问卷…… 5. 从……等维度进行了多角度的分析 6. 客观反映新职业人群的……方面的问题
2. 问卷内容及调研结果： 列举调研问卷的问题，整合数据。	1. 调研数据显示，新职业人群月收入高于……元的已达到（三成 / 过半数），达到……%；而月收入在……元以下的仅占……% 2. 报告通过用户调研问卷，并结合相关数据比对后发现，新职业人群薪酬位列全国前十的城市分别是：…… 3. 关于入职原因，报告发现，"……"，这是新职业人群最普遍的入职原因。……% 的新职业人群，是因为……而选择这份工作。……，占比仅有……%
3. 分析数据背后的原因： 深层讨论调查结果，概括出经验或规律。	1. 随着经济……，以及消费者的需求……，新职业人群的收入也在水涨船高 2. 我国每年从事……人数不足……%，……还有极大的人才缺口，其专业性技术门槛较高，因此收入不菲也是顺理成章的 3. 报告发现，新职业人群……逐渐上升 / 下降，一方面是……；一方面……愈演愈烈，加之……，相当一部分大学毕业生转向……成为必然 4. 越来越多的年轻人以……为导向，坚持……，其就业观与传统大众视角相去甚远 / 不远
4. 总结与评价。	1. 一言以蔽之 / 综上所述 / 总而言之 / 简而言之…… 2. 调查反映出…… 3. 在……方面还存在一定问题，给我们……启示

报告中，应包括以下内容：

（1）介绍事情的由来及影响。

（2）公众对此事件的看法。

（3）你个人的观点。

五、明察暗访

（一）996 工作制

请你用问卷星或在问卷网上设计一份问卷，调查你身边的五个人，调查他们对 996 工作制的看法，并将问卷（或访谈）结果汇总，在下次课上汇报你的结果。

问题参考：

（1）你经常加班吗？

（2）如果 996 工作制有高福利和加班工资，你会选择接受该制度吗？

（3）如何看待部分公司实行的“996 工作制”？

（4）在加班和有更多的自由空间之间你会怎么选择？

（5）如果你的单位也实行“996 工作制”，你会怎么做？

（二）职场女性现状

请你设计一份问卷，调查你们国家女性的职场状况，是否受到歧视，是否同工同酬，并谈谈具体表现在什么方面？在下次课上，汇报你的调查结果。

问题参考：

（1）你如何看待三十岁的职场女性？

（2）你是否觉得你们国家的女性在职场上受到歧视？

（3）你是否认为男性也会遭遇性别歧视？

（4）你或者你的朋友、家人有遇到过性别歧视吗？

（5）你认为性别歧视影响你的生活吗？如果有的话，是什么影响？

（三）周围人的择业标准

中国的老百姓是很看重“饭碗”的，管工作稳定、挣国家工资的叫“金饭碗”“铁饭碗”，意思是结实不怕摔，掉地上也不碎。相比之下，有的行业则是“泥饭碗”，怕碰怕摔，怕雨怕水，掉到地上就碎了，朝不保夕。

但也有人说：“这世上的职业本就没什么泥饭碗、铁饭碗和金饭碗之分，每一行你只要用心去做，都会是金饭碗，正所谓行行出状元。”当今社会是知识爆炸的时代，人的能力和才华、拥有丰富的知识和更高的专业技能才是一辈子的铁饭碗。

请采访你身边的人，了解他们的职业观。

问题参考：

1. 在你看来什么工作是“金饭碗”“铁饭碗”？
2. 不同时代的热门行业有变化吗？在你们那个年代，什么行业更“吃香”？
3. 兴趣和发展前景你更看重哪样，为什么？
4. 随着时代变化，人们还会把“饭碗金不金、铁不铁”当作首先考虑的择业标准吗？

（四）调查不同国家针对女性就业歧视采取的措施

请调查不同国家针对女性就业歧视都采取了哪些措施，颁布了哪些法律，比较一下哪些国家的措施更有效，为什么？并做一份 PPT 向全班同学介绍。

六、实战演练

（一）设计新职业

如果让你来设计一份新职业，你会设计什么职业呢？

设计要求：你需要为自己设计的职业取一个响亮的名字，阐明这个职业的重要性或必要性，说明这个职业的具体工作内容，以及该职业所需要的职业技能等。

在设计完成后，以 PPT 或海报的形式向全班同学进行介绍，并进行现场招募，看看多少同学对这个新职业感兴趣。

（二）招聘中文教师

有一所中文学校正在招聘中文教师，请以此为背景在班级内模拟一场校园招聘会。首先请同学们按个人意愿或教师分配的方式分为两组，第一组的同学为中文学校的校长或老师，第二组的同学为应聘者。

课前准备：第一组的同学需提前拟一份招聘启事或做一张招聘海报，并张贴于教室内。第二组的同学需根据招聘需求，提前准备好自己的个人简历，并按照招聘要求发给第一组的同学。

课堂上：第一组的同学（面试官）需提前向全班公布面试流程、评分标准以及面试顺序，然后应聘者依次进行面试。全部面试结束后，面试官开会讨论录取人员，讨论结束，公布面试者录取名单，并简单说明理由。

七、针锋相对

（一）

有人说：奋斗与拼搏为社会做出贡献体现了人生的价值；也有人说：人生是一场单程旅行，奋斗的最终目的是提升生活品质，从而获得幸福感。

辩论题：奋斗与拼搏才是人生的主旋律，你同意吗?

（二）

对于已经步入职场的打工人来说，下班之后收到工作相关的消息是一件非常常见的事情，但是业余时间，我们该不该回复消息呢?

辩论题：下班后收到工作消息，该不该回?

（三）

有人说，人生最幸福的事，莫过于上班的时候做喜欢的事，下班的时候和喜欢的人在一起。自己内心的喜欢总是能推动着自己前行。

但也有人持不同观点，假如把兴趣当职业，那可能要附加着做很多其他的事情，更有可能因此把热情给磨灭了，那人生岂不是变得无趣了?

辩论题：应该让兴趣成为自己的职业还是业余爱好?

（四）

所谓的“女士优先”是一种观念，在中国被看作“礼仪”或者“风度”的一种。但在欧美社会中，他们的普遍观念是女性和男性拥有同样的能力，并应承担相同的责任与义务。近些年，越来越多的人对于“女士优先”提出了异议，并认为这其实是一种男女不平等的表现。

辩论题：“女士优先”算不算性别歧视?

（五）

职场女性，29 岁，在一家初创公司担任经理，从公司创立就加入公司，已经 4 年多了。目前公司正在做一个比较大的项目，需要她长期出差，至少一两年的时间。做完这个项目，她的事业可以更上一层楼；可结婚已经两年多了，家人一直催促她生小孩。丈夫是一名程序员，收入比妻子略低一点，对妻子长期出差这件事有些不满。她自己也觉得现在应该生小孩了，再过几年就要成大龄产妇了，所以很纠结。

辩论题：事业上升期的职场女性，工作重要还是家庭重要呢?

第七单元 经济篇

课文一 >> 闲置经济是真正的共享经济

课前思考

1. 你购买过二手物品吗？如果有，购买过哪类的二手物品呢？
2. 你的闲置物品一般会怎么处理？
3. 你们国家有哪些受欢迎的闲置物品交易平台？

95后小林将一只裱好的iPhone5挂上闲鱼，定价120元。将旧手机零部件拆下，装裱好后再出售，成为许多年轻人的风尚。

旧手机何去何从，是一个问题。有数据显示，2015年至2019年，中国总共生产了94亿部手机。大量的旧手机闲置在人们的抽屉里。

放眼邻国日本，闲置手机也有新故事。为了迎接东京奥运会，日本最大的电信运营商都科摩公司回收了621万部手机，日本奖牌制作团队从中提纯了32公斤黄金，3.5吨银和2.2吨铜。从旧手机里提炼真金做奖牌，这在奥运史上尚属首次。

旧手机的去向提供了两个视角：向左看，还有巨量的闲置物品没有进入流通；向右看，闲置物品的价值尚有很大的挖掘空间。

闲置经济是真正的共享经济

十年前，宜家在瑞典推出共享模式的网络平台，允许客户在平台转卖用过的宜家产品，这给那些爱宜家但囊中羞涩的人一种新的选择。

改革开放四十多年来，从当初物质的极度匮乏到如今商品的极大丰富，公众消费理念的变迁显而易见。同样的东西，你视为垃圾，别人可能视为宝贝。Z世代买二手球鞋、盲盒，旧物成了宝贝；白领阶层买廉价婴儿床，转卖囤多了的纸尿裤；二手母婴产品、二手车、二手手机都是千亿元以上的市场规模。

今年5月，阿里巴巴公布的2020年财报中，闲鱼年成交额已突破2000亿元。从阿里内部视角看，新与旧，也没有天然鸿沟。在平台上，天猫、淘宝、闲鱼互相打通。越来越多年轻人拥抱新品也不拒绝二手。“双11”之前，他们自称“吃土少年”；“双11”之后，则出掉闲置物成为“回血青年”。剁手时“说买就买”，闲置不用时出手依然迅速。

有报告显示，预计2020年中国闲置市场规模可达到1万亿元。

今天消费品的平均使用寿命远远低于其设计寿命，而“喜新厌旧”造就了闲置物品的庞大市场，其本质是形成不同消费层次对物品各个生命阶段的共享。在国内共享经济从涨潮、退潮再到趋于理性的过程中，全社会也在形成一种共识：共享的本质，不是刻意创造闲置，而是合理消化闲置，是将有限资源服务于更多群体。

“信任”是打开闲置交易的钥匙

当然，闲置交易并非没有门槛。信任，向来是闲置交易的命门。闲鱼在交易领域推出“无忧购”，具体来说，“无忧购”是一套由服务商提供回收、鉴定服务，平台严把质量关、客服关的全方位服务体系。换言之，用户既要一个自由的市场，更要一个规范的市场，不仅要平台来撮合交易，更要平台来担保交易。

与此同时，闲鱼还将拓展“新线下”。比起线上交易，线下交易最大的特征是可感可触、就近直接。做好线下这个信任场，可以促进交易顺利履约。

缔造信任空间是多方面的。除了物品真实性、物品质量、安全风险，还涉及个人隐私等问题。今年，闲鱼展开了专项治理行动，看来是铁了心要治理平台问题，说白了也是要防止交易中的信任坍塌。从长远来看，信任提升依赖技术提升。随着大数据、人工智能等技术手段的落地，物品可追溯性将大大提升，可做到有案可稽。

深挖“浪费变消费”的社会价值

这几年来，国内循环经济发展，一连出台了多项政策措施。有几个很醒目的政策：支持共享经济，提倡垃圾分类，倡导光盘行动。它们的一个共同特点，是围绕衣食住行，聚焦普罗大众。

闲鱼团队自认为闲置交易“离钱比较近，离赚钱比较远”。从2018年起，除了闲置交易，团队促进了超过325万用户回收家中的闲置旧衣，超过70万用户回收了图书，大约150万部手机和60万件大家电也得到了环保回收。

经历了几十年经济的高增长，伴随物质财富的迅速积累，人们习惯了在消费上“追新”，造成国内闲置产品规模巨大，由此带来的浪费超乎想象。

值得庆幸的是，随着绿色发展理念深入人心，“物品的可贵不在沉睡而在流通；物品的使用比占有更具价值”的消费观正在闲置交易中得以践行。

（改编自《新华每日电讯》2020 年 12 月 2 日
《市场规模达 1 万亿元，闲置经济是真正的共享经济》，作者：周蕊）

生词表

1. *闲置	xiánzhì	动	搁置在一边不用。
2. *零部件	língbùjiàn	名	零件和部件的合称。
3. *装裱	zhuāngbiǎo	动	本义指裱褙书画并装上轴子等，主要为了美化和保存。文中指拆解旧手机零部件制成装置艺术品，进行艺术性保存。
4. 风尚	fēngshàng	名	在一定时期中社会上流行的风气和习惯。
5. 抽屉	chōu·ti	名	附于桌子、柜子等家具上可抽动的匣子状的构件。供盛放东西用。
6. *放眼	fàngyǎn	动	放开眼界（观看）。
7. 邻国	línguó	名	领土相邻的国家。
8. 电信	diànxìn	名	利用电话、电报或无线电等设备传递信息的通信方式。
9. *运营商	yùnyíngshāng	名	指提供网络服务的供应商，如中国移动、中国联通、中国电信等。
10. 奖牌	jiǎngpái	名	竞赛中奖给优胜者的特制的金属牌，通常分金牌、银牌、铜牌 3 种。
11. *提纯	tíchún	动	除去物质中的杂质，使变纯净。
12. 提炼	tíliàn	动	用化学或物理方法提取所需的东西。引申为概括。
13. *尚属	shàngshǔ	副	还属于。
14. 视角	shìjiǎo	名	观察事物看待问题的角度。
15. 挖掘	wājué	动	向下挖以发掘，引申为去发现更深层的方面。
16. *转卖	zhuǎnmài	动	把买进的东西再卖出去。

17. 变迁	biànqiān	动	事物的变化转移。
18. 世代	shìdài	名	（很多）年代；好几辈子。
19. *盲盒	mánghé	名	盒子上没有标注，只有打开才会知道自己抽到了什么。
20. 廉价	liánjià	形	价钱便宜的。
21. *囤	tún	动	储存。
22. *财报	cáibào	名	财务报表。
23. *吃土	chītǔ	动	形容穷到没钱吃饭。
24. *回血	huíxuè	动	恢复状态。
25. *剁手	duòshǒu	动	现指沉溺于网络购物，花钱如流水。
26. 寿命	shòumìng	名	生存的年限。
27. 趋于	qūyú	动	趋向。
28. 刻意	kèyì	副	故意、特意，用上全部心思。
29. 向来	xiànglái	副	从来，一直是。
30. *命门	mìngmén	名	最要害的部位或最致命的地方。
31. 换言之	huànyánzhī	〈书〉	换句话说。
32. *撮合	cuō·he	动	促成，将双方拉拢到一起，多指婚姻、交易。
33. 拓展	tuòzhǎn	动	开拓，发展。
34. *触	chù	动	接触；轻轻地碰。
35. *履约	lǚyuē	动	实践约定的事；践约。
36. *缔造	dìzào	动	创建。
37. *专项	zhuānxiàng	名	特定的某个项目。
38. *坍塌	tāntā	动	崩坏倒塌。
39. 追溯	zhuīsù	动	探索事物的由来。
40. 一连	yīlián	副	表示动作连续不断或情况连续发生，强调数量多或时间长。
41. *普罗大众	pǔluó dàzhòng	名	普通民众。
42. 庆幸	qìngxìng	动	为事情意外地获得了好的结局而感到高兴。
43. 可贵	kěguì	形	值得珍视或重视。
44. *沉睡	chénshuì	动	睡得很熟。

【注释】

光盘行动：光盘是指将盘子里的东西吃光，光盘行动旨在让人们培养珍惜粮食、反对浪费的习惯。

重点句型与词汇

1 尚属

（1）从旧手机里提炼真金做奖牌，这在奥运史上尚属首次。

（2）我国尚属发展中国家，经济发展还不平衡。

（3）本周四，深圳航空公司成立了外籍飞行员分部，这在中国民航业中尚属首次。

2 趋于……

（1）在国内共享经济从涨潮、退潮再到趋于理性的过程中，全社会也在形成一种共识。

（2）时间，让一些东西更清晰，让一些感情更明白，让一切都趋于平静。

（3）自从来到了这个城市工作，他的生活便趋于稳定，日子过得波澜不惊。

3 向来

（1）当然，闲置交易并非没有门槛。信任，向来是闲置交易的命门。

（2）这位老师对学生向来一视同仁。

（3）老王处事向来坚毅、果敢，在原则问题上，他总是毫不含糊。

4 严把……关：根据已定的标准，严格检查。

（1）“无忧购”是一套由服务商提供回收、鉴定服务，平台严把质量关、客服关的全方位服务体系。

（2）这次选购材料一定要严把质量关，宁缺毋滥。

（3）市场负责人说他们按照规定严把进货关，对于活禽和禽类产品严格实行进货查验制度。

5 换言之

（1）“无忧购”是一套由服务商提供回收、鉴定服务，平台严把质量关、客服关的全方位服务体系。换言之，用户既要一个自由的市场，更要一个规范的市场，不仅要平台来撮合交易，更要平台来担保交易。

（2）旅馆出售的是服务而不是产品，换言之，服务就是旅馆的产品。

（3）沉默是金，换言之，谨言慎行总是没错的。

6 一连

（1）这几年来，国内循环经济发展，一连出台了多项政策措施。

（2）南京进入了梅雨季节，一连下了十几天的雨。

（3）我最近课业压力特别大，一连三天都失眠。

词语搭配

1 放眼

~未来 | ~世界 | ~四周

（1）放眼邻国日本，闲置手机也有新故事。

（2）放眼未来，华语电影一定会在世界电影领域占领一席之地。

（3）现代人就是要放眼世界，不能闭关自守，坐井观天。

2 缔造

~者 | ~传奇 | ~国家 | ~伟业

（1）缔造信任空间是多方面的。除了物品真实性、物品质量、安全风险，还涉及个人隐私等问题。

（2）经过不懈的努力，中国乒乓球队缔造了一个又一个的传奇。

（3）历史是人民缔造的。

3 超乎

~想象 | ~寻常 | ~预期 | ~意料

（1）经历了几十年经济的高增长，伴随物质财富的迅速积累，人们习惯了在消费上“追新”，造成国内闲置产品规模巨大，由此带来的浪费超乎想象。

（2）他从小到大都在森林里待着，所以对大自然有着超乎寻常的亲近感。

（3）不要把困难想象成不可战胜的猛兽，心态一定要平和，因为结果往往是超乎预期的。

成语和惯用语

1 * 何去何从 héqù-hécóng：在重大问题上采取什么态度，决定做不做或怎么做。比喻无法做决定。

（1）旧手机何去何从，是一个问题。

（2）现在是人生的重要关头，何去何从，你要考虑清楚。

（3）现在是关键时刻了，是冲上去战胜敌人，还是退下来保护自己，何去何从，你要早做决定。

2 * 囊中羞涩 nángzhōng-xiūsè：口袋里没钱，让人感到难为情，是经济不宽裕的委婉说法。

（1）这给那些爱宜家但囊中羞涩的人一种新的选择。

（2）她看中了一件漂亮衣服，可是囊中羞涩，买不起。

（3）他买了一辆价格不菲的汽车，这让他接下来有很长一段时间都囊中羞涩。

3 显而易见 xiǎn'éryìjiàn：事情或道理很明显，极容易看清。

（1）改革开放四十多年来，从当初物质的极度匮乏到如今商品的极大丰富，公众消费理念的变迁显而易见。

（2）这道理显而易见，谁都能看明白。

（3）显而易见这件事情是你做错了，你不应该动手打人。

4 喜新厌旧 xǐxīn-yànjiù：喜欢新的，厌弃旧的（多指爱情不专一）。

（1）而“喜新厌旧”造就了闲置物品的庞大市场，其本质是形成不同消费层次对物品各个生命阶段的共享。

（2）我不是一个喜新厌旧的人，这件衣服我穿了整整 10 年，我的衣橱里还有它的一席之地。

（3）有人喜新厌旧，还美其名曰：旧的不去，新的不来。

5 铁了心 tiě·lexīn：下了决心；决心不改变主意。

（1）今年，闲鱼展开了专项治理行动，看来是铁了心要治理平台问题，说白了也是要防止交易中的信任坍塌。

（2）他铁了心要在中国发展，而这一切，源于他对中国经济发展前景的极大信心。

（3）日子实在过不下去了，她铁了心要跟自己的丈夫离婚。

6 * 有案可稽 yǒu'àn-kějī：有文案可查考。比喻证据确凿，难以否认。

（1）随着大数据、人工智能等技术手段的落地，物品可追溯性将大大提升，可做到有案可稽。

（2）他的学历学位是有案可稽的，并非外界想的那样。

（3）白纸黑字，有案可稽，你怎么还能睁着眼睛说瞎话呢？

课后练习　趁热打铁

一、选词填空

变迁　放眼　何去何从　显而易见　换言之

1. 亚洲国家对双边协定的热情是__________的，他们有理由支持亚洲内部的贸易。
2. 哲学的乐趣并不在于知识，而在于思索，__________，哲学就是让人们习惯于思考。
3. 不管岁月如何__________，这块巨石依然坚强地矗立在那里。
4. 没有梦想的人，就像是飘散在天空中的蒲公英，不知__________。
5. 各高等院校应__________未来，在现代教育技术方面加大投入。

二、单项选择

1. 如果你（　）强求一些东西，往往不能达到预期的目的。

A. 刻意　　B. 故意　　C. 专门　　D. 特意

2. 人的一生应该多出去走一走，看一看，感受不同的文化风情，（　）自己的视野。

A. 展开　　B. 广阔　　C. 扩大　　D. 拓展

3. 他感冒了，（　）几天没来上课。

A. 一连　　B. 一直　　C. 不停　　D. 不断

4. 为了长江水利工程的建设，三峡库区的居民进行了史无前例的大（　）。

A. 变化　　B. 变迁　　C. 迁移　　D. 变动

三、用所给的词语和句型回答问题

1. 什么是“无忧购”？（换言之）

____

2. 中国的共享经济在怎样的过程中形成了什么样的共识？（趋于……）

____

3. 闲置交易的门槛是什么？（向来）

____

4. 从旧手机里提炼真金做奖牌是什么样的举措？（尚属）

____

四、用所给的词语填空

匮乏　盲盒　显而易见　囤　廉价　换言之

改革开放四十多年来，从当初物质的极度__________到如今商品的极大丰富，公众消费理念的变迁__________。“汝之闲置，彼之珍藏”，__________，同样的东西，你视为垃圾，别人可能视为宝贝。Z世代买二手球鞋、__________，旧物成了宝贝；白领阶层买__________婴儿床，转卖__________多了的纸尿裤；二手母婴产品、二手车、二手手机都是千亿元以上的市场。

课文二 >> 天下没有永远免费的午餐

课前思考

1. 你们国家网购包邮吗？
2. 你有过被收取高额服务费的经历吗？
3. 你怎么看免费包邮？

“丰巢收取超时费，十二小时免费时段之外，每小时收取 0.5 元，封顶 3 元。”这一变动瞬间引发了网民们的热议，最终以企业妥协、放宽免费时限告终，好在收费的目的还是达到了，相信若干年以后的经济史中会浓墨重彩地记录这一“五毛钱”事件，它标志着互联网经济“免费时代”的终结。

互联网兴起后，“免费服务”作为绝对主流，成了默认模式。其中的原因颇为复杂。互联网早期，是一个“理想主义时期”，这一时期，互联网参与者的社会比重不高，属于边缘小众群体，自娱自乐的氛围浓厚。而且，年龄也偏低，“公开共享”是互联网乌托邦的主流意识形态。日常运营维护依靠热心玩家的业余支持，商业化受到普遍的排斥。

“理想主义时期”持续的时间并不长，随着互联网应用的普及，大众化的互联网生态趋近现实社会。免费模式还在继续，但驱动力已然不同。所谓“互联网营销”取代了原来的乌托邦理想，从营销角度维持“免费”的形式。而此时的“免费”已经不是愤世嫉俗的反商业化，广告收入成为互联网企业的标配。广告收入的优势在于，无需深度涉足互联网企业的业务，可以单纯从流量中产生收益，第三方买单在形式上维护了用户免费的舒适感。

然而绝大部分互联网企业都不能靠微薄的广告收益维持经营，人类经济活动中首次出现了大规模亏损却又欣欣向荣的企业群体，这就是“互联网营销”的奇妙之处。以金钱换时间，以时间换规模，烧钱获客、规模为王。此时的互联网免费，是“资本请客”的白吃白喝，着实有点反常。其实，“赔本赚吆喝”不是创新，连传统相声《卖布头》都会反复讲“先赔后赚”的道理。“获客成本”和此前企业的营销成本、广告成本没有本质的区别。只不过，传统企业哪有持续烧钱几个月、几年的能力？

互联网是时代的幸运儿，赶上了各国政府超发货币的饕餮盛宴。大量热钱流入金融资本市场，为互联网烧钱提供了充足的燃料。这就难怪在金融资本市场中互联网成为仅次于房地产的第二大受益者，“不差钱”的时代造就了烧钱的“互联网营销”。换一个角度看，互联网的烧钱高潮掩盖了货币超发的副作用，多少有点“瞎猫撞到死耗子”的喜剧氛围。超发货币在互联网领域的新兴产业沉淀，一部分以“请客吃饭”的形式转为商品消费，其中确实产生了真金白银的社会效益，但也积累了不少的泡沫。长此以往，难以为继。

任何投资最终都要遵循基本的商业逻辑，天下没有永远免费的午餐。新冠来袭之前，摆在大部分互联网企业面前的已经不是收不收费的问题，而是怎么收费合适。新冠对经济的冲击更造成了资本的冬季。丰巢不是第一家终结免费的互联网企业，也不会是最后一家。

免费时代的终结已经毫无悬念。走出免费的舒适区，注定伴随着痛苦指数的上升，企业要面对失去客户的风险，客户要承担支出的成本。可冷静思考，还是应该承认进入收费时代是互联网经济迈向成熟的标志。年少轻狂的乌托邦理想不能支撑产业的持续健康发展，违背常理的烧钱狂欢只能是一场高风险的游戏。以合理的利润预期为前提进行有效的风险管控，金融投资才会有长期的社会效益。热钱烧出来的免费时代或许可以怀念却不值得留恋，免费午餐可以休矣！

（改编自《南方周末》2020年5月26日
《互联网经济正在告别免费时代》，作者：江东瑜）

生词表

1. 时段	shíduàn	名	指某一段时间。
2. 封顶	fēngdǐng	动	规定某一事物的最高限度。
3. 妥协	tuǒxié	动	为了避免冲突或争执而让步。
4. *放宽	fàngkuān	动	使要求、标准等由严变宽：～尺度 | 入学年龄限制适当～。
5. *时限	shíxiàn	名	完成某项工作的期限。
6. *告终	gàozhōng	动	宣告结束。
7. 若干	ruògān	代	多少（问数量或指不定量）。
8. 兴起	xīngqǐ	动	开始出现并发展起来。

9. *默认	mòrèn	动	心里承认，但不表示出来。
10. 颇	pō	副	很，相当地。
11. *小众	xiǎozhòng	名	人数少的群体，与大众相对。
12. 浓厚	nónghòu	形	强烈的、表示程度深，用于色彩、意识、气氛、兴趣等。
13. *乌托邦	wūtuōbāng	名	原为英国空想社会主义者莫尔所著书名的简称，他描写了一个理想社会，并称作“乌托邦”。后泛指不能实现的愿望、计划等。
14. *意识形态	yìshí xíngtài	名	在一定的经济基础上形成的，人对世界和社会的有系统的看法和见解，哲学、政治、法律、艺术、宗教、道德等是它的具体表现。
15. 排斥	páichì	动	使别的人或事物离开自己这方面。
16. *趋近	qūjìn	动	接近或接受一种刺激物或刺激情境的倾向。
17. 驱动	qūdòng	动	施加外力，使动起来。
18. 取代	qǔdài	动	推翻他人或排除同类的事物而自己代替其位置。
19. *标配	biāopèi	名	指一般、基本的装备，符合最低标准；也指标准的配备。
20. *涉足	shèzú	动	指进入某种环境或范围。
21. *微薄	wēibó	形	微小单薄；数量少。
22. 亏损	kuīsǔn	动	支出超过收入；亏折。
23. *烧钱	shāoqián	动	形容钱花得多，花得快，就像用火烧掉一样，也指不计回报多少而投入大量资金。
24. 反常	fǎncháng	形	跟正常的情况不同。
25. *幸运儿	xìngyùn'ér	名	幸运的人。
26. *热钱	rèqián	名	游资或流资，是指寻求短期回报的流动资金。
27. 流入	liúrù	动	进入。
28. 难怪	nánguài	副	怪不得。
29. *次于	cìyú	动	比……差。
30. 受益	shòuyì	动	得到好处；受到利益。
31. 造就	zàojiù	动	培养使有成就。
32. *超发	chāofā	动	货币超发，指发行的货币面值总额大于经济价值总量的现象。
33. 副作用	fùzuòyòng	名	在主要作用以外附带产生的不好的作用。
34. 沉淀	chéndiàn	动	沉静下来，逐渐积累。

35. 泡沫	pàomò	名	聚集在液体中的气泡。亦用来比喻人事的空虚或幻想。
36. 遵循	zūnxún	动	遵照。
37. 悬念	xuánniàn	名	欣赏戏剧、影视剧或其他文艺作品时，观众、读者对故事情节发展和人物命运很想知道又无从推知的关切和期待心理。
38. 注定	zhùdìng	动	（某种客观规律或所谓命运）预先决定。
39. 迈	mài	动	提脚向前走；跨。
40. *轻狂	qīngkuáng	形	轻浮、狂妄。
41. 违背	wéibèi	动	违反；不遵守。
42. 常理	chánglǐ	名	通常的道理。
43. 狂欢	kuánghuān	动	纵情欢乐。
44. *管控	guǎnkòng	动	管理控制；管制。
45. 留恋	liúliàn	动	不忍舍弃或离开。
46. *休	xiū	动	停止；罢休。
47. 矣	yǐ	助	用在句末，跟“了”相同。

【注释】

《卖布头》：这是一个相声节目的名字。讲述了旧社会的商业市场及个体小商贩。小商贩们在介绍所销售的商品时，自卖自夸，高声叫卖，以招揽顾客。一开始以仿学北京具有特殊风味的卖糖葫芦、闻香果、牛筋儿豌豆的叫卖声作为铺垫，接着，模拟各种卖布头生意的套话及弄虚作假、极尽夸张和弄巧成拙，最后把贱卖变成了白送而收底。

重点句型与词汇

1 随着……的普及：伴着……的推广。

（1）“理想主义时期”持续的时间并不长，随着互联网应用的普及，大众化的互联网生态趋近现实社会。

（2）随着无人加油站的普及，越来越多的车主选择自助加油的方式。

（3）随着智能手机等电子产品的普及，“低头族”的数量越来越庞大。

2 ……的优势在于……：能超越对方的有利形势是……

（1）广告收入的优势在于，无需深度涉足互联网企业的业务，可以单纯从流量中产生收益，第三方买单在形式上维护了用户免费的舒适感。

（2）外部招聘的优势在于：新员工会带来不同的价值观和新观点、新思路、新方法；内部选聘的优势在于：老员工熟悉情况，直接成本较低。

（3）工厂建在港口城市的优势在于：运输成本较低，效率较高。

3 以……换……：拿……取得……

（1）以金钱换时间，以时间换规模，烧钱获客、规模为王。

（2）以旧换新是资源回收再利用的重要方法之一。

（3）以土地换和平能够避免战争和冲突吗？

4 难怪：表示明白原因后不再奇怪。

（1）这就难怪在金融资本市场中互联网成为仅次于房地产的第二大受益者，"不差钱"的时代造就了烧钱的"互联网营销"。

（2）难怪爸爸这么高兴，原来他获得了发明专利。

（3）他老对别人冷言冷语的，难怪人缘不好。

5 换一个角度看：从其他角度看。

（1）换一个角度看，互联网的烧钱高潮掩盖了货币超发的副作用，多少有点"瞎猫撞到死耗子"的喜剧氛围。

（2）换一个角度看，也许会发现一个更精彩的世界。

（3）也许换一个角度看，问题就会迎刃而解。

6 可以休矣：可以停止了。

（1）热钱烧出来的免费时代或许可以怀念却不值得留恋，免费午餐可以休矣！

（2）你想靠搞证券投机买卖发财的美梦可以休矣。

（3）这么无聊的幼稚儿戏，可以休矣。

词语搭配

1 放宽

～标准｜～要求｜～尺度｜～管制｜～条件

（1）这一变动瞬间引发了网民们的热议，最终以企业妥协、放宽免费时限告终，好在收费的目的还是达到了，相信若干年以后的经济史中会浓墨重彩地记录这一"五毛钱"事件，它标志着互联网经济"免费时代"的终结。

（2）招聘人才要严格掌握标准，不能任意放宽尺度。

（3）外贸体制改革的方向是放宽管制，与国际贸易惯例接轨。

2 颇

～佳｜～感兴趣｜～具影响｜～为费解｜～为复杂｜～为困难｜～为流行

（1）互联网兴起后，"免费服务"作为绝对主流，成了默认模式。其中的原因颇为复杂。

（2）近几年，在网络中，大量以"玄幻小说"为名的幻想类作品不断地涌现出来，成为一个颇为醒目的文学现象。

（3）南京大学在国内高校中颇具影响力。

3 浓厚

兴趣～｜底蕴～｜～的文化｜～的色彩

（1）互联网早期，是一个“理想主义时期”，这一时期，互联网参与者的社会比重不高，属于边缘小众群体，自娱自乐的氛围浓厚。

（2）也许是受父母熏陶吧，表哥从小就对绘画产生了浓厚的兴趣。

（3）春秋战国时期，百家争鸣的学术风气十分浓厚。

4 排斥

受到～｜出现～｜～外援｜～他人

（1）日常运营维护依靠热心玩家的业余支持，商业化受到普遍的排斥。

（2）他性格内向，习惯独来独往，所以排斥所有聚会活动。

（3）他的不诚实使他受到了全班同学的排斥。

5 反常

表现～｜举动～｜情绪～｜态度～｜～的反应

（1）此时的互联网免费，是“资本请客”的白吃白喝，着实有点反常。

（2）这几天他的举动很反常。

（3）今年气候反常，南方大旱，北方大涝。

6 泡沫

形成～｜～经济｜～化｜房地产～

（1）超发货币在互联网领域的新兴产业沉淀，一部分以“请客吃饭”的形式转为商品消费，其中确实产生了真金白银的社会效益，但也积累了不少的泡沫。

（2）股市的萧条令人心寒，泡沫经济是否会破裂也让人担忧。

（3）房地产市场泡沫破灭的后果不堪设想。

7 遵循

～规律｜～逻辑｜～法度｜～内心

（1）任何投资最终都要遵循基本的商业逻辑，天下没有永远免费的午餐。

（2）人类必须遵循自然规律，这样才能与自然和谐相处。

（3）真正的自由不是为所欲为，而是在遵循内心的同时，也符合法度的要求。

8 留恋

～往事｜～过去｜值得～｜毫不～

（1）热钱烧出来的免费时代或许可以怀念却不值得留恋，免费午餐可以休矣！

（2）我们不应总留恋过去，而应该多多展望未来。

（3）毕业这么多年了，大家仍然十分留恋自己的母校。

成语和惯用语

1 * 浓墨重彩 nóngmò-zhòngcǎi：用浓重的墨汁和颜色来描绘。形容着力描写。

（1）若干年以后的经济史中会浓墨重彩地记录这一“五毛钱”事件，它标志着互联网经济“免费时代”的终结。

（2）齐白石画桃，色彩非常鲜艳，在浓墨重彩中呈现出强烈的视觉效果。

（3）明清时期，晋商创造了令世人瞩目的商业奇迹，在中国商业史上写下了浓墨重彩的一笔。

2 * 自娱自乐 zìyú-zìlè：自己想法子让自己快乐。娱，快乐或使人快乐。乐，形容欢喜，快活。

（1）互联网早期，是一个“理想主义时期”，这一时期，互联网参与者的社会比重不高，属于边缘小众群体，自娱自乐的氛围浓厚。

（2）有研究显示，当父母花更多时间关注手机时，多数孩子变得焦躁不安，并试图通过自己的行为引起父母注意，不过也有孩子“自娱自乐”的个例。

（3）慢慢的，广场上的人越来越多，那些上了年纪的大叔、大妈们，练着太极，下着象棋，自娱自乐，悠然自得。

3 * 愤世嫉俗 fènshì-jísú：指对黑暗的现实社会和不合理的习俗表示愤恨、憎恶。

（1）而此时的“免费”已经不是愤世嫉俗的反商业化，广告收入成为互联网企业的标配。

（2）年轻人不要受了一点委屈就愤世嫉俗，甚至做出一些过激的举动。

（3）他总觉得自己怀才不遇，所以会如此愤世嫉俗。

4 欣欣向荣 xīnxīn-xiàngróng：形容草木长得茂盛。比喻事业蓬勃发展，兴旺昌盛。欣欣，形容草木生长旺盛；荣，茂盛。

（1）然而绝大部分互联网企业都不能靠微薄的广告收益维持经营，人类经济活动中首次出现了大规模亏损却又欣欣向荣的企业群体，这就是“互联网营销”的奇妙之处。

（2）经历了十几年的风风雨雨，我们的企业终于迎来了欣欣向荣的高速发展阶段。

（3）凡·高曾说：“爱之花开放的地方，生命便能欣欣向荣。”

5 * 饕餮盛宴 tāotiè shèngyàn：指食物非常丰盛，多形容内容丰富多彩。

（1）互联网是时代的幸运儿，赶上了各国政府超发货币的饕餮盛宴。

（2）春晚是全球华人每年除夕夜必不可少的饕餮盛宴。

（3）奥运会为全球热爱体育的观众献上了世界各国运动健儿同台竞技的饕餮盛宴。

6 * 赔本赚吆喝 péiběn zhuàn yāo·he：亏本卖东西，赚点人气。

（1）其实，“赔本赚吆喝”不是创新，连传统相声《卖布头》都会反复讲“先赔后赚”的道理。

（2）瑞幸咖啡刚创立时，以低价售卖咖啡，赔本赚吆喝，以此扩大市场。

（3）在很多饭店看来，年夜饭属于“赔本赚吆喝”，真不如停业休息一段时间好，毕竟忙活了一年，可以趁着这难得的假期好好陪陪家人。

7 * 瞎猫撞到死耗子 xiāmāo zhuàngdào sǐhào·zi：看不见东西的猫遇上一个死了的老鼠，比喻自己本来是没有把握或没有能力的，偏偏碰巧成功了。

（1）换一个角度看，互联网的烧钱高潮掩盖了货币超发的副作用，多少有点“瞎猫撞到死耗子”的喜剧氛围。

（2）这次考试很难，我考高分，完全是瞎猫撞到死耗子，运气好而已。

（3）现在看来，那场恋爱的开始简直如同瞎猫撞上死耗子一样偶然，毫无理性可言。

8 * 难以为继 nányǐwéijì：难于继续下去。

（1）超发货币在互联网领域的新兴产业沉淀，一部分以“请客吃饭”的形式转为商品消费，其中确实产生了真金白银的社会效益，但也积累了不少的泡沫。长此以往，难以为继。

（2）改革开放以后，某些企业未能有效地转换经营机制，缺乏市场竞争力，导致负债累累、难以为继。

（3）全市仅有一两家曲艺场，也是雷声大雨点小，观众寥寥无几，恐怕长此以往都难以为继。

课后练习 趁热打铁

一、选词填空

> 毫无悬念　欣欣向荣　自娱自乐　难以为继
> 饕餮盛宴　浓墨重彩　瞎猫撞到死耗子　愤世嫉俗

1. 愤青指的是__________的青年。
2. 即使生活__________，我们也不能轻言放弃。
3. 牧羊人花了 35 年的时间在荒漠上种树，付出终有回报，这片荒漠变成了一片__________的森林。
4. 作为一号种子选手，他__________地进入了最后的决赛。
5. 他是一个不太合群的人，喜欢__________。
6. 对足球迷来说，世界杯完全就是一场__________。
7. 诸葛亮借东风大败曹操，这在三国故事里面留下了__________的一笔。
8. 不要总是觉得别人的成功只是__________，没有付出，哪来的成功？

二、单项选择

1. 大明星的签售会现场人山人海，需要大量的保安（ ）现场秩序。

A. 维持　　B. 维护　　C. 维系　　D. 维稳

2. 很多事情都是有（ ）的，错过了对的时间，结果就不一样了。

A. 时间　　B. 时段　　C. 时限　　D. 时速

3. 面对命运不（ ），面对困难不退缩，这样才能做自己的英雄。

A. 忍受　　B. 退步　　C. 协商　　D. 妥协

4. 最近在一部分年轻人中，（ ）一股汉服热。

A. 兴起　　B. 崛起　　C. 激起　　D. 引起

5. 继父虽然对我非常好，但他终究无法（ ）父亲在我心中的位置。

A. 取代　　B. 代表　　C. 替换　　D. 交换

6. 互联网时代（ ）了一批年轻的 CEO。

A. 造就　　B. 造成　　C. 创造　　D. 制造

三、用所给的词语和句型回答问题

1. 互联网对现代社会的影响？（随着……的普及）

____

2. 广告收入有何优势？（……的优势在于）

____

3. 文中如何看待金钱与时间的关系？（以……换）

____

4. 互联网投资应该以何种方式进行？（遵循）

____

四、用所给的词语填空

趋近　乌托邦　舒适感　愤世嫉俗　标配　驱动　取代　无需

“理想主义时期”持续的时间并不长，随着互联网应用的普及，大众化的互联网生态__________现实社会。免费模式还在继续，但__________力已然不同。所谓“互联网营销”__________了原来的__________理想，从营销角度维持“免费”的形式。而此时的“免费”已经不是__________的反商业化，广告收入成为互联网企业的__________。广告收入的优势在于，__________深度涉入互联网企业的业务，可以单纯从流量中产生收益，第三方买单在形式上维护了用户免费的__________。

课文三 >> 中国扶贫的道路选择

课前思考

1. 你们国家存在贫困人口吗？
2. 你觉得造成贫困的原因有哪些？
3. 你们国家的政府有哪些针对贫困人口的扶持政策？

中国在2020年底实现了数亿贫困人口“清零”。这一成就被称为奇迹当之无愧，足以载入人类社会发展的史册。那么中国到底是如何在短短几十年时间里消除了绝对贫困的呢？这样的道路选择对于全球扶贫是否具有借鉴意义呢？

贫困问题归根到底是由于不合理的计划经济体制造成的。在改革开放之前，计划经济时代的种种弊端给农村经济带来了巨大伤害，加剧了农村人口的贫困程度。这也就意味着，只有对当时落后的制度做出彻底的改革，才能从根本上改变农村面貌，进而大规模消除贫困现象。

1978年，中共中央召开了十一届三中全会，中国的市场经济改革就此拉开帷幕。当时改革的重点聚焦于国有企业，但“有心栽花花不开”，那一轮国企改革成效寥寥，意想不到的是，“无心插柳柳成荫”，改革的成就却最终在农村凸显出来。1980年，中央正式批准实行家庭联产承包责任制，趁着改革的东风，乡镇企业随之蓬勃兴起。

家庭联产承包制度取代了人民公社，对农民而言，最大的意义在于抛弃了以前的“大锅饭”体制，取而代之的是“交够了国家的，留足了集体的，剩下的全是自己的”的激励机制。农民的生产积极性空前高涨，农业生产效率显著提高，主要农产品的产量大幅提升，农民生活有了明显改善。

家庭联产承包制度的推进事关农民的切身利益，给农村带来了一系列连锁反应，最大的效应就是刺激了乡镇企业的发展。“说一千、道一万，增加农民收入是关键”。农民收入提高之后，消费需求随之上升，同时，土地制度改革提高了农业生产效率，释放出更多的剩余劳动力，乡镇企业如雨后春笋般在农村发展起来，成为当时中国经济最有活力的部分，对中国民营经济的发展起到了明显的启蒙作用。乡镇企业的崛起，成为继家庭联产承包责任制之后，农村减贫的第二大推动力。

当时农民收入的提高，除了轰轰烈烈的制度改革之外，国家政策扶持也是至关重要的。从新中国成立之初到改革开放之前，中国经济的重点是发展城市工业，为了扶持工业尤其是重工业发展，农产品价格在很长时间内被人为压低，工农业产品价格的巨大剪刀差大大伤害了农民的利益。改革开放之后，从 1979 年开始，政府大幅度提高农产品的采购价格，农民收入随之提高，可谓“立竿见影”。

改革开放之前的大量贫困人口，可以视为一种制度性贫困。农民在大锅饭体制下毫无生产积极性，加之农业为工业输血做出巨大牺牲，农村经济一片萧条。改革开放之后，找准体制的症结，对症下药，长期被压抑的积极性得以激发，生产力得到极大解放，如此一来，不需要政府给予太多的扶持，农民自己就会成为减贫的最大推动力，他们发挥主观能动性，致力于脱贫，当仁不让。“没有比人更高的山，没有比脚更长的路”，脱贫致富终究要靠群众的智慧和辛勤付出才能得以实现。

当前全球还有很多地区的贫困属于制度性贫困，而中国在改革开放之初用制度改革的红利消除贫困的经验，其实可以为很多贫困地区所借鉴。不过，最大的难点在于，当年中国有足够的勇气解放思想，打破不合理体制的束缚，推进浩浩荡荡的改革开放，这样的改革开放需要“天时地利人和”的配合。而对于全球多数长期难以摆脱贫困的地区而言，“抄作业”并非易事。

（《三联生活周刊》2020 年第 40 期
《中国扶贫的道路选择》，作者：谢九）

生词表

1. *扶贫	fúpín	动	扶助贫困户发展生产，改变穷困面貌。
2. *清零	qīnglíng	动	数字归零。
3. 奇迹	qíjì	名	想象不到的不平凡的事情：创造～。
4. *载入	zǎirù	动	写入。
5. *史册	shǐcè	名	历史记录：名垂～。
6. 归根到底	guīgēn-dàodǐ		归根到根本上。
7. 加剧	jiājù	动	加深严重程度。
8. *帷幕	wéimù	名	挂在舞台上或较大屋子里遮挡用的幕布。
9. 寥寥	liáoliáo	形	非常少：～可数 | ～无几。

10. * 凸显	tūxiǎn	动	清楚地显露：市场规范化的问题日益～。
11. 联产	liánchǎn	动	跟产量相联系：～承包；联合生产：实行～联销。
12. 承包	chéngbāo	动	接受工程、订货或其他生产经营活动并且负责完成。
13. * 乡镇	xiāngzhèn	名	乡和镇，中国的行政区划单位；泛指较小的城镇。
14. 蓬勃	péngbó	形	繁荣；旺盛。
15. 抛弃	pāoqì	动	扔掉不要。
16. * 大锅饭	dàguōfàn	名	比喻不论工作好坏、贡献大小，待遇、报酬都一样。
17. 激励	jīlì	动	激发鼓励：～市民。
18. 空前	kōngqián	动	以前所没有。
19. 高涨	gāozhǎng	动	（水位、物价等）急剧上升。
20. * 大幅	dàfú	副	较大幅度地：产量～提高 | 价格～回落。
21. * 事关	shìguān	动	这件事关系到：～安全 | ～责任 | 台湾问题～中国的核心利益。
22. * 连锁反应	liánsuǒ fǎnyìng	名	比喻若干个相关的事物，只要一个发生变化，其他都跟着发生变化：两国之间的贸易冲突，引发了国际市场的一系列～。
23. 释放	shìfàng	动	把所含的物质或能量放出来：～压力 | ～潜力。
24. 剩余	shèngyú	动	从某个数量里减去一部分以后遗留下来。
25. * 民营	mínyíng	形	人民群众投资经营的；私人经营的。
26. 启蒙	qǐméng	动	普及新知识，使摆脱愚昧和迷信：～运动。
27. 崛起	juéqǐ	动	兴起：为大国～创造条件。
28. * 重工业	zhònggōngyè	名	包括钢铁工业、冶金工业、机械、能源（电力、石油、煤炭、天然气等）、化学、材料等工业。
29. 人为	rénwéi	动	人去做：事在～。
30. * 压低	yādī	动	使降低：～售价 | 他怕别人听见，便～声音说话。
31. * 剪刀差	jiǎndāochā	名	两类产品价值的不等价交换。
32. 萧条	xiāotiáo	形	寂寞冷落，毫无生气：经济～。
33. 症结	zhēngjié	名	比喻问题的关键所在：遇到困难，一定要找准～。
34. 压抑	yāyì	动	对感情、力量等加以限制，使不能充分流露或发挥：～感情 | ～不住内心的激动。
35. 激发	jīfā	动	刺激使奋发。

36. *生产力	shēngchǎnlì	名	人类在生产过程中把自然物改造成为适合自己需要的物质材料的力量，包括劳动者、劳动资料，以及劳动对象。
37. *能动性	néngdòngxìng	名	人的自觉努力、积极活动的特性。
38. *脱贫	tuōpín	动	摆脱贫困。
39. 致富	zhìfù	动	实现富裕：勤劳～｜～之路。
40. 辛勤	xīnqín	形	辛苦勤劳。

【注释】

1. **十一届三中全会**：1978 年 12 月，中国共产党第十一届中央委员会第三次全体会议在北京举行。全会决定将全党的工作重点和全国人民的注意力转移到社会主义现代化建设上，标志着中国从此进入了改革开放和社会主义现代化建设的历史新时期，中国共产党从此开始了建设中国特色社会主义的新探索。这是建国以来党的历史上具有深远意义的伟大转折，也是中国历史上的一个伟大转折。

2. **家庭联产承包责任制**：是农民以家庭为单位，向集体经济组织（主要是村、组）承包土地等生产资料和生产任务的农业生产责任制形式。它是中国现阶段农村的一项基本经济制度。1982 年 1 月，中国共产党历史上第一个关于农村工作的一号文件正式出台，明确指出包产到户、包干到户都是社会主义集体经济的生产责任制。此后，中国政府不断稳固和完善家庭联产承包责任制，鼓励农民发展多种经营，使广大农村地区迅速摘掉贫困落后的帽子，逐步走上富裕的道路。中国因此创造了令世人瞩目的用世界上 7% 的土地养活世界上 22% 人口的奇迹。

3. **乡镇企业**：中国乡镇村集体经济组织、农村村民兴办的集体所有制企业、合作企业和个体企业的统称。乡镇企业深刻改变了农村经济单纯依靠农业发展的格局，为农民实现小康生活提供了有力保证。1987 年，乡镇企业产值首次超过了农业总产值，标志着中国农村经济已经进入了一个新的历史时期。乡镇企业大大加快了农民致富奔小康的进程，乡镇企业成为支撑农村经济最坚实的支柱。

4. **人民公社**：是社会主义组织的基层单位。1958 年 7 月 1 日开始到 1983 年 10 月 12 日结束，其基本特点可以概括为“一大二公”。所谓大，就是规模大；所谓公，就是生产资料公有化程度高。在这个运动中，全国大大小小的村子的生产队都成立了公共食堂，故也被称为“大锅饭”。

5. **剪刀差**：本文中指工农业产品交换时，工业品价格高于其本身的价值，农产品价格低于其本身的价值所出现的差额。因用图表示呈剪刀张开形态而得名。它表明工农业产品价值的不等价交换。

推荐电视剧:《大江大河》

剧情简介:

宋运辉天资聪颖，却出身不好，一直备受歧视。但是他把握住了1978年恢复高考的机会，后来又抓住机遇，勤学苦干，当上了国企的技术人员，一步步晋升，奠定了成功人生的基础，但也在新时代的变革中逐渐迷失。与宋运辉不同的是他的姐夫雷东宝。他出身贫寒，属于根正苗红的“大老粗”，行动力十足。在乡村改革的浪潮中带领村民紧跟政策，一直走在时代的前沿。但由于自身文化水平不高，眼界不够开阔，最终绊倒在新事物脚下。如果说宋运辉和雷东宝的经历是国营经济和集体经济的缩影，那么个体户杨巡无疑就是个体经济的典型代表。在日新月异的时代中，他手忙脚乱抓住过商机，也踏进过陷阱，生意场上几经波折，最终拥有了自己的产业，成为那个时代个体经济的典型代表。

重点句型与词汇

1 载入……（的）史册：写入历史记录。

（1）这一成就被称为奇迹当之无愧，足以载入人类社会发展的史册。

（2）《流浪地球》是一部非常优秀的国产硬科幻大作，可以载入中国电影史册。

（3）2008年8月8日注定是载入史册的一天，这一天，第二十九届夏季奥运会在北京拉开帷幕。

2 归根到底……：又作归根结底。

（1）贫困问题归根到底是由于不合理的计划经济体制造成的。

（2）在这个机遇和挑战并存的时代，科学技术是第一生产力，而科学技术的进步需要大量高端人才的共同努力，换言之，当今社会的所有竞争归根到底是人才的竞争。

（3）任何重大的成功，归根到底都是用人的成功。同理，任何重大的失败，说到底都是用人的失败。

3（让人/令人）意想不到的是：没有料想到。形容十分意外。

（1）意想不到的是，“无心插柳柳成荫”，改革的成就却最终在农村凸显出来。

（2）让人意想不到的是，这支实力不错的球队居然大败而归。

（3）评奖结果终于公布，意想不到的是，今年这部低成本电影获得了评委们的一致好评。

4 事关……

（1）家庭联产承包制度的推进事关农民的切身利益，给农村带来了一系列连锁反应，最大的效应就是刺激了乡镇企业的发展。

（2）事关大众权益，我们绝不能冷眼旁观，袖手不管。

（3）在国际关系的现实世界中，主权问题事关重大，处理不当甚至会引发冲突。

5 继……之后：在……的后面。

（1）乡镇企业的崛起，成为继家庭联产承包责任制之后，农村减贫的第二大推动力。

（2）继这起案件之后，国家又陆续出台了更详尽的法律法规。

（3）继那次火灾之后，邻居们的安全防范意识都有所增强。

6 打破……（的）束缚：突破原有的约束、限制等。

（1）当年中国有足够的勇气解放思想，打破不合理体制的束缚。

（2）新型企业管理必须打破旧观念的束缚，建立一种全新的用人制度。

（3）她们打破了传统观念的束缚，成为中国第一批飞上蓝天的女性。

词语搭配

1 寥寥

～数语 | ～几笔 | ～几字

（1）那一轮国企改革成效寥寥，意想不到的是，"无心插柳柳成荫"，改革的成就却最终在农村凸显出来。

（2）初冬时节，树上寥寥无几的叶子，在寒风中瑟瑟发抖。

（3）老师的评语虽只寥寥数语，却是入木三分。

2 蓬勃

～发展 | 朝气～ | ～生长 | ～气象

（1）1980 年，中央正式批准实行家庭联产承包责任制，趁着改革的东风，乡镇企业随之蓬勃兴起。

（2）看着自己几年来的事业蓬勃发展起来了，他感到无比欣慰。

（3）我们青少年应该精神饱满，朝气蓬勃。

3 空前

～高涨 | ～成功 | ～发展 | 盛况～

（1）农民的生产积极性空前高涨，农业生产效率显著提高，主要农产品的产量大幅提升，农民生活有了明显改善。

（2）这部电视剧的空前成功，让市场的目光再次聚焦到职业女性题材。

（3）改革开放以来，中国各个领域都得到了空前的发展。

4 高涨

热情～ | 空前～ | 情绪～ | 日益～

（1）农民的生产积极性空前高涨，农业生产效率显著提高，主要农产品的产量大幅提升，农民生活有了明显改善。

（2）2008 年奥运会之后，群众对体育运动的热情日益高涨。

（3）实行家庭联产承包责任制之后，农民们学科学、用科学的积极性空前高涨。

5 大幅

～上涨 | ～下降 | ～反弹

（1）改革开放之后，从 1979 年开始，政府大幅度提高农产品的采购价格，农民收入随之提高，可谓"立竿见影"。

（2）为抑制投资炒房和房价大幅上涨，金融政策收紧已是大势所趋。

（3）商品价格的大幅下降，大大地刺激了顾客的购买力。

6 激发

~热情 | ~斗志 | ~激情 | ~兴趣

（1）改革开放之后，找准体制的症结，对症下药，长期被压抑的积极性得以激发，生产力得到极大解放。

（2）落后两球的险恶形势，反而激发起队员们的斗志，使他们在补时阶段连进三球，反败为胜。

（3）优秀的文学作品可以培养人们健康的审美情趣，激发人们的奋斗激情。

成语和惯用语

1 当之无愧 dāngzhīwúkuì：承受得起某种称号或荣誉，毫无愧色。无愧，毫无愧色。

（1）这一成就被称为奇迹当之无愧，足以载入人类社会发展的史册。

（2）波恩被称为"大学城"是当之无愧的，仅仅其中一所曾经培养过马克思和海涅的波恩大学已是闻名遐迩了。

（3）感谢新冠疫情期间奋战在第一线的医护人员，他们是当之无愧的白衣天使。

2 * 有心栽花花不开 yǒuxīn zāihuā huā bùkāi：用心栽花但花却不开。比喻想做一件事情，花了很大的精力，做了很多努力，但是结果并没能如愿。

（1）但"有心栽花花不开"，那一轮国企改革成效寥寥。

（2）人人都愿美梦成真，但有心栽花花不开，很多时候总是事与愿违。

（3）这个产品的广告宣传可谓是费尽了人力和财力，可是没想到有心栽花花不开，最终仍旧收效甚微。

3 * 无心插柳柳成荫 wúxīn chāliǔ liǔ chéngyīn：折下来的一枝柳条随意插在土里，却成了郁郁葱葱的柳树。比喻不经意的行为反而很顺利地取得好结果。常与"有心栽花花不开"相对应。

（1）意想不到的是，"无心插柳柳成荫"，改革的成就却最终在农村凸显出来。

（2）想不到我举手之劳，竟使众人受惠，真是无心插柳柳成荫。

（3）可能是天意弄人，无心插柳柳成荫，想要通过科举做官的他最终却成为隐居乡野的著名诗人。

4 * 说一千，道一万 shuō yīqiān dào yīwàn：指各种各样的说法。后用来形容话说得很多，亦作说千道万。

（1）说一千，道一万，增加农民收入是关键。

（2）他们一直坚信，实践才是硬道理，说一千道一万，还不如好好干一场。

（3）对于一个固执己见的人来说，就算你说一千道一万，他也仍然坚信自己的判断。

5 * 雨后春笋 yǔhòu-chūnsǔn：指春天下雨后，竹笋一下子就长出来很多。比喻新事物迅速大量地涌现出来。

（1）乡镇企业如雨后春笋般在农村发展起来，成为当时中国经济最有活力的部分，对中国民营经济的发展起到了明显的启蒙作用。

（2）深圳当年是个小渔村，在改革开放成为特区之后，高楼大厦如雨后春笋般拔地而起。

（3）改革开放以来，民营企业在中国如雨后春笋般兴旺起来，成为国民经济的一个重要增长点。

6 * 轰轰烈烈 hōnghōng lièliè：形容事业的兴旺。也形容声势浩大，气魄宏伟。轰轰，象声词，形容巨大的声响；烈烈，火焰炽盛的样子。

（1）当时农民收入的提高，除了轰轰烈烈的制度改革之外，国家政策扶持也是至关重要的。

（2）得到了全家人的支持后，他准备去上海轰轰烈烈地干一番事业。

（3）在这座城市，如果不谈一场轰轰烈烈的恋爱，就辜负了它浪漫的风情。

7 至关重要 zhìguān-zhòngyào：极为重要。

（1）当时农民收入的提高，除了轰轰烈烈的制度改革之外，国家政策扶持也是至关重要的。

（2）这件事情至关重要，我们不能贸然做出决定。

（3）他演讲中的这番话，起到了至关重要的作用，堪称画龙点睛之笔。

8 * 立竿见影 lìgān-jiànyǐng：比喻立见功效。

（1）改革开放之后，从 1979 年开始，政府大幅度提高农产品的采购价格，农民收入随之提高，可谓“立竿见影”。

（2）新厂长采取的新管理方法产生了立竿见影的效果。

（3）这种药的效果真好，我打了一针，立竿见影，很快就不烧了。

9 * 当仁不让 dāngrén-bùràng：泛指遇到该做的事情，主动去做，不推辞。

（1）如此一来，不需要政府给予太多的扶持，农民自己就会成为减贫的最大推动力，他们发挥主观能动性，致力于脱贫，当仁不让。

（2）社会各界发起“希望工程”捐款活动，我当仁不让，把这个月的工资全部捐献了出去。

（3）面试时讲谦虚，无疑不利于自己被成功录用；该需要毛遂自荐时，就要当仁不让。

10 * 浩浩荡荡 hàohào-dàngdàng：原形容水势浩大汹涌。后形容事物的广阔壮大，或前进的人流声势浩大。

（1）当年中国有足够的勇气解放思想，打破不合理体制的束缚，推进浩浩荡荡的改革开放，这样的改革开放需要“天时地利人和”的配合。

（2）军队浩浩荡荡地向远方行进着，场面十分壮观。

（3）诗人站在楼上，望着长江的水浩浩荡荡地向东流去，感慨万千。

11 * 天时地利人和 tiānshí dìlì rénhé：指作战时的自然气候条件、地理环境和人心的取向，这里指十分有利的情况。

（1）当年中国有足够的勇气解放思想，打破不合理体制的束缚，推进浩浩荡荡的改革开放，这样的改革开放需要“天时地利人和”的配合。

（2）这支球队有着天时地利人和的主场优势，是夺冠的热门球队。

（3）只要你好好利用天时地利人和的重要机遇，实现梦想绝非难事。

12 抄作业 chāo zuòyè：**网络用语，指照搬他人经验的行为。**

（1）而对于全球多数长期难以摆脱贫困的地区而言，“抄作业”并非易事。

（2）面试谈经验的时候，尽量避免“抄”别人的“作业”，谈谈自己的亲身经历才最为真实，才有更大概率获得面试官的青睐。

（3）在培养孩子的过程中，家长不要一味地“抄作业”，应该根据孩子的实际情况来选择合适的教育方式。

13 日新月异 rìxīn-yuèyì：**每天每月都有新的变化，形容进步、发展很快。**

（1）在日新月异的时代中，他手忙脚乱抓住过商机，也踩踏过陷阱，生意场上几经波折，最终拥有了自己的产业。

（2）微电子技术的发展日新月异，给我们的生活和工作带来了巨大的变化。

（3）现代社会瞬息万变，科技发展日新月异，我们要不断学习新知识，跟上时代的脚步。

课后练习 趁热打铁

一、选词填空

当仁不让	对症下药	当之无愧	轰轰烈烈
无心插柳柳成荫	雨后春笋	立竿见影	浩浩荡荡

1. 当年一支建筑工程队__________地开进这个山村，没想到过了短短几年，这里已旧貌变新颜。

2. 科学史上有很多的重大研究突破都是__________，比如青霉素的发现，就是因为弗莱明做完实验忘记洗盘子发现的。

3. 既然你们这么信任我，那带领大家探索致富之路我就__________了。

4. 经过不懈的努力，科学家们终于攻克了这个难题，他们是__________的英雄。

5. 这个年纪的年轻人，没人甘于平淡，谁都想__________地过一生。

6. 遇到困难，只要找准症结，__________，就一定可以解决问题，克服困难。

7. 没多久的时间，这条街道上的各种快餐店便犹如__________，一家接着一家地开张了。

8. 只要掌握了正确的学习方法，便可收到__________的效果。

二、单项选择

1. 20 世纪 90 年代中国的市场经济呈现出一派（ ）的生命力。

A. 昌盛　　B. 蓬勃　　C. 繁荣　　D. 兴旺

2. 优秀的创造力，会让孩子的未来有很多种可能，为了让他们拥有更精彩的人生，家长一定要多（ ）孩子的创造力。

A. 激励　　B. 激化　　C. 激发　　D. 刺激

3. 这几年，我们公司经营状况越来越好，（ ）调整了员工的工资。

A. 大量　　B. 大力　　C. 大幅　　D. 大致

4. 图书馆的门口立着一块“（ ）大声喧哗”的提示牌。

A. 压抑　　B. 抑制　　C. 制止　　D. 禁止

5. 由于过度劳累，他的病情复发，（ ）恶化。

A. 加大　　B. 加剧　　C. 加重　　D. 加强

6. 原子核裂变会（ ）出巨大的能量。

A. 释放　　B. 解放　　C. 解除　　D. 发放

三、用所给的词语和句型回答问题

1. 改革开放之前为何农村经济困难？（归根到底）

____

2. 中国的市场经济改革有何成果？（意想不到的是……）

____

3. 家庭联产承包责任制在农村带来了哪些连锁反应？（继……之后）

____

4. 农民的生产积极性是如何被激发的？（如此一来……，致力于……）

____

四、用所给的词语填空

天时地利人和　如此一来　辛勤　红利　空前　大幅　致富　束缚　事关

全面实施乡村振兴战略，使乡村取得________发展，让________的老百姓切实享受改革开放的________，需要________。乡村振兴________全面建成小康社会宏伟目标。只要我们抓住中央全面铺开乡村振兴战略蓝图的“天时”，用好深厚乡土情怀、美丽乡村风貌的“地利”，培育三农人才、职业农民的“人和”，就能打赢乡村振兴攻坚战，________，就能________提高农民的收入，使乡村逐渐走向________之路，挣脱贫困的________。

单元练习 学以致用

一、明察暗访

（一）二手货，你愿意买单吗？

调查显示，年轻人愿意通过二手平台淘一个更划算的“家”，他们愿意选择二手家具和家居用品的理由主要是价格实惠，同时二手家具没什么味儿，比较环保。

此外，平台数据还显示，近期至少有300个用户发布了“单耳”耳机等类似的信息，好好的一副无线耳机，因为不小心弄丢了一只，就不得不丢弃另一只，实在可惜。此时在闲置网站卖掉剩下的一只，或是入手一只丢掉的同款，就能完美解决问题。

请你设计一份问卷，调查你身边的三至五个人，看看他们能否接受二手货，并分析其中原因，在下次课上，汇报你的调查结果。

问题参考：

（1）你知道有哪些二手交易平台？

（2）你是否用过这些二手交易平台？

（3）你认为二手货有什么优点，又有哪些缺点？

（4）你能够接受二手交易吗？原因是什么？

（5）上二手交易平台会不会丢面子？

（二）互联网消费时代到来，免费变付费，你会买单吗？

请你设计一份调查问卷，调查某类人群（不同年龄段群体 / 校园里的学生）对互联网付费的看法、愿意为哪些服务买单。在下次课上，汇报你的调查结果。

问题参考：

（1）你认为天下有免费的午餐吗？你吃过哪些免费的午餐？

（2）互联网进入付费时代，你为哪种需求买过单？（如音乐会员、视频会员、电子书会员、听书会员、游戏会员等）

（3）你对买过的付费服务是否满意？为什么？

（4）你愿意让渡一些个人权利或个人信息来获得一些免费服务吗？

二、对簿公堂

（一）

互联网“小法庭”每天处理数千起买卖纠纷；担任裁判者的，不是法官而是17名普通网民。当用户在二手商品交易APP“闲鱼”上买卖二手货时，如果和另一方发生了纠纷，除了可以找客服进行咨询，还可以找网上小法庭来评评理。

当“闲鱼”APP上的买卖纠纷被提交到小法庭时，系统会随机抽取17名符合条件的用户来担任“小法官”。之后，买卖双方可以提交图片、交易证据到系统上，再由“小法官”根据证据投票，最先获得9票的一方获得胜利，基本上不到24小时，处理结果就能出来。

以“二手货售后服务”为主题，谈谈闲鱼小法庭存在的合理性。

（二）

小林在闲鱼上买了一只二手的降噪耳机，但是到货后小林发现，耳机是高仿假货。小林向卖家提出退货但却遭到拒绝，无奈之下只能寻求小法庭的帮助。为了在“闲鱼”小法庭上赢得更多的支持，小林去详细咨询了正品耳机店的客服，将客服所说的保修卡和发票的图片作为证据提交给了小法庭。但在他提交证据的过程中，很多小法官匆匆投了票，他因此感觉小法官并没有认真看证据，法庭判决不公正。

你觉得小法官如何才能在二手交易纠纷中做到公平公正？

（三）

25岁的鱿鱿是一名年轻的动漫爱好者，经常在闲鱼上买卖商品。有一次，鱿鱿在闲鱼上卖掉了一件价值70元的马海毛毛衣，注明不退换。买家收货后觉得毛衣掉毛，向鱿鱿提出退货，但被鱿鱿拒绝了。最终，鱿鱿和买家开始在“闲鱼”小法庭上“打官司”，不过，鱿鱿没能得到小法官们的支持。但鱿鱿觉得不服气，她说：“世界上所有的马海毛毛衣都会掉毛，就算你去专柜买了件500块钱的，依然会掉。我觉得闲鱼小法庭是不是应该在评审人群方面筛选再严格一点。”

如果你是小法官，你会如何处理以上案例，并说明理由。

三、众说纷纭

（一） 男性消费和女性消费

在二手电商中，闲鱼和转转最为大众所熟悉。个推大数据显示，闲鱼和转转中男性用户均多于女性用户，而转转的男性用户占比高于闲鱼，达到 63.9%。可以看出，男性用户在消费上更加理性，对二手闲置交易平台有着更高的接受度。

讨论：结合你对男性消费和女性消费的认识，谈一谈，在闲置经济中，为什么男性占比大于女性？

（二） 从“她经济”到“他经济”

很多人都见过一张类似这样的消费能力排行榜，少女 > 儿童 > 少妇 > 老人 > 狗 > 男人，男性消费能力被无情地碾压。“她经济”里，有一种“谁抓住了女性，就抓住了消费，女性才是真正的消费主力军”的观点，然而很多年过去了，这个消费市场的“金科玉律”还管用吗？

曾几何时，“你负责貌美如花，我负责赚钱养家”成为多少家庭不变的准则。但是经过长期以来的不断努力，男同胞消费的“洪荒之力”彻底释放，他们在很多消费领域展现出来的潜力不断冲击着人们的三观，甚至与女性比起来也不遑多让。无论是自我形象管理还是审美意识，高端奢侈品或是日常收藏，男性都有着长足的进步，消费的边界也在不断拓宽。

讨论：你觉得为什么会出现男性消费能力增强的现象？

（三） 互联网进入付费时代，是时代的退步吗？

在有互联网之前，我们看书是去书店买，看报是去邮局订，听音乐是买卡带，看电影要去电影院或者买碟片……为知识产权付费，在那个年代是理所当然的。后来有了互联网，似乎一夜之间进入了“免费模式”，看新闻、看小说、看电影、查资料、听歌、下载图片、聊天、下载软件、视频通话……统统免费。2002 年，网络小说开始付费阅读，2013 年，网络大电影开始尝试付费点播！接着，整个互联网都沸腾了，语音付费（分答、喜马拉雅）、知识付费（知乎、得到）、音乐付费、节目付费、直播付费……各种领域纷纷开启付费模式！

讨论：在你们国家，互联网的收费模式是什么样的？跟中国的模式是否一样？当前互联网的收费模式是否合理？是否具有可持续性？

四、研究报告（从句段到篇章）

（一） 现阶段互联网付费模式的优势与不足

互联网已经进入全面付费时代，现在已有很多内容付费平台，请调查下述问题：

（1）与免费模式相比，付费模式具有哪些优势？请举例说明。

（2）现阶段的互联网付费真的那么完美吗？它有哪些缺点？请举例说明。

（二） 聚焦“三农”

所谓“三农”问题，就是指农业、农村、农民这三个问题。研究“三农”问题的目的是实现“农民增收、农业发展、农村稳定”。中国是全球范围中当之无愧的“农业大国”，但并非“农业强国”。“三农”问题关系到国民素质、经济发展，关系到社会稳定、国家富强、民族复兴。

1. 请查阅相关资料，选择你感兴趣的一个方面，看看当前中国“三农”面临着哪些方面的难题，并做一个 PPT 进行展示。

2. 建设社会主义新农村是中国现代化进程中的重大历史任务，是解决“三农”问题、全面建设小康社会的重大战略举措。新桥就是社会主义新农村建设的典型代表，它从一个普通的小镇发展为最强工业镇，不断创造着奇迹，作为中国服装行业龙头企业的海澜集团有限公司在这里诞生，不仅在无锡率先产值破千亿，还创立了国内男装国民品牌——海澜之家。请你选择一个新农村建设的典范，并向同学介绍其致富的经验。

3.“三农”是中国扶贫政策的重点。从近 14 年的中央一号文件持续聚焦“三农”可以看出国家对于“三农”问题的重视程度，近年来国家也出台了一系列相关扶持政策。请查阅资料介绍一项“三农”扶持政策，并对其做出评价。

解释背景	**描述问题与现象：** 1. 随着……的发展 2. 存在着……的问题 3. 面临着……问题 / 困难 **引用调查与研究成果：** 1. 根据……研究，…… 2. 在研究中 / 调查中发现，…… **说明目的：** 1. 为了满足……的需要，…… 2. 为了应对……，…… 3. 针对……，…… 4. ……，旨在…… 5. 颁布了有关……的政策

续表

介绍内容	**介绍结构：** 1. ……包括……部分 2. ……由……部分组成 3. ……是……的重要组成部分 / 核心 / 宗旨 **介绍具体内容：** 1. 确定了……的目标 2. 在……中规定：…… 3. 并进一步明确…… **其他常用的词语：** 1. 立足点 / 立足于 2. 着眼于 3. 重视 4. 强调
说明影响与评价	**影响与结果：** 1. 随着新规则的实施，…… 2. 起到了……的作用 3. 发生……变化 4. 具有……意义 / 影响 5. ……的作用 / 意义……显现出来 **评价：** 1. 在……看来，…… 2. 舆论认为，…… 3. 实践证明，……

五、对比研究（从句段到篇章）

请将你们国家和中国的扶贫道路进行比较

结构	常用句型与词汇	
第一部分： 中心句或领起句	1. A 和 B 的不同在以下几个方面 2. A 和 B 完全不同 / 截然相反 3. 两者之间的差异在哪里呢？ / 如何区别 A 与 B?/A 和 B 有哪些相同点与不同点？ 4. 一般认为……具体分析如下	
第二部分： 比较具体内容 典型结构： 首先…… 其次…… 再者…… 最后……	不同点	1. B 没有 A…… 2. A……，而 B 则…… 3. A 和 B 存在着差异 / 同中有异 4. A……。相比之下，B 则…… 5. A 比 B（更）…… 6. 在……方面，A 和 B 有所区别

续表

结构	常用句型与词汇	
	相同点	1. A 和 B 很接近 2. 在……方面，A 和 B 差异不大 3. 在……上，A 和 B 大同小异 / 毫无二致 4. A 与 B 并无区别 5. A 与 B 在某种程度上很相似 6. A 与 B 毫无区别
	引用数据进行比较	1. A 大约是 B 的……倍 2. 和 B 相比，A 增长 / 下降了……% 3. A 不足 B 的一半
总结	总而言之；由此看来；综上所述	

六、针锋相对

（一）

2016 年被称为知识付费元年，付费经济异军突起。2017 年知识收费平台更是遍地开花，如知乎 live、得到、十点课堂等等。不管是从业人员还是普通用户，对于知识付费的讨论一直很激烈。不少人认为，知识付费就是个大坑，在他们看来，知识付费就是想走捷径，但其提供的都是碎片化的信息和知识，每天打卡、刷在线时间，然而一段时间过后可能什么也没学会。但同时也有人表示在知识付费中挖到了金子。有人认为付费的形式在一定程度上可以筛选有质量的知识和内容，有的可能是集结别人一生所研究的成果，而自己可以利用上下班途中、做家务间歇等零碎时间来学习，既有效利用了时间也充实了自己。

辩论题：知识付费是个大坑还是能挖出金子的宝藏？

（二）

“经济基础决定上层建筑”“仓廪实而知礼节，衣食足而知荣辱”，向贫困群体提供物质支持以实现“物质脱贫”是不可或缺的。过去几十年内，大量的扶贫物资帮助贫困群体解了燃眉之急，改善了他们的生活水平。

而老子说：“授人以鱼不如授人以渔。”通过“扶智”，采用教育培训、实例引导等方式，开拓困难地区人民的眼界，训练贫困群众创新创业的思维能力，整体性提高他们脱贫致富的智力水平，才能让贫困群众有能力脱贫致富，过上“自己动手，丰衣足食”的生活。

辩论题：扶贫与扶智哪个更重要？

（三）

一些发达国家几乎无门槛发放全民失业保障金，这类高福利制度看似美好，但随着时间的推移，在这样环境中生活的民众逐渐变得懒散。这种现象在实行高福利的发达国家非常普遍，一面是高居不下的失业率，一面却是尴尬的劳动力紧缺。因为找不到工作，也能比较轻松地获取高额的失业补贴，所以很多人并不会急于寻找工作；或者，只须找到"半天工"，也可以让自己变成"低收入群体"，还能得到更多的福利补贴。于是乎，就出现了"劳动力严重紧缺"与"高失业率"同时出现的奇葩现象。

辩论题：要不要帮扶低收入"懒汉"？

七、畅所欲言

上网观看纪录片《走进大凉山》（导演：竹内亮），请发表观后感。

观后感参考：

（1）纪录片《走进大凉山》主要介绍了什么内容？

（2）看完后，你对哪个部分（或哪个故事、哪个人物）印象最深刻？为什么？

（3）你对"扶贫"这个词的理解是什么？（参考：如扶贫方式——扶贫不扶懒，救急不救穷；扶贫先扶智，脱贫先立志）

（4）看完整个纪录片，你有什么感想？可以从一个或者多个角度阐述自己的观点。

八、妙笔生花

（一）

2020 年是"十三五"规划和脱贫攻坚的收官之年，中国要实现全面建成小康社会的目标，各地区通过对口支援、干部驻村蹲点、精准扶贫等方式，使不少老少边穷地区实现了脱贫致富。然而，解决好中国的农业农村农民问题，单凭"外力"作用远远不够，要实现可持续发展，就必须调动起农民的积极性，让他们用自己的聪明智慧和勤劳双手创造美好的幸福生活。

请自拟题目，谈谈如何充分激发群众的主观能动性，通过勤劳的双手脱贫致富？（不少于 800 字）

（二）

2018 年热播的电视剧《大江大河》讲述了中国农村的不同人物在改革开放中探索突围、改变命运的故事，打动了无数观众。请上网观看《大江大河》第 46 集，就其中杨巡的话发表自己的看法，谈谈政府应该如何扶贫？（不少于 800 字）

第八单元 法律篇

课文一 “大头条”对簿“小油条”

课前思考

1. 你周围的人有没有买到过假货的经历？
2. 有的人会知假买假，你认为是出于什么心理呢？
3. 在你们国家有哪些打击盗版侵权的法律？

《今日头条》跨界卖油条了？一家名为“今日油条”的早餐店出现在大众的视野中。有网友调侃，上班早高峰一边刷着《今日头条》，一边吃着“今日油条”，亦庄亦谐，颇为搞笑。

当互联网公司遇上餐饮连锁店，到底是喜剧还是闹剧？

“油条”抱“头条”大腿？

“今日油条”早餐店火爆，起因是这家店从商标到海报，都酷似手机资讯软件《今日头条》，其中，《今日头条》的口号是“你关心的，才是头条”，而今日油条的口号是“关心你的，才是好油条”。这扑面而来的熟悉感让人直呼：不管是口号还是菜单设计都有一股浓浓的“头条味儿”。

《今日头条》的母公司字节跳动作为中国第一梯队的互联网大厂，这种事情发生的概率可以说是微乎其微。一来《今日头条》早已声名在外，任谁也不会这么明目张胆地模仿和盗版；二来这样的跨行业模仿，《今日头条》也是被打了个措手不及，万万没想到一家餐饮连锁店居然“碰瓷营销”到互联网企业的头上！

网友对于这种“抱大腿”行为也发出质疑，对此今日油条相关负责人揣着明白装糊涂，直言自己不知道哪个字不能用。大公司《今日头条》起诉卖油条的小公司今日油条，这也令他不解。“我天天刷《今日头条》，是忠实用户，‘傍大牌’只是觉得好玩而已，没想到被告侵权了。要是非要判定我输，我也只好面对。”

今日油条是否侵权？

乍听起来，“今日油条”抖得一手好机灵，起名者脑洞大开，着实让人佩服。然而，很多“蹭IP”的行为可不是“好玩”就能说得过去的，还得经受法律的审视——在保护知识产权力度不断强化的背景下，有些名字或商标不是想模仿就能模仿、想蹭就可以蹭的。

对此事件，网友看法不一。有网友认为：“小商家跨界蹭个热度而已。”“明摆着是两种行业，消费者怎么可能混淆呢？”“《今日头条》不仅有可能败诉，还有可能为今日油条打了一波好广告。”也有爱操心的网友认为：“大公司花了几十上百万设计出来的商标，转眼就被抄过去，这种行为不被制止，将会有更多山寨。”“今天放过了你，明天就会有阿外巴巴。”“要不是这一波炒作造势，谁知道有个‘今日油条’！”

就此事而言，今日油条是否构成侵权，确需法律层面的定性，可名字近乎“高仿”，商标标识跟字体也高度相似，这很难不受到质疑。

有律师认为，一般情况下，如果《今日头条》没有在食品类或餐饮类注册商标，“今日油条”是不构成对《今日头条》商标侵权的。

“如果《今日头条》是中国驰名商标的话，那么无论是否在食品、餐饮方面申请商标，‘今日油条’都会构成侵权。”该律师解释，驰名商标知名度通常比较大，影响力是“跨界”的。“还得看《今日头条》能否被判定为中国驰名商标，可以的话，他就能顺利追究模仿企业的责任。否则两者只能是井水不犯河水的关系。”

屡屡被打擦边球，企业应如何保护商标？

通常知名品牌往往是经过多年打造而成的。无论是当初注册商标，还是之后的宣传、维护，都需要投入相应的精力、资金等。因此，知名商标持有人的合法权益理应得到保护。而恶意抢注商标、傍名牌搭便车的行为，被法律“否决”则是理所当然的。

经营者必须增强知识产权意识，尊重他人商标权益。“傍大牌”一时爽，算后账泪两行，恶意侵犯他人注册商标专用权的行为将受到法律严惩。说到底，只有对恶意抢注行为果断说“不”，正常的营商环境才会更有保障，也才能将知识产权的保护更好地落到实处。

生词表

1. *对簿	duìbù	动	受审；通过审问，核对事实：～公堂。
2. *跨界	kuàjiè	动	跨领域。
3. 调侃	tiáokǎn	动	用言语戏弄；嘲笑。
4. 连锁	liánsuǒ	形	一环扣一环，像锁链一样连续不断的：～反应 | ～商店。
5. *闹剧	nàojù	名	比喻滑稽、荒谬的事情。
6. *火爆	huǒbào	形	旺盛；热闹；红火。
7. *起因	qǐyīn	名	（事件）发生的原因。
8. 酷似	kùsì	动	极像。
9. 资讯	zīxùn	名	信息。
10. 扑面而来	pūmiàn'érlái		朝着你的方向过来。
11. *直呼	zhíhū	动	直接地说。
12. *母公司	mǔgōngsī	名	具有独立法人资格，拥有另一公司一定比例以上的股份并对其进行控股的公司。
13. *梯队	tīduì	名	不同层级的阵营团队。
14. 概率	gàilǜ	名	发生的可能性的量。
15. 任	rèn	连	不论；无论：～谁也不准乱动这里的东西。
16. 万万	wànwàn	副	绝对；无论如何（用于否定式）：～没有想到 | ～不可粗心大意。
17. *碰瓷	pèngcí	动	指故意让人弄坏自己的东西或伤到自己，借机讹诈。
18. *营销	yíngxiāo	动	经营销售。
19. *直言	zhíyán	动	直接说出自己的看法：～不讳。
20. 不解	bùjiě	动	不明白。
21. 忠实	zhōngshí	形	忠诚可靠。
22. 傍	bàng	动	依靠、依附：～大款 | ～人门户。
23. 告	gào	动	向国家行政司法机关检举、控诉。
24. 侵权	qīnquán	动	侵犯、损害他人的合法权益。
25. 判定	pàndìng	动	分辨断定：～去向 | 从一句话很难～他的看法。
26. *脑洞	nǎodòng	名	形容想象力丰富：～很大。

27. 佩服	pèi·fu	动	感到可敬而心服。
28. 蹭	cèng	动	就着某种机会不付出代价而跟着得到好处；揩油：～他的车上班｜～吃～喝。
29. *说得过去	shuō ·de guòqù		对某种情况基本可以接受。
30. 经受	jīngshòu	动	受到。
31. 力度	lìdù	名	力量大小的程度；力量的强度。
32. *明摆着	míngbǎi ·zhe	动	明显地摆在眼前，容易看得清楚：道理～，用不着解释｜～有困难，他还是硬把这活儿揽下来了。
33. 混淆	hùnxiáo	动	混杂；界限模糊（多用于抽象事物）：～黑白。
34. *败诉	bàisù	动	诉讼中当事人的一方受到不利的判决。
35. 操心	cāoxīn	动	费心考虑和料理。
36. 转眼	zhuǎnyǎn	动	形容时间极短：冬天过去，～又是春天了。
37. 制止	zhìzhǐ	动	强迫使停止，不允许继续（行动）：～侵略｜我做了一个手势，～他再说下去。
38. 山寨	shānzhài	名	仿造的；非正牌的：～货｜～手机。
39. 要不是	yàobùshì	连	如果不是：～你提醒我，这件事我早就忘了。
40. *造势	zàoshì	动	制造声势。
41. *定性	dìngxìng	动	对犯有错误或罪行的人，确定其问题的性质。
42. *近乎	jìnhū	动	接近于。
43. *高仿	gāofǎng	形	模仿水平相当高的。
44. 驰名	chímíng	动	声名传播很远：～中外。
45. 理应	lǐyīng	动	照理应该：灾区有困难，我们～帮助。
46. 否决	fǒujué	动	否定（议案）。
47. *严惩	yánchéng	动	严厉处罚。
48. 恶意	èyì	名	不良的居心；坏的用意。
49. *抢注	qiǎngzhù	动	抢先注册（商标、域名等）。
50. *营商	yíngshāng	动	经营商业。

【注释】

1. 字节跳动和《今日头条》：字节跳动指北京字节跳动科技有限公司，成立于 2012 年 3 月，是国内最早将人工智能应用于移动互联网场景的科技企业之一，其旗下产品有《今日头条》、西瓜视频、抖音（TikTok）等。其中，《今日头条》是一款新闻资讯客户端，由张一鸣于 2012 年 3

月创建。

2. 今日油条：“今日油条”的商标归属权属于河南今日油条餐饮管理有限公司，这家公司成立于2020年5月13日，主要售卖早餐，有油条、豆浆、茶叶蛋等，短短五个月，便成为网红商店，还开启了连锁加盟模式。后因为涉嫌侵权、傍大牌，《今日头条》起诉今日油条引发热议。

3. 阿外巴巴：文中模仿阿里巴巴（中国）网络技术有限公司命名而杜撰出的公司名称。阿里巴巴集团于1999年在浙江省杭州市创立。阿里巴巴集团业务和关联公司的业务包括：淘宝网、天猫、聚划算等。

4. “傍大牌”一时爽，算后账泪两行：这句话从2019年科幻电影《流浪地球》“道路千万条，安全第一条。行车不规范，亲人泪两行。”改编。如“超速一时爽，罚款泪两行”。

重点句型与词汇

1 ……酷似……

（1）“今日油条”早餐店火爆，起因是这家店从商标到海报，都酷似手机资讯软件《今日头条》。

（2）在2010上海世博会中，各国展馆精彩亮相，中国馆的主题是“城市发展中的中华智慧”，由于形状酷似一顶古帽，因此被命名为“东方之冠”。

（3）某男演员外形酷似香港著名演员周润发，加上神态举止也有几分神似，圈里人都称他为“发哥”。

2 直呼……：直接地说出来。

（1）这扑面而来的熟悉感让人直呼：不管是口号还是菜单设计都有一股浓浓的“头条味儿”。

（2）看完这个电影，他直呼过瘾，还想再看一遍。

（3）他走出考场，直呼：“完了完了，今天的考试难死了，鬼才能过呢！”

3 任……也：表示条件不同，但结果相同。

（1）《今日头条》早已声名在外，任谁也不会这么明目张胆地模仿和盗版。

（2）这是不可抗力的天灾，任谁也无可奈何啊！

（3）任你们怎么说，我也不会改变自己的想法。

4 揣着明白装糊涂：指心里明白，表面上装糊涂。

（1）网友对于这种“抱大腿”行为也发出质疑，对此今日油条相关负责人揣着明白装糊涂，直言自己不知道哪个字不能用。

（2）他什么事都知道，却揣着明白装糊涂，一问三不知。

（3）公司出了这个问题，你应该负主要责任，不要揣着明白装糊涂。

5 令……不解：让……无法理解。

（1）大公司《今日头条》起诉卖油条的小公司今日油条，这也令他不解。

（2）他拿着那么高的工资，开着这么破的车，实在是令人不解。

（3）昨天的会上，他说了很多莫名其妙的话，事后什么事情都没有，简直令人不解。

6 ……乍听起来……：突然听起来。

（1）乍听起来，“今日油条”抖得一手好机灵，起名者脑洞大开，着实让人佩服。

（2）他说的话乍听起来好像很厉害，实则经不起仔细推敲。

（3）乍听起来，他这样的推销语言充满吸引力，实际上只是花言巧语罢了。

7 明摆着……：明显地摆在眼前，容易看得清楚

（1）明摆着是两种行业，消费者怎么可能混淆呢？

（2）你们真无聊！谁对谁错不是明摆着的吗？有什么好争的！

（3）他明摆着没兴趣，你就不要硬拉他入伙了！

8 就……而言：对……来说。

（1）就此事而言，今日油条是否构成侵权，确需法律层面的定性，可名字近乎“高仿”，商标标识跟字体也高度相似，这很难不受到质疑。

（2）就这件事而言，他做得不无道理。

（3）小赵说：“选择去一线城市工作，就我而言，主要考虑的是城市未来的发展前景。”

9 近乎……：接近于。

（1）就此事而言，今日油条是否构成侵权，确需法律层面的定性，可名字近乎“高仿”，商标标识跟字体也高度相似，这很难不受到质疑。

（2）最近他刷抖音刷得近乎疯狂。

（3）那次因意外被困于井下，他在近乎绝望的情况下，还是凭着顽强的毅力挺了过来。

10 将（把）……落到实处：指计划、措施、政策等得以实现。

（1）说到底，只有对恶意抢注行为果断说“不”，正常的营商环境才会更有保障，也才能将知识产权的保护更好地落到实处。

（2）只要我们不失时机，尽一切可能将政策落到实处，就一定能够实现全年经济增长目标。

（3）我们要把为人民服务的宗旨落到实处，全心全意地为老百姓谋福利。

词语搭配

1 蹭～

～饭｜～网｜～课｜～热度

（1）很多“蹭 IP”的行为可不是“好玩”就能说得过去的，还得经受法律的审视。

（2）弟弟回家一开冰箱，发现只剩鸡蛋，便决定去朋友家蹭一顿饭。

（3）早年间，大多数名人明星就是个“靶子”，对别人“蹭热度”的行为都躲得远远的。

2 经受

～考验 | ～折磨 | ～打击 | ～历练 | ～磨炼

（1）很多“蹭 IP”的行为可不是“好玩”就能说得过去的，还得经受法律的审视。

（2）地球一定能经受住全球变暖，经受不住的也许是我们人类。

（3）哥哥大学毕业后参了军，在部队里经受了磨炼。

3 恶意

～中伤 | ～冲撞 | ～打压 | ～蛊惑

（1）只有对恶意抢注行为果断说“不”，正常的营商环境才会更有保障。

（2）恶意的非难和嘲笑阻挡不了哥白尼探索真理的脚步。

（3）他的这些罪名都是子虚乌有的，完全是背后有人恶意抹黑。

成语和惯用语

1 * 亦庄亦谐 yìzhuāng-yìxié：表示既庄重又风趣。

（1）有网友调侃，上班早高峰一边刷着《今日头条》，一边吃着“今日油条”，亦庄亦谐，颇为搞笑。

（2）他扮演的这个角色，亦庄亦谐，让人十分喜欢。

（3）他翻译的这篇文章亦庄亦谐，完全体现了原作的风格。

2 * 微乎其微 wēihūqíwēi：形容非常少或非常小。

（1）《今日头条》的母公司字节跳动作为中国第一梯队的互联网大厂，这种事情发生的概率可以说是微乎其微。

（2）今年的研究生考试，竞争特别激烈，他考上的可能性微乎其微。

（3）这种病目前还无药可救，康复的希望微乎其微。

3 * 声名在外 shēngmíng zàiwài：形容在外面名气很大。

（1）《今日头条》早已声名在外，任谁也不会这么明目张胆地模仿和盗版。

（2）尽管他已经声名在外了，但是在本单位他还是个小讲师。

（3）这两个相邻的地区，一个穷得远近皆知，一个富得声名在外。

4 * 明目张胆 míngmù-zhāngdǎn：形容公开地、无所顾忌地做坏事。

（1）《今日头条》早已声名在外，任谁也不会这么明目张胆地模仿和盗版。

（2）小偷在公共汽车上明目张胆地行窃，许多人明哲保身，只有小李勇敢地站了出来。

（3）考试时，他居然明目张胆地作弊，一点羞耻心都没有。

5 措手不及 cuòshǒu-bùjí：临时来不及应付。

（1）这样的跨行业模仿，《今日头条》也是被打了个措手不及，万万没想到一家餐饮连锁店居然“碰瓷营销”到互联网企业的头上！

（2）必须做好防洪抗灾准备工作，以免汛期到来时措手不及。

（3）他突然把孩子扔给我们照顾，可是我们一点准备都没有，这让我们措手不及啊！

6 * 抱大腿 bào dàtuǐ：网络流行词，指借助其他人的优势来获得收益的行为，也有朋友间相互调侃自嘲等含义。

（1）网友对于这种“抱大腿”行为也发出质疑，对此今日油条相关负责人揣着明白装糊涂，直言自己不知道哪个字不能用。

（2）如果怀着抱大腿的心理，想要在职场上不劳而获，那么你永远也不会进步。

（3）自己在这儿也是人生地不熟，能抱上大腿总比一个人瞎闯要好得多。

7 * 抖机灵 dǒu jī · ling：一般是指显示自己，特指表现轻浮，耍小聪明。

（1）乍听起来，“今日油条”抖得一手好机灵，起名者脑洞大开，着实让人佩服。

（2）善良对于一个情感节目主持人而言是非常重要的，它比抖机灵更能赢得人心。

（3）泡吧的时候没想到碰到了老师，我立马抖了个机灵，端起盘子假装在兼职上班。

8 * 脑洞大开 nǎodòng dàkāi：想象天马行空，联想极其丰富、奇特，甚至到了令人吃惊的地步。

（1）乍听起来，“今日油条”抖得一手好机灵，起名者脑洞大开，着实让人佩服。

（2）这部让人脑洞大开的电影，绝对会给你带来前所未有的体验。

（3）在老师的启发下，同学们脑洞大开，造出了很多精彩的句子。

9 * 蹭 IP cèng IP：借助广为人知的品牌形象来让自己进入大众视野，借助热点事物，增加自己的关注度。

（1）然而，很多“蹭 IP”的行为可不是“好玩”就能说得过去的，还得经受法律的审视。

（2）这位网红通过蹭 IP，赚了许多关注度。

（3）商家为了搏人们的眼球、蹭 IP，设计的广告词往往夸大或扭曲了客观事实。

10 * 井水不犯河水 jǐngshuǐ bù fàn héshuǐ：井水在井里，河水在河里，两处的水不会相遇。比喻互不干扰，彼此间没有矛盾冲突。

（1）还得看《今日头条》能否被判定为中国驰名商标，可以的话，他就能顺利追究模仿企业的责任。否则两者只能是井水不犯河水的关系。

（2）你干你的，我干我的，咱们井水不犯河水。

（3）有多少家银行就有多少张卡，各家银行的 POS 机也是你挨着我，我挨着你，彼此“井水不犯河水”。

11 * 打擦边球 dǎ cābiānqiú：打乒乓球时擦着球台边沿的球，后来把做在规定的界限边缘而不违反规定的事比喻为打擦边球。

（1）屡屡被打擦边球，企业应如何保护商标？

（2）有的企业通过打擦边球广告来吸引消费者的目光。

（3）政府需要加大网络文化的监管力度，对打擦边球的主播和平台进行封号，对损害民众利益的行为要予以处罚。

12 * 搭便车 dā biànchē：乘坐顺路可免费的车，引申为不付出而坐享他人劳动成果。

（1）而恶意抢注商标、傍名牌搭便车的行为，被法律“否决”则是理所当然的。

（2）各行各业都出现了大大小小的“精明”商家，欲免费从“前人”身上分一杯“现成的”羹，家居行业更是“搭便车”现象的高发区。

（3）令人唏嘘的是，不少知名品牌面对“搭便车”商家的挑衅和伎俩，显得有些束手无策，甚至宁可退避三舍。

课后练习 趁热打铁

一、选词填空

刷　微乎其微　蹭　屡屡　措手不及　追究

1. 有乘客到站了都没有要下车的意思，要继续________网看电影。
2. 对于过去的事情，如果你能改过自新，我们就不再________你的责任了。
3. 前一阵子领导突然来检查，搞得我们________。
4. 这种病目前还没有特效药可以医治，要康复的概率可以说是________。
5. 无聊的时候________微博、看视频，很容易打发时间。
6. 尽管我________劝告他，但是他还是不听劝，执意要按照自己的想法来做。

二、单项选择

1. 他这次的演唱会重金（　），登峰造极，让他的演艺生涯又达到巅峰。

A. 创造　　B. 打造　　C. 制造　　D. 构造

2. 在赛场上，他优异的表现让人（　）得五体投地。

A. 克服　　B. 佩服　　C. 说服　　D. 征服

3. 当我们的合法权益受到（　）时，我们应该拿起法律的武器保护自己。

A. 侵权　　B. 危害　　C. 侵害　　D. 伤害

4. 这一起知识产权纠纷案，最终被秦淮区法院（　）为侵权。

A. 判定　　B. 判决　　C. 决断　　D. 鉴定

5. 钱不是万能的，没有钱是（　）不能的。

A. 万万　　B. 万一　　C. 一旦　　D. 千万

三、用所给的词语和句型回答问题

1.“今日油条”负责人因什么而困惑，他的理由是什么？（令……不解）

____

2. 在名字上，为什么“今日油条”容易遭受质疑？（近乎……）

____

3. 为什么要对恶意抢注商标行为果断说“不”？（将 / 把……落到实处）

____

4. 面对网友的质疑，今日油条相关负责人的表现是什么？（揣着明白装糊涂）

____

四、用所给的词语填空

碰瓷　母公司　微乎其微　明目张胆　梯队　措手不及　声名在外

《今日头条》的__________字节跳动作为中国第一__________的互联网大厂，这种事情发生的概率可以说是__________。一来《今日头条》早已__________，哪怕是模仿和盗版，任谁也不会这么__________；二来这样的跨行业模仿，《今日头条》也是被打了个__________，万万没想到一家餐饮连锁店居然“__________营销”到互联网企业的头上！

课文二 >> 高通：打官司打出的“江山”

课前思考

1. 你周围的人是否有过为了保护个人权益而打官司的经历？
2. 你们国家有没有特别著名的侵权案？最后怎么判决的？
3. 你觉得打官司是不是成本很高的事情？

库克和高通的口水战持续刷屏，不断有新料爆出，一场巨头互撕的大戏，吃瓜群众也看得不亦乐乎。

网友对这件事的心态，与其说“幸灾乐祸”，不如说“鹬蚌相争，渔翁得利”更贴切。有人希望高通啃苹果一口，也有人希望苹果打压一把高通。其实对高通来说，与苹果打官司的心态很微妙。有评论说高通是要逼死苹果，的确在苹果股价跌得一发不可收拾的时候，高通仿佛是要落井下石。但毋庸置疑，高通的初衷可不是想把苹果告黄。尽管发难苹果，让其左右为难，但高通并不希望在专利许可领域的争端影响双方芯片领域的正常合作。

至今，全球通过高通技术许可生产的设备已超过100亿台，连起来可以绕地球三十圈。手握大量高价值专利的无线通信行业巨擘——高通公司近年来没少因专利问题打官司。究其原因，有恃无恐的高通，凭借着技术的垄断地位，开始了一场又一场不平等的市场交易，一系列霸王条款让下游企业苦不堪言。

通过向厂商有偿提供芯片和组合专利的一站式服务，高通收取高额专利许可费的同时，另外再按厂商整机售价的5%，收取专利使用费。有业内人士戏称购了“鸡腿”却要为“整鸡”买单。要知道，2013年中国手机厂商的净利润不足0.5%，而高通却坐收5%的渔利，赚得盆满钵满。

更要命的是和它交易的厂商还要接受它的“专利反向授权协议”。通过要求其他企业专利反向许可，高通公司一方面能够更进一步稳固自己的市场支配地位，另一方面也无形之中削弱了其他企业的研发能力和研发动力。

高通公司在无线标准必要专利许可中，搭售非无线标准必要专利许可，还将专利许可与销售芯片进行捆绑，实行整体收费。此外，高通公司也对过期专利继续收费，拒绝对有竞争关系的芯片生产企业进行专利许可，还在专利许可和芯片销售中附加不合理的交易条件。

不仅如此，看人下菜碟的高通对诺基亚和三星的许可费用低于中国手机厂商，歧视性许可让人义愤填膺、忍无可忍。被压榨且不堪重负的手机厂商决定拿起法律的武器反戈一击，2013 年 11 月，中国国家发改委对高通公司采取“反垄断”立案调查。

高通公司从来玩的都是控制专利权与出卖行业技术标准的路数，要玩转这个模式，必须具备两点本领：除了要有了不起的技术创新本事，还要有无与伦比的打官司“扯皮”能力。早已身经百战的高通，其技术水平与官司本领绝对不容小觑。

但要知道，中国市场占据高通营收及利润的半壁江山。而在当前中国高度强调“科技自主创新”的市场环境下，高通最担心的问题是遭遇更严厉的监管壁垒。两害相权取其轻，高通这才转变了应对策略，乖乖认罚。

历时一年有余的高通反垄断案，中国发改委对其开出了中国反垄断历史上金额最大的罚单 60.88 亿元，并责令其全面整改。

然而反垄断案并没有给高通带来什么实质性的影响，顶多就是敲山震虎，高通还是用合理的价格实现了其利益的合法化。即使整改之后，小企业仍摆脱不了“被欺负”的命运。因为中小企业能力有限，新合同根本看不懂，聘用能看懂合同还能谈判的律师费用可能根本无法覆盖省下来的费用，所以很多企业选择忍气吞声接受不平等的条款继续签约。

时过境迁，眼下手机芯片产业已经从高通一家独大向“百家争鸣”发展，苹果、三星、华为等厂商纷纷崛起，使得芯片销售利润率迅速下降。作为不生产手机设备的高通公司来说，芯片销售渠道越来越窄，销售价格越来越低，来自资本市场的压力越来越大。加之各国反垄断力度加强，高通不得不下调收费，使得专利授权费用利润率大幅下滑。多方不利的格局下，失去行业垄断地位的高通，在 5G 时代或将面临更多的挑战。

（改编自《砺石商业评论》公众号文章
《高通：打官司打出的“江山”》，作者：金梅）

生词表

1. *江山	jiāngshān	名	江河和山岭，比喻国家政权，本文指商业市场。
2. *口水战	kǒushuǐzhàn	名	用言语进行的相互攻击；激烈的争论。
3. *刷屏	shuāpíng	动	网络用语，互联网上某信息重复出现。
4. *互撕	hùsī	动	网络用语，指互相攻击、揭短的行为。
5. 贴切	tiēqiè	形	（措辞等）恰当；确切：比喻要用得～。
6. *打压	dǎyā	动	打击压制：在对方无情的～下，他毫不动摇。
7. 微妙	wēimiào	形	深奥玄妙，难以捉摸。
8. 初衷	chūzhōng	名	最初的心愿：有负～丨不改～。
9. *发难	fānàn	动	问难；发起质问：这篇论文争议颇大，发表会上频频遭人～。
10. 争端	zhēngduān	名	引起争执的事由：我们应当用和平方法解决国际～。
11. 芯片	xīnpiàn	名	包含有许多条门电路的集成电路。
12. 无线	wúxiàn	形	没有导线连接的：～通信丨～上网。
13. *巨擘	jùbò	名	大拇指，比喻在某一方面杰出的人或事物：金融～丨文学～。
14. *究	jiū	动	仔细推求，追查：讲～丨追～丨深～丨～其原因。
15. 垄断	lǒngduàn	动	泛指把持和独占市场：市场竞争并不等于市场～。
16. *霸王条款	bàwáng tiáokuǎn	名	指经营者单方面制定的限制或侵害消费者权益的不平等的条款、行业规定等。
17. 下游	xiàyóu	名	产业链的下端。
18. *一站式	yīzhànshì	形	把相关部门集中在一处，一次就可办妥所有手续的：～办公。
19. 高额	gāo'é	形	数额大。
20. *业内	yènèi	名	某行业或业务范围以内。
21. *戏称	xìchēng	动	开玩笑地称呼。
22. *渔利	yúlì	名	趁机会谋取的不正当利益。
23. 要命	yàomìng	动	指造成严重后果：这下可～了，火车开走了。
24. *反向	fǎnxiàng	动	逆向：～行驶丨～思维。

25. 稳固	wěngù	动	使稳固：～政权。
26. 无形	wúxíng	副	无形中：孩子总会～地受家庭的影响。
27. 削弱	xuēruò	动	使变弱：～敌人的力量。
28. *搭售	dāshòu	动	硬性搭配着出售：商店不得强行～滞销物品。
29. *捆绑	kǔnbǎng	动	将两者连接紧密。
30. 附加	fùjiā	动	附带加上；额外加上：条文后面～两项说明。
31. *立案	lì'àn	动	设立专案：～审查。
32. *路数	lùshù	名	方法、手段：在实际工作中，科学家们并不总是遵循课本上的～。
33. *玩转	wánzhuǎn	动	玩得好：金秋十月，让我们一起～南京。
34. *扯皮	chěpí	动	无原则地争论；争吵。
35. *营收	yíngshōu	名	营业收入。
36. 监管	jiānguǎn	动	监视管理；监督管理。
37. *乖乖	guāiguāi	形	顺从；听话；老老实实：孩子们都～地坐着听阿姨讲故事。
38. *认罚	rènfá	动	同意受罚：情愿～。
39. *有余	yǒuyú	动	有剩余；超过足够的程度。
40. *罚单	fádān	名	罚款的通知单：交通违规～。
41. *责令	zélìng	动	命令（某人或某机构）负责做成某事。
42. *整改	zhěnggǎi	动	整顿并改进；整顿并改革：～措施。
43. 顶多	dǐngduō	副	表示最大的限度。多用于口语。
44. 聘用	pìnyòng	动	聘请任用；聘任：～人才。
45. 覆盖	fùgài	动	遮盖。文中指盈利高于成本或付出。
46. 条款	tiáokuǎn	名	文件或契约上的条目：法律～。
47. 窄	zhǎi	形	横的距离小（跟“宽”相对）。文中比喻途径少。
48. 加之	jiāzhī	连	加上，多用于书面语：天气闷热，～窗外车声不断，简直无法休息。
49. *下滑	xiàhuá	动	下降（多指成绩、质量等）。
50. 格局	géjú	名	结构和格式：经济迅速发展，不断打破旧～ | 形成新～。

【注释】

1. **高通**：是 Qualcomm 的中文译名。创立于 1985 年，总部设于美国加利福尼亚州。高通是全球领先的无线科技创新者，是全球 3G 与 4G 研发的领先企业。2019 福布斯全球数字经济 100 强榜排名第 32 位。

2. **库克**：Timothy Donald Cook，1960 年出生于美国，现任美国苹果公司首席执行官。

3. **吃瓜群众**：网络用语。有人将"不发言只围观"的普通网民称为"吃瓜群众"，用来表示一种事不关己、不发表意见，仅围观的状态。

4. **华为**：指华为技术有限公司，成立于 1987 年，总部位于广东省深圳市。华为是全球领先的信息与通信技术解决方案供应商。2018 年 2 月，华为完成首次 5G 通话测试 。2020 年，华为蝉联中国民营企业 500 强第一名，2021 年，《财富》公布世界 500 强榜（企业名单），华为排在第 44 位。

5. **5G**：即第五代移动通信技术（5th Generation Mobile Communication Technology），简称 5G，是具有高速率、低时延和大连接特点的新一代宽带移动通信技术，5G 通信设施是实现人机物互联的网络基础设施。5G 不仅解决人与人的通信需求，为用户提供增强现实、虚拟现实、超高清（3D）视频等更加身临其境的极致业务体验，同时也解决人与物、物与物的通信问题，满足移动医疗、车联网、智能家居、工业控制、环境监测等物联网应用需求。

6. **百家争鸣**：春秋战国时代，社会处于大变革时期，产生了各种思想流派，如儒、法、道、墨等。他们著书立说，互相论战，形成了学术上的繁荣景象和论争风气，后世称为百家争鸣。

重点句型与词汇

1 与其……不如……：此为表示选择关系的关联词，后者为更佳的选项。

（1）网友对这件事的心态，与其说"幸灾乐祸"，不如说"鹬蚌相争，渔翁得利"更贴切。

（2）与其这样坐以待毙，还不如想办法摆脱困境。

（3）与其等待救济，不如踏踏实实找份工作。

2 究其原因……：仔细研究它的原因。

（1）究其原因，有恃无恐的高通，凭借着技术的垄断地位，开始了一场又一场不平等的市场交易，一系列霸王条款让下游企业苦不堪言。

（2）这次他没有得到升职，究其原因，与他内向的性格、不善沟通有关。

（3）这支篮球队在近几届大赛上的名次一直没有突破，究其原因主要是内外线队员能力的不均衡。

3 戏称……/ 戏称……为……：开玩笑地称呼。

（1）有业内人士戏称购了"鸡腿"却要为"整鸡"买单。

（2）有人戏称那些月底前花光了所有工资的人为“月光族”。

（3）很多人因为炒股一夜之间从百万富翁到负债百万，有人戏称其为“负翁”。

4 ……（在）无形之中 +V

（1）（这）也无形之中削弱了其他企业的研发能力和研发动力。

（2）贫穷不是错，可是贫穷者却在无形之中有一种自卑感。

（3）流言，是这个世界上最伤人的武器，无形之中便可以伤到你和周围的人。

5 顶多 +……：表示最大的限度。多用于口语。

（1）然而反垄断案并没有给高通带来什么实质性的影响，顶多就是敲山震虎。

（2）这部手机顶多值千儿八百块钱，卖三千块钱简直是宰人。

（3）每个人的人生只能自己负责，别人的意见顶多作为参考。

6 加之……：加上，多用于书面语。

（1）加之各国反垄断力度加强，高通不得不下调收费，使得专利授权费用利润率大幅下滑。

（2）毕业后，我决定回老家工作，大城市里生活成本高，加之我的父母身体不好需要照顾，所以回乡是我最好的选择。

（3）这位明星获得了奥斯卡金像奖，主要在于他的坚持与努力，加之他长相帅气，在影片中有着不俗的表现。

词语搭配

1 贴切

用词～｜表达～｜形容～｜描述～

（1）网友对这件事的心态，与其说“幸灾乐祸”，不如说“鹬蚌相争，渔翁得利”更贴切。

（2）他的文章用词贴切，能准确地表达自己的观点。

（3）这个比喻很贴切，同学们一听就明白了。

2 微妙

～心理｜关系～｜感情～｜情绪～

（1）其实对高通来说，与苹果打官司的心态很微妙。

（2）心理治疗师擅长在理解对方微妙心理的基础上，加以因势利导。

（3）作为第三方，官方在这件事情上的表态十分微妙。

3 争端

产生～｜解决～｜消除～｜国际～

（1）但高通并不希望在专利许可领域的争端影响双方芯片领域的正常合作。

（2）在国际贸易中，双方因利益关系产生争端是难以避免的。

（3）通过和平的手段解决国际争端是最理想的方式。

4 削弱

~实力 | ~权力 | ~力量 | ~势力

（1）通过要求其他企业专利反向许可，高通公司一方面能够更进一步稳固自己的市场支配地位，另一方面也无形之中削弱了其他企业的研发能力和研发动力。

（2）几名主力队员离队后，大大地削弱了球队的实力。

（3）董事会试图通过增设副职的方式，削弱总经理的个人权力。

5 附加

~意义 | ~题 | ~费用 | ~赛

（1）对过期专利继续收费，拒绝对有竞争关系的芯片生产企业进行专利许可，还在专利许可和芯片销售中附加不合理的交易条件。

（2）许多大学为了助力学生的职业发展，增设了一些提升学生就业竞争力的附加课程，比如职业训练。

（3）这道附加题实在太难了，网上竟然出现了五花八门的答案。

6 摆脱

~命运 | ~痛苦 | ~控制 | ~困境

（1）即使整改之后，小企业仍摆脱不了“被欺负”的命运。

（2）改革开放后人们的生活水平得到了改善，大多数人摆脱了贫困的命运。

（3）他选择出国留学，就是为了摆脱父母的控制。

7 覆盖

~范围 | ~成本 | 冰雪~

（1）聘用能看懂合同还能谈判的律师费用可能根本无法覆盖省下来的费用。

（2）这项惠民工程将覆盖中国农村的大部分地区。

（3）厚厚的积雪覆盖着大地，我们的眼前呈现出一片银装素裹的世界。

8 下滑

成绩~ | 经济~ | 业绩~ | 质量~ | 直线~

（1）加之各国反垄断力度加强，高通不得不下调收费，使得专利授权费用利润率大幅下滑。

（2）不断下滑的成绩令他失去了代表学校参加比赛的资格。

（3）在疫情的冲击下，各国经济增长率均有所下滑。

9 垄断

~市场 | 打破~ | ~财富 | ~集团 | ~地位

（1）失去行业垄断地位的高通，在5G时代或将面临更多的挑战。

（2）这款商品价格如此高昂，到底是因为供不应求还是因为供货商垄断市场？

（3）既要保护知识产权，又要打破恶意的专利垄断，是市场监管部门的职责所在。

成语和惯用语

1 不亦乐乎 bùyìlèhū：不也是很快乐的吗？（见于《论语·学而》）现常用来表示程度极深（多用在“得”字后作补语）。

（1）一场巨头互撕的大戏，吃瓜群众也看得不亦乐乎。

（2）那些街头小报为了捕捉此案的一些细节而忙得不亦乐乎。

（3）朋友最大的好处就在于我们可以一起纵情欢乐，玩得不亦乐乎。

2 * 幸灾乐祸 xìngzāi-lèhuò：指人缺乏善意，在别人遇到灾祸时感到高兴。

（1）网友对这件事的心态，与其说“幸灾乐祸”，不如说“鹬蚌相争，渔翁得利”更贴切。

（2）品质恶劣的人对他人遭遇困境往往幸灾乐祸，甚至落井下石。

（3）对别人的成功嫉妒挑剔，对别人的失误幸灾乐祸，都是缺才少德的表现。

3 * 鹬蚌相争，渔翁得利 yùbàng-xiāngzhēng，yúwēng-délì：比喻双方相争，让第三者从中得到好处。

（1）网友对这件事的心态，与其说“幸灾乐祸”，不如说“鹬蚌相争，渔翁得利”更贴切。

（2）如果我们自己内部不团结，结果只能是“鹬蚌相争，渔翁得利”。

（3）咱们俩斗得死去活来，谁也没有捞到好处，反而让他占了大便宜，真是“鹬蚌相争，渔翁得利”啊。

4 * 一发不可收拾 yī fā bù kě shōu·shi：指事情一旦发生便更加不可收拾，形容事情更加糟糕，到了无法挽回的地步。

（1）在苹果股价跌得一发不可收拾的时候，高通仿佛是要落井下石。

（2）这一带全是木造房屋，使得火势一发不可收拾。

（3）既然已经预测可能有这些意外，就应及早预防，等到一发不可收拾的时候，后悔就来不及了。

5 * 落井下石 luòjǐng-xiàshí：看见人掉进陷阱里，不但不搭救，相反却扔下石头。比喻乘人有危难时加以打击陷害。

（1）在苹果股价跌得一发不可收拾的时候，高通仿佛是要落井下石。

（2）他最讨厌那种嫌贫爱富、落井下石的人。

（3）尽管我们俩是对手，但是这个时候趁人之危、落井下石的事情是绝对不能做的。

6 * 左右为难 zuǒyòu-wéinán：左也不好，右也不是。形容无论怎样做都有难处。

（1）尽管发难苹果，让其左右为难，但高通并不希望在专利许可领域的争端影响双方芯片领域的正常合作。

（2）他们俩都来找我拉票，令我左右为难。

（3）去还是留，她真是左右为难。

7 * 有恃无恐 yǒushì-wúkǒng：因为有所依仗而毫不害怕，或毫无顾忌。

（1）究其原因，有恃无恐的高通，凭借着技术的垄断地位，开始了一场又一场不平等的市场交易，一系列霸王条款让下游企业苦不堪言。

（2）歌曲《红玫瑰》这样唱道："得不到的永远在骚动，被偏爱的都有恃无恐。"

（3）忍气吞声，只会助长犯罪分子的嚣张气焰，使他们有恃无恐。

8 * 苦不堪言 kǔbùkānyán：痛苦或困苦到了极点，已经不能用言语来表达。

（1）一系列霸王条款让下游企业苦不堪言。

（2）老人患病多年，终日卧床，苦不堪言。

（3）尽管那些岁月苦不堪言，但是朋友的深情让人难以忘怀。

9 * 坐收渔利 zuòshōu-yúlì：比喻利用别人之间的矛盾，轻易地从中获利。也说坐收渔人之利。源自"鹬蚌相争，渔翁得利"。

（1）要知道，2013 年中国手机厂商的净利润不足 0.5%，而高通却坐收 5% 的渔利，赚得盆满钵满。

（2）他静静地观察这两家商场的商战，自己好坐收渔利。

（3）他之所以现在还不出兵帮助我们，恐怕是想坐收渔利啊。

10 * 看人下菜碟 kàn rén xià càidié：指根据不同的人给予不同待遇的行为。常含贬义。

（1）看人下菜碟的高通对诺基亚和三星的许可费用低于中国手机厂商，歧视性许可让人义愤填膺、忍无可忍。

（2）你小子就不知道看人下菜碟儿，不应该惹的人你也去惹。

（3）不要看人下菜碟。真正友善的人在任何时候对任何人都会给予足够的尊重。

11 * 义愤填膺 yìfèn-tiányīng：出于正义感，胸中充满愤怒。形容极端愤怒。

（1）看人下菜碟的高通对诺基亚和三星的许可费用低于中国手机厂商，歧视性许可让人义愤填膺、忍无可忍。

（2）对于歹徒残暴的行径，每个人都义愤填膺。

（3）除了义愤填膺之外，我们是不是要考虑给受害者一些切实的帮助。

12 * 忍无可忍 rěnwúkěrěn：再也忍受不下去了。

（1）看人下菜碟的高通对诺基亚和三星的许可费用低于中国手机厂商，歧视性许可让人义愤填膺、忍无可忍。

（2）在忍无可忍的情况下，边防部队进行了自卫反击。

（3）对方放肆的行为让他忍无可忍，最终破口大骂起来。

13 * 反戈一击 fǎngē-yījī：比喻掉转头来反对自己原来所属的或拥护的一方。

（1）被压榨且不堪重负的手机厂商决定拿起法律的武器反戈一击。

（2）他做梦也没有想到，他手下的人居然反戈一击，揭发了他。

（3）他加盟了竞争对手的公司，对老东家反戈一击。

14 * 无与伦比 wúyǔlúnbǐ：没有什么能跟它相比的，形容超出一切，好到极点。伦比，类比。

（1）除了要有了不起的技术创新本事，还要有无与伦比的打官司"扯皮"能力。

（2）人并非都是为了获取而给予，给予本身就会使人获得无与伦比的欢乐与满足。

（3）中国的民间刺绣，构想新奇，工艺精美，可谓无与伦比。

15 * **身经百战** shēnjīng-bǎizhàn：**亲身经历过许多战斗。形容久经锻炼，具有丰富的实践经验。**

（1）早已身经百战的高通，其技术水平与官司本领绝对不容小觑。

（2）这位身经百战的将军，虽身居高位，却保持着朴素的传统，实在令人敬佩。

（3）无论公司遇到什么突发状况，身经百战的刘总都能化险为夷。

16 * **不容小觑** bùróng xiǎoqù：**不能小看，不能轻视。**

（1）早已身经百战的高通，其技术水平与官司本领绝对不容小觑。

（2）随着科技的一日千里，网购营销的潜在力量实在是不容小觑。

（3）在人人都有麦克风的网络时代，网络作为舆论的公共场所，其影响力不容小觑。

17 * **半壁江山** bànbì-jiāngshān：**比喻占某种领域或份额的一半。**

（1）但要知道，中国市场占据高通营收及利润的半壁江山。

（2）中国十大音响品牌绝大部分在广东，占据了中国音响业的半壁江山。

（3）举重、跳水和乒乓球是中国的传统优势项目，几乎占据了中国奥运奖牌总数的半壁江山。

18 * **两害相权取其轻** liǎnghài-xiāngquán-qǔqíqīng：**比较、权衡两件有害的事情，选择害处小的。**

（1）两害相权取其轻，高通这才转变了应对策略，乖乖认罚。

（2）道路交通中的“车让人”是出于“两害相权取其轻”的考虑。

（3）手术治疗和药物治疗都有副作用，具体的治疗方案应该遵循“两害相权取其轻”的原则。

19 * **敲山震虎** qiāoshān-zhènhǔ：**敲击山头以震慑老虎。比喻采取某种行动警示、震慑对方。**

（1）然而反垄断案并没有给高通带来什么实质性的影响，顶多就是敲山震虎。

（2）警方这一招敲山震虎，使歹徒们露出了马脚。

（3）在党内开展反腐警示教育，就是要起到敲山震虎的作用。

20 * **时过境迁** shíguò-jìngqiān：**时间过去了，境况也随之变化了。**

（1）时过境迁，眼下手机芯片产业已经从高通一家独大向“百家争鸣”发展，苹果、三星、华为等厂商纷纷崛起，使得芯片销售利润率迅速下降。

（2）时过境迁，20 年后的家乡已变得富裕了，我为此感到无比欣慰。

（3）父辈的一些成功经验，已时过境迁，不可复制，我们要另辟蹊径。

21 * **一家独大** yījiā dúdà：**处于垄断地位，没有人可以相提并论。**

（1）时过境迁，眼下手机芯片产业已经从高通一家独大向“百家争鸣”发展，苹果、三星、华为等厂商纷纷崛起，使得芯片销售利润率迅速下降。

（2）市场经济体制下，资本在任何领域一家独大对消费者都绝对不是好事。

（3）有的企业仗着自己一家独大的优势，剥削买家利益的同时，还要坐地起价，实在是得寸进尺。

课后练习　趁热打铁

一、选词填空

百家争鸣	毋庸置疑	义愤填膺	反戈一击
无与伦比	一家独大	有恃无恐	不容小觑

1. 为了促进学术进步，评论界必须__________，不能强求统一。
2. 敦煌壁画的美可谓__________，让人流连忘返。
3. 因为长期__________，缺乏竞争，创新能力急剧下降，因此产品迭代速度也大幅降低。
4. 侵略者的暴行，令民众__________。
5. 天赋影响到个人所能达到的高度，这点__________，但它并不能完全左右一个人的命运。
6. 现代社会，广告在树立品牌形象和推销品牌方面的作用__________。
7. 较低的赔偿额度助长了这种不正当竞争行为，让商家变得越发__________。
8. 他一看情况不好，马上见风使舵，__________。

二、单项选择

1. 当两个好朋友同时爱上一个人的时候，三个人之间的关系顿时变得（　）起来。

A. 巧妙　B. 绝妙　C. 微妙　D. 细微

2. 面对不景气的市场，企业大幅（　）了研发经费。

A. 削减　B. 剥削　C. 削弱　D. 减弱

3. 解决（　）最好的方式就是双方先放下成见，加强沟通，求同存异。

A. 事端　B. 争斗　C. 争议　D. 争端

4.（　）粉不同于一般的粉丝，他们关注某个明星不是因为喜欢，而是为了挑刺儿。

A. 黄　B. 红　C. 绿　D. 黑

5. 大热天三天两头的停电，大家（　）。

A. 半壁江山　B. 苦不堪言　C. 有恃无恐　D. 左右为难

6. 老师（　）我们认真复习，争取在期末考试中取得好成绩。

A. 责令　B. 督促　C. 命令　D. 责怪

三、用所给的词语和句型回答问题

1. 网友如何看待高通和苹果的“口水战”？（与其……不如……）

____

2. 高通的霸王条款对下游企业有何影响？（坐收渔利，无形之中……）

____

3. 反垄断案对高通有何影响？（乖乖……，顶多……，摆脱……命运）

____

4. 未来高通将面临何种挑战？（一家独大，百家争鸣，加之……）

____

四、用所给的词语填空

毋庸置疑　百家争鸣　苦不堪言　垄断　义愤填膺 不亦乐乎　两害相权取其轻　争端

直到 19 世纪，科技才进入了首个__________的时代。专利制度的出现，__________是其中极为重要的一个动因。当然，专利权并非不存在争议。有网友__________地指出：授予发明人以专利权这种排他性的独占权就是名正言顺的__________，高昂的专利费让一些下游企业__________。但也有人认为，与漫天山寨产品相比，__________，不应该因噎废食，而且虽然围绕专利保护一直__________不断，但这从另一方面也提高了人们的法律意识，__________？

课文三 >> 善终也是一种权利

课前思考

1. 你们国家的基础教育中有关于生命教育的内容吗？
2. 你怎么看“安乐死”？
3. 谁有权决定自己生命的长度？

寿终正寝，无疾而终，谓之善终。

善终既是生命的最高追求，也是生命的基本权利。尊重生命，就是要尊重患者对生命的自主权利，将无痛、无惧、无憾地离世作为终极目标。台湾知名作家琼瑶曾发表一封公开信，表达了选择“尊严死”的意愿。她嘱咐儿子和儿媳，自己无论生什么重病，都不动大手术、不送加护病房、绝不能插管、不需要急救措施，只要没痛苦地死去就好。“你们无论多么不舍，不论面对什么压力，都不能勉强留住我的躯壳，让我变成‘求生不得，求死不能’的卧床老人！”琼瑶的生死观，引发了网上网下的热议。

生命是一场说走就走的旅行，也是一场无人陪伴的旅行。当生命临近终点时，绝大多数人都是“被安排”进医院ICU的，全身插满管子，手脚无法动弹，身边只有监护仪和陌生的白大褂。有的病人痛不欲生，但家属仍坚持抢救到底。他们认为，无论花多大代价，一定要让亲人活着。即便医生已经宣布没有抢救价值，家属依然不肯放弃，其理由就是：“如果他走了，我就没有这个亲人了。”子女视抢救生命为“孝道”，医生视救死扶伤为天职，然而，两者都忽视了病人的自主权利。事实上，徒劳的过度抢救，往往只是增加病人的痛苦，即便生命在延续，也是没有尊严的。这种做法，无异于对亲人的“凌迟”。著名文学家巴金曾插着呼吸机，在病床上熬了整整6年。巴金巴不得放弃这种生不如死的治疗，可是他没有选择的权利。因为每一个爱他的人都希望他活下去。哪怕是昏迷着，哪怕是靠机器，只要活着就好。他说：“长寿对我来说是一种折磨。”

面对生死，每个人都有不同的态度和抉择。有人追求生命的长度，有人追求生命的品质，而每个人对于生命的自主选择权都应得到尊重。对临终亲人最好的关怀，就是把死亡的权利还给亲人，使其按照自己的意愿度过最后的时光。中国著名外科专家、北京医院名誉院长吴蔚然在临终前留下遗愿，恳请医院尊重自然规律，不必采用插管、透析、起搏器等创伤性治疗延长生命。最后，家人尊重了他的自主选择，陪伴他平静地走到生命的尽头。

近年来，不少医学界人士致力于推广“生前预嘱”，鼓励“尊严死”，提倡“我的死亡我做主”。“尊严死”不同于安乐死，是指在不可治愈的伤病末期，放弃抢救和不使用生命支持系统，让死亡既不提前，也不拖后，而是自然来临。在这个过程中，应最大限度尊重本人意愿，尽量使其有尊严地告别人生。“尊严死”不把挽救生命作为首选，而是将无痛、无惧、无憾地离世作为目标，让“生死两相憾”变成“生死两相安”。这是文明社会的基本标志。

人生最无奈的事是既不能选择生，也不能选择死。2016 年我国台湾地区通过了“病人自主权利”的有关规定，并于 2019 年正式实施。这项规定强调尊重病人的医疗自主，保障病人的善终权益，确保病人有知情、选择或拒绝医疗的权利。根据规定，病人可以提前做出医疗决定，选择接受或拒绝医疗；医生履行告知义务的对象是患者本人，医生必须以适当方式将病情告知病人；医生执行患者“善终指示”，可以免除法律责任。这个规定为“尊严死”提供了有力保障，维护了每个人本该拥有的“善终权”。

死亡也许只是一个短暂的瞬间，但与疾病共存则是一个长期的过程。尊重患者的生命自主权，并非鼓励放弃治疗，而是要让临终者体面而有尊严地离开人世。生是偶然，死是必然。如果说生命是一条航船，每个人都是这条航船的舵手。让生命完美地谢幕，不应成为一种奢望。

（《人民日报》2017 年 3 月 24 日
《不吐不快：善终也是一种权利》，作者：白剑锋）

生词表

1. *善终	shànzhōng	动	人因衰老而自然死亡，不是死于祸患。
2. 惧	jù	动	害怕；恐惧。
3. *终极	zhōngjí	名	最终；最后。
4. 嘱咐	zhǔ·fu	动	告诉对方记住应该怎样，不应该怎样：再三～。

5. *插管	chāguǎn	动	医学名词，通过人体表及体内的孔腔将导管插入人体，用以输入和吸出气体或液体。
6. 勉强	miǎnqiǎng	动	让人做他自己不愿意做的事。
7. *躯壳	qūqiào	名	肉体（对“精神”而言）。
8. 引发	yǐnfā	动	引起；触发。
9. 临近	línjìn	动	（时间、地区）靠近；接近。
10. 动弹	dòng·tan	动	活动、运动。
11. *监护仪	jiānhùyí	名	一种以测量和控制病人生理参数，并可与已知设定值进行比较，如果出现超标可发出警报的装置或系统。
12. *白大褂	báidàguà	名	指医生。
13. *孝道	xiàodào	名	指奉养父母的准则。
14. *天职	tiānzhí	名	分内应尽的职责（含崇高意）。
15. *徒劳	túláo	动	无益地耗费力气。
16. *凌迟	língchí	动	古代的一种死刑。让人在极度痛苦的折磨中慢慢死去。
17. 熬	áo	动	忍受（疼痛或艰苦的生活等）。
18. 巴不得	bā·budé	动	对某事物迫切盼望。
19. 昏迷	hūnmí	动	因大脑功能严重受损而长时间失去知觉。
20. 折磨	zhé·mo	动	使肉体上、精神上受痛苦。
21. *临终	línzhōng	动	人将要死（指时间）。
22. 遗愿	yíyuàn	名	死者生前没有实现的愿望。
23. *恳请	kěnqǐng	动	诚恳地邀请或请求。
24. *透析	tòuxī	动	医学上指利用渗析技术把液体中的毒素和代谢产物排出体外。
25. *起搏器	qǐbóqì	名	负责向心脏传送微小电脉冲，刺激心脏跳动的机器。
26. 创伤	chuāngshāng	名	身体受伤的地方；外伤。
27. 尽头	jìntóu	名	末端，终点。
28. 生前	shēngqián	名	指死者还活着的时候。
29. *预嘱	yùzhǔ	名	是指人们事先，也就是在健康或意识清楚时签署的遗嘱。
30. 治愈	zhìyù	动	使恢复健康。
31. *末期	mòqī	名	最后的一段时期。
32. 挽救	wǎnjiù	动	从危险中救回来。

33. *知情	zhīqíng	动	了解某事的原委。
34. 履行	lǚxíng	动	实践（自己答应做的或应该做的事）。
35. 告知	gàozhī	动	告诉使知道。
36. 免除	miǎnchú	动	免去；除掉：兴修水利，～水旱灾难。
37. 短暂	duǎnzàn	形	（时间）短的。
38. *共存	gòngcún	动	共同存在。
39. 体面	tǐmiàn	形	有面子。
40. *航船	hángchuán	名	泛指航行的船只。
41. 舵手	duòshǒu	名	掌握方向的人。
42. *谢幕	xièmù	动	演出闭幕后观众鼓掌时，演员站在台前向观众行礼。
43. 奢望	shēwàng	名	过高而难以实现的希望。

【注释】

1. **琼瑶**：本名陈喆，1938年生于四川省成都市，中国当代作家、编剧、影视制作人，中国电影文学学会会员。笔名除琼瑶外，还曾用过凤凰、心如。主要代表作有《窗外》《潮声》《水云间》《一帘幽梦》和《心有千千结》等。

2. **安乐死**：指对无法救治的病人停止治疗或使用药物，让病人无痛苦地死去。目前，允许安乐死的国家有荷兰、日本、瑞士和美国的俄勒冈州等国家和地区。中国对于安乐死的讨论始于20世纪80年代中叶，安乐死的问题比较复杂，涉及道德、伦理、法律、医学等诸多方面，中国尚未为之立法。

3. **尊严死**：指对无法救治的病人停止创伤性治疗与抢救，使病人有尊严地死去。

4. **巴金**：1904年出生于四川省成都市，本名李尧棠，笔名除巴金外，还有王文慧、欧阳镜蓉等。他是中国现当代作家、翻译家，被誉为是"五四"新文化运动以来最有影响的作家之一。其代表作品有:《家》《春》《秋》《寒夜》《随想录》等。

5. **"病人自主权利"的有关规定**：这是亚洲第一部以病人医疗自主权利为规范核心的有关规定，以病人为主体，尊重病人的医疗自主权，保障病人的善终权益，希望借由法律规定确保病人有知情、选择或拒绝医疗的权利。

重点句型与词汇

1 ……谓之……：叫作、称作，多用于书面语。

（1）寿终正寝，无疾而终，谓之善终。

（2）形而上者谓之道，形而下者谓之器。

（3）久旱逢甘霖，他乡遇故知，洞房花烛夜，金榜题名时，谓之人生四大乐事。

2 视……为：将/把……看作。

（1）子女视抢救生命为“孝道”，医生视救死扶伤为天职。

（2）人与人之间的关系总是相互的，你视我为挚友，我亦视你为知己。

（3）作为一名教师，他视教书育人为自己的终生事业。

3 整整……：达到一个整数的；往往表示主观感觉时间长、数量大。

（1）著名文学家巴金曾插着呼吸机，在病床上熬了整整 6 年。

（2）这么重要一个会，他整整迟到了五分钟。

（3）去年冬天买的这件大衣花了我整整一个月的工资。

4 巴不得……：可带动词、小句作宾语。

（1）巴金巴不得放弃这种生不如死的治疗，可是他没有选择的权利。

（2）他正巴不得你去给他帮忙呢，你怎么不愿意呢？

（3）夏天到来之前，他坚持去健身，巴不得瘦个十来斤。

5 我的……我做主：强调对自己的行为有掌控权。

（1）近年来，不少医学界人士致力于推广“生前预嘱”，鼓励“尊严死”，提倡“我的死亡我做主”。

（2）提到 2003 年移动电信推出的手机套餐“动感地带”的广告词，几乎当时所有的年轻人都会脱口而出：“我的地盘我做主。”

（3）《我的青春我做主》是一部当代都市题材电视剧，引起了很多年轻人的共鸣。

6 把……作为首选：首先选中，优先选择。

（1）“尊严死”不把挽救生命作为首选，而是将无痛、无惧、无憾地离世作为目标。

（2）谈到毕业后的打算，他把考研究生作为首选，暂时不考虑就业。

（3）医生认为应该把手术作为首选治疗手段。

7 与……共存：某事物与其他事物共同存在。

（1）死亡也许只是一个短暂的瞬间，但与疾病共存则是一个长期的过程。

（2）维持清零还是与病毒共存，每个人有不同的见解。

（3）保护环境，善待自然，人类应该与万物和谐共存。

词语搭配

1 勉强

～同意｜～回答｜～通过｜～留下｜～应付｜笑得很～

（1）你们无论多么不舍，不论面对什么压力，都不能勉强留住我的躯壳，让我变成“求生不得，求死不能”的卧床老人！

（2）据报道，绝大多数安理会成员国代表原来就是“勉强”同意开会的，现在会议竟开成这个样子，他们感觉受到了愚弄。

（3）看在老人孩子的面子上，她勉强接受了丈夫的复婚要求。

2 引发

～热议｜～思考｜～争议｜～讨论｜～不满｜～反抗

（1）琼瑶的生死观，引发了网上网下的热议。

（2）这一项目如不能按期交付使用，恐怕会引发群体性事件。

（3）一段 30 秒左右的视频，在社交媒体上引发了 3800 多万次点击。

3 挽救

～生命｜～市场｜～婚姻｜及时～｜极力～｜全力～｜尽力～

（1）“尊严死”不把挽救生命作为首选，而是将无痛、无惧、无憾地离世作为目标。

（2）医学专家采取各种治疗手段，不惜一切代价，全力挽救他的生命。

（3）怎么样才能挽救婚姻？想要学会挽救婚姻的方法，首先得清楚，导致婚姻破裂的原因是什么，才能对症下药。

4 履行

～义务｜～职责｜～合同｜～诺言

（1）医生履行告知义务的对象是患者本人，医生必须以适当方式将病情告知病人。

（2）人在履行职责中也能获得幸福感，就像一个人驮着自己的宝贝，虽然沉重，可心情很舒畅。

（3）他屡屡逃避责任，不履行抚养孩子的义务。

5 免除

～费用｜～债务｜～职务｜～责任｜～刑罚｜～兵役｜～税务｜～资格

（1）医生执行患者“善终指示”，可以免除法律责任。

（2）他被免除了校长职务。

（3）如果符合减免条件，就可以申请部分或全部免除个人收入所得税。

6 体面

～的工作｜～的职位｜～的生活｜～地离开｜～地放弃｜不失～｜有失～

（1）尊重患者的生命自主权，并非鼓励放弃治疗，而是要让临终者体面而有尊严地离开人世。

（2）他目前的这份工资，很难维持体面的生活。

（3）既然爱情已经无法挽回，不如选择体面地放手，给自己留一点尊严。

成语和惯用语

1 * 寿终正寝 shòuzhōngzhèngqǐn：**旧指人年老时在家安然而死；泛指事物自然地消失或灭亡。**

（1）寿终正寝，无疾而终，谓之善终。

（2）吴老先生于昨日寿终正寝，享年八十五岁。

（3）国际组织西欧联盟 2010 年 3 月 31 日宣布完成历史使命，正式解散，寿终正寝。

2 * 无疾而终 wújí'érzhōng：**指人因衰老而自然死亡；比喻事物未受外力干扰就自行消灭。**

（1）寿终正寝，无疾而终，谓之善终。

（2）王将军战争结束后卖剑买牛，种豆南山，无疾而终。

（3）毕业以后，大家各奔东西，我们乐队出唱片的计划也就无疾而终。

3 * 求生不得，求死不能 qiúshēng bùdé，qiúsǐ bùnéng：**想死死不了，想活活不了，形容处境十分艰难。**

（1）你们无论多么不舍，不论面对什么压力，都不能勉强留住我的躯壳，让我变成“求生不得，求死不能”的卧床老人！

（2）黑暗将我吞噬，只剩下无尽的恐惧，我求生不得，求死不能。

（3）公司资金链断了，又欠了一屁股债，处于“求生不得，求死不能”的困境。

4 * 痛不欲生 tòngbùyùshēng：**悲痛得不想活下去，形容悲痛到极点。**

（1）有的病人痛不欲生，但家属仍坚持抢救到底。

（2）本人曾喉疼达三月之久，痛不欲生，后经名医诊断，吃了些药，才慢慢恢复了。

（3）那些曾经失恋后痛不欲生的人，后来怎样了？

5 * 救死扶伤 jiùsǐ-fúshāng：**抢救生命垂危的人，照顾受伤的人。现形容医务工作者全心全意为人民服务的精神。扶，扶助，照料。**

（1）子女视抢救生命为“孝道”，医生视救死扶伤为天职。

（2）医生，被人们誉为“白衣天使”，他们的职业是救死扶伤、治病救人。

（3）1941 年毛泽东在延安为中国医科大学的毕业生题词：“救死扶伤，实行革命的人道主义。”

6 * 生不如死 shēngbùrúsǐ：**活着还不如死去。指人的处境十分恶劣。**

（1）巴金巴不得放弃这种生不如死的治疗，可是他没有选择的权利。

（2）人可以无奈地接受死亡，但很难承受生不如死的折磨！

（3）公司破产后，面对高额的债务，他觉得这样活着，生不如死。

课后练习 趁热打铁

一、选词填空

免除　履行　无疾而终　痛不欲生　引发　共存

1. 如果你答应了他，就应该＿＿＿＿＿自己的诺言。
2. 人与动物、人与自然和谐＿＿＿＿＿是我们的美好心愿。
3. 人们纷纷猜测＿＿＿＿＿这起事故的原因。
4. 老人的身体一直很好，90岁才＿＿＿＿＿。
5. 眼见儿子被敌人带走，老母亲呼天抢地，＿＿＿＿＿。
6. 由于失职，他被＿＿＿＿＿了校长职务。

二、单项选择

1. 她书看得津津有味，直到外婆来催她上床的时候，才（　）把手中的书放下。

A. 顽强　B. 勉强　C. 强迫　D. 坚强

2. 由于（　）砍伐，这里的森林遭到了毁灭性的破坏。

A. 过渡　B. 过分　C. 徒劳　D. 过度

3. 很多时候，人们总想要把婚礼办得豪华（　），为此不惜一掷千金。

A. 面貌　B. 体面　C. 奢望　D. 场面

4. 限于资料与笔者能力有限，不足之处在所难免，（　）各位专家学者批评指正，以求实现新的提升。

A. 恳请　B. 请示　C. 诚恳　D. 诚实

5. 教材修改的工作量很大，我们忙了（　）一个夏天。

A. 满满　B. 完整　C. 整整　D. 整个

6. 人家生怕对手超越了自己，可他却（　）对手比自己强，因为战胜强手，才能证明自己。

A. 巴不得　B. 舍不得　C. 顾不得　D. 怪不得

三、用所给的词语和句型回答问题

1. 知名作家琼瑶的公开信说了什么？造成了什么样的影响？（表达……的意愿，引发……热议）

＿＿＿

2. 医生和家属不肯放弃治疗的理由是什么？（视……为）

____

3. 没有尊严的生命延续等同于什么？（即便……也，无异于……）

____

4. "尊严死"的目标是什么呢？（不把……而是将）

____

四、用所给的词语填空

短暂　体面　共存　谢幕　舵手　奢望

死亡也许只是一个_________的瞬间，但与疾病_________则是一个长期的过程。尊重患者的生命自主权，并非鼓励放弃治疗，而是要让临终者_________而有尊严地离开人世。生是偶然，死是必然。如果说生命是一条航船，每个人都是这条航船的_________。让生命完美地_________，不应成为一种_________。

单元练习 学以致用

一、众说纷纭

（一） 敬汉卿商标维权事件

“大家好，我是敬汉卿。前天我被告知我不能用我的名字了。”

2019 年 8 月 2 日，B 站知名 up 主敬汉卿发布了一条动态，他发现自己的名字被抢注成商标，由此引发网友关注。

此后，事件愈演愈烈，知桥公司请求他删帖并发布和解声明，但是令知桥公司意想不到的是国资委、共青团中央也为敬汉卿商标被抢注事件发声。B 站官方发布声明，愿为敬汉卿提供法律援助，并将在不久后上线“up 主权益保护计划”，为所有的 up 主提供专业、立体的法律支持。至此，以 B 站为中心战场，支持敬汉卿维权的声音迅速席卷其他网络平台。

参考视频：

1.《敬汉卿维权纪录片》

2.《我被告知跟我 22 年的名字不能用要我改名！我是如何维权的！》

（1）谈谈你对敬汉卿商标维权事件的认识。

（2）维权是一件既耗时又耗财的事情，当你遭遇这种事情，你会选择隐忍沉默还是选择站出来？理由是什么？

（3）话题讨论：以下有若干场景，请你从中选择一个，谈谈如果遇到这种情况，我们该如何维权。

场景一：在消费者办理消费卡后，发生经营场所突然关闭或经营主体变更等情形，导致消费者的预付卡无法继续使用，也找不到商家退卡。

场景二：网购后，发现商品与商家描述不符。

场景三：游戏账号或者微信号被盗用。

（二） 山寨产品

某网站是这样解读“山寨产品”的：“山寨产品”源自市场培育期的发展中国家，由一些有智慧头脑的民间人士，为满足那些受消费能力限制的群体对某种人们普遍欣赏的产品（包括文化产品）的消费欲望；或者因为市场存在着的一种固有的产品因为长久没有创新和换代，而通过“复制、模仿、学习、借鉴和创新改良”的方法，推向市场的一种“快速、满足平民、适销对路、具有多功能性、低价位”的品牌产品。

（1）你同意上述对“山寨产品”的解释吗？

（2）消费者为什么会买山寨产品，山寨产品为什么会有市场？

（3）请结合日常实际，谈谈消费者购买山寨产品的行为是一种面子文化心理还是一种佛系心理。

二、对簿公堂

（一）先声夺人

以下是 ×× 年 × 月 × 公司发生的……详情请见视频:《自拍杆引发侵权纠纷！侵害涉案专利，品创公司第三次被起诉（一）》。填写表格并回答问题。

案由	原告	被告	二审判决	不同意见
（ ）使用新型专利权纠纷案	源德胜塑胶电子公司	中山品创公司	最高人民法院	个体（ ）
涉案专利:（ ）	第（ ）次起诉 要求: 1. 停止（ ）并（ ）库存 2. 赔偿损失（ ）元 3. 承担诉讼费及（ ）	不服 上诉	侵犯涉案专利权 （ ）侵权 （ ）侵权 驳回上诉 （ ）原判	赔款过高

简答:

1. 原告为什么提起诉讼？

2. 为什么被告表示不服？

3. 法官如何回应不同意见？你怎么看？

（二）孰是孰非

2019 年下半年，改编自中国传统神话故事的动漫电影《哪吒之魔童降世》掀起观影狂潮，其创造的 50 亿元票房成绩更是让它成为中国动画电影票房一哥，创造了中国动画界的奇迹。然而，这部电影尚在上映期间，制作团队及出品方就被舞台剧《五维记忆》的著作权人告上法庭，并遭索赔 5000 万元。理由是其侵犯复制权、改编权和发行权。近日，这起案件在北京知识产权法院公开开庭审理，原被告双方在庭审中进行了针锋相对的辩论。

请观看庭审纪实，并发表自己的看法。

参考视频:《庭审纪实：起诉〈哪吒〉抄袭，舞台剧〈五维记忆〉竟索赔 5000 万！》

三、明察暗访

（一）调查一个法律案件

“法者天下之公器”，法律是人类行为的基本准则，是道德的底线，是社会安定的前提。通过了解法律案例可以使人知法守法，加强法律意识。请你上网调查一个你们国家著名的法律案件，并介绍给你的同学：

人物	原告、被告、被害人、当事人、委托代理人、审判长、陪审员	
案情分析	案由	一起……诉讼、……纠纷、故意伤害案、诈骗案
	来龙去脉	一开始、最初、起先、起初、其后、随后、随之、最终、经……鉴定、调查发现……
	案件争议点	本案焦点在于……
诉讼过程、结果	提起诉讼、公诉、开庭审理、驳回、胜诉、败诉、构成……、判决、判处、有期徒刑、无期徒刑、无罪释放	

（二）你眼中的尊严死或安乐死是怎样的?

请你设计一份问卷，调查你身边的三至五个人，让他们谈谈对尊严死 / 安乐死的看法，在下次课上，汇报你的调查结果。

参考问题：

（1）你听说过尊严死 / 安乐死吗?

（2）身患绝症的亲人想要放弃治疗，平静地度过人生的最后阶段，你会支持他 / 她吗？理由是什么?

（3）你支持“绝症患者在医生帮助下实施安乐死合法化”吗？理由是什么?

四、模拟法庭

中国首例“安乐死”案始末

1986年初，汉中人夏素文肝硬化伴严重腹水，多次昏迷。当年6月23日，夏病危，被其子王明成送往汉中市传染病医院治疗。6月25日上午，王明成和妹妹向主管医生蒲连升询问母亲病情，蒲连升说治疗无望。王明成不忍心让母亲再受病痛折磨，于6月28日要求蒲连升给夏素文实施“安乐死”，蒲不同意。后因王明成和其妹一再要求，蒲连升给夏素文开了100毫克复方冬眠灵，由值班护士做了注射。夏素文在6月29日凌晨5时死去。

夏素文死后，汉中市公安局遂对此案立案侦查。检察院于同年9月以故意杀人罪批准逮捕蒲连升、王明成，并于1988年2月8日向汉中市人民法院提起公诉。法院于1990年3月15日至17日公开审理了此案。一审开庭审理后，按照最高人民法院的指示，汉中市人民法院、汉中地区中级人民法院、陕西省高级人民法院逐级递交了审理报告，最高人民法院收到报告后于1991年2月28日批复省高院：“你院请示的蒲连升、王明成故意杀人一案，经高法讨论认为：‘安乐死’的定性问题有待立法解决，就本案的具体情节，不提‘安乐死’问题，可以依照刑法第十条的规定，对蒲、王的行为不做犯罪处理。”

1991年4月6日，汉中市人民法院做出一审判决，宣告蒲连升、王明成二人无罪。汉中市人民检察院对一审判决两被告人行为不构成犯罪提起抗诉；蒲连升和王明成则对一审判决认定其行为属于违法行为提起上诉。汉中地区中院于1992年3月25日二审裁定：驳回汉中市人民检察院和蒲连升、王明成的上诉；维持汉中市人民法院刑事判决。

思考：

1. 请你谈谈对这个案件的看法。

2. “安乐死”应该如何定性，才能保障患者、家属、医院及社会各方的利益？请你提出自己的看法和建议。

五、针锋相对

（一）

2020年新冠疫情暴发以来，注射疫苗成为抗击新冠病毒的主要手段。疫情之下，越来越多国家面临疫苗短缺的难题。一些国家领导人提出将支持豁免新冠疫苗的知识产权的WTO提案。他们认为此举是为了尽快普及安全有效的疫苗，结束新冠疫情。也有一些国家持反对意见，认为限制疫苗生产的因素不是专利，而是生产质量和生产能力，豁免专利可能对现有的疫苗生产带来严重影响。

辩论题：你认为疫苗应该放弃专利吗？

（二）

仿制药是指仿制原研药生产出来的药。1970 年，有些国家颁布专利法允许制药公司仿制药品，使买不起正版药的人买到和正版药效果相差无几的仿制药，让贫困患者绝处逢生。2018 年，中国上映的一部影片《我不是药神》，讲的就是与仿制药有关的故事。

电影资料:《我不是药神》

辩论题：你认为仿制药的存在有合理性吗？你认为专利法应该允许仿制药吗？

（三）

一位被疾病折磨了数年的病人，一直承受着身体和心理上的双重打击。他抗争了很多年，最后身心俱疲，想要放弃自己的生命。但他身边的亲人却总是鼓励他继续活下去，认为只要活着就好。

对于这个案例，有些人认为应该尊重绝症病人的自主选择；但也有人认为，作为亲人，不能放弃，应该鼓励他活下去，战胜病魔。

辩论题：痛苦的绝症病人想要放弃自己的生命，我该不该鼓励他撑下去？

六、妙笔生花

我的死亡谁做主

死亡是人生的归宿，是人人都无法避免的最后结局，但对结局的选择应由谁做主？这个问题至今没有形成社会共识。请写一篇作文，谈谈你对生命和死亡的看法，题目自拟。（不少于 800 字）

图书在版编目（CIP）数据

顶石中文：高级汉语综合教程 / 陈晓燕，余宁，张全真主编 . — 北京：商务印书馆，2023（2025.6 重印）
ISBN 978-7-100-22161-0

Ⅰ. ①顶⋯ Ⅱ. ①陈⋯ ②余⋯ ③张⋯ Ⅲ. ①汉语—对外汉语教学—教材 Ⅳ. ① H195.4

中国国家版本馆 CIP 数据核字（2023）第 049293 号

顶石中文

高级汉语综合教程

陈晓燕 余 宁 张全真 主编

商 务 印 书 馆 出 版
（北京王府井大街 36 号 邮政编码 100710）
商 务 印 书 馆 发 行
北京虎彩文化传播有限公司印刷
ISBN 978-7-100-22161-0

2023 年 8 月第 1 版 开本 889 × 1194 1/16
2025 年 6 月北京第 2 次印刷 印张 19

定价：89.00 元